Theoretical & Empirical Study on Technological Innovation from Multi-Perspectives

多维视角的企业技术创新理论与实证研究

张方华 著

中国科学技术大学出版社

内 容 简 介

本书以我国经济发展模式为现实背景,从多个视角在理论和实证两个方面进行研究,探讨了社会资本、网络嵌入、FDI技术溢出效应、集成能力、市场导向等方面对企业技术创新的影响,在理论分析和实证研究的基础上,为我国企业的技术创新实践提供理论依据与经验借鉴。

本书可供经济学、管理学、社会学等相关专业研究者及从业者阅读,也可为制定相关政策的政府职能部门提供参考。

图书在版编目(CIP)数据

多维视角的企业技术创新理论与实证研究/张方华著. —合肥:中国科学技术大学出版社,2013.4
ISBN 978-7-312-03201-1

Ⅰ. 多… Ⅱ. 张… Ⅲ. 企业管理—技术革新—研究 Ⅳ. F273.1

中国版本图书馆 CIP 数据核字(2013)第 059871 号

出版	中国科学技术大学出版社 安徽省合肥市金寨路 96 号,230026 网址:http://press.ustc.edu.cn
印刷	安徽江淮印务有限责任公司
发行	中国科学技术大学出版社
经销	全国新华书店
开本	710 mm×1000 mm 1/16
印张	13.75
字数	267 千
版次	2013 年 4 月第 1 版
印次	2013 年 4 月第 1 次印刷
定价	29.00 元

作 者 简 介

张方华,1966年生,江苏溧阳人,浙江大学管理学博士,苏州大学商学院教授、工商管理系主任,苏州大学特色城镇化研究中心副主任。研究方向为技术创新与战略管理,FDI集群理论与项目管理。2000年3月开始在浙江大学任教,2005年7月至今在苏州大学商学院从事企业管理专业的教学与科研工作,2009年赴加拿大访问学习。近年来在《中国工业经济》《科研管理》《科学学研究》《中国软科学》《自然辩证法通讯》《研究与发展管理》《江海学刊》《预测》和《科学学与科学技术管理》等国内核心期刊发表学术论文50余篇,其中人大复印资料全文收录3篇,EI和ISTP收录4篇;主持和参与省部级以上科研项目7项;获省、市哲学社会科学优秀奖6项。

目 录

第1章 绪论：问题提出 ……………………………………………（1）
  1.1 研究背景 …………………………………………………（1）
  1.2 问题提出 …………………………………………………（5）
  1.3 研究方法 …………………………………………………（11）
  1.4 内容框架 …………………………………………………（12）

第2章 企业技术创新理论发展与创新能力的影响因素研究 …（16）
  2.1 企业技术创新理论发展 …………………………………（16）
  2.2 技术创新过程模式的演变 ………………………………（22）
  2.3 企业技术创新能力的影响因素研究 ……………………（26）
  2.4 本章小结 …………………………………………………（31）

第3章 技术创新网络形成与创新主体演进 …………………（34）
  3.1 企业创新主体演进的理论背景 …………………………（34）
  3.2 技术创新网络的形成 ……………………………………（41）
  3.3 企业创新主体的演进 ……………………………………（46）
  3.4 本章小结 …………………………………………………（51）

第4章 企业社会资本、资源获取与创新能力关系的概念模型与实证分析
  ……………………………………………………………（54）
  4.1 企业社会资本的内涵与已有研究的文献综述 …………（54）
  4.2 企业社会资本影响创新能力的概念模型与理论假设 …（61）
  4.3 企业社会资本影响创新能力的实证分析 ………………（65）
  4.4 本章小结 …………………………………………………（70）

第5章 FDI技术溢出、智力资本与创新能力关系的概念模型与实证分析
  ……………………………………………………………（73）
  5.1 相关概念与已有研究的文献综述 ………………………（73）
  5.2 FDI技术溢出影响创新能力的概念模型与理论假设 …（82）
  5.3 FDI技术溢出影响创新能力的实证分析 ………………（86）
  5.4 本章小结 …………………………………………………（92）

第6章　网络嵌入、知识获取与创新能力关系的概念模型与实证分析 …… （96）
- 6.1　相关概念与已有研究的文献综述 ……………………………… （96）
- 6.2　网络嵌入影响创新能力的概念模型与理论假设 ……………… （99）
- 6.3　网络嵌入影响创新能力的实证分析 …………………………… （102）
- 6.4　本章小结 ………………………………………………………… （107）

第7章　市场导向、组织学习与创新能力关系的概念模型与实证分析 …… （112）
- 7.1　相关概念与已有研究的文献综述 ……………………………… （112）
- 7.2　市场导向影响创新能力的概念模型与理论假设 ……………… （120）
- 7.3　市场导向影响创新能力的实证分析 …………………………… （122）
- 7.4　本章小结 ………………………………………………………… （127）

第8章　集成能力与创新绩效关系的概念模型与实证分析 …………… （131）
- 8.1　相关概念与已有研究的文献综述 ……………………………… （131）
- 8.2　集成能力影响创新绩效的概念模型与理论假设 ……………… （134）
- 8.3　集成能力影响创新绩效的实证分析 …………………………… （136）
- 8.4　本章小结 ………………………………………………………… （141）

第9章　FDI集群化背景下网络嵌入与创新能力关系的概念模型与实证分析 …………………………………………………………………… （145）
- 9.1　相关概念与已有的文献综述 …………………………………… （145）
- 9.2　FDI集群化背景下网络嵌入影响创新能力的概念模型与理论假设 …………………………………………………………………… （150）
- 9.3　FDI集群化背景下网络嵌入影响创新能力的实证分析 ……… （153）
- 9.4　本章小结 ………………………………………………………… （162）

第10章　基于神经网络模型的资源获取与创新能力关系的实证研究 …… （166）
- 10.1　创新绩效影响因素研究的文献综述 …………………………… （166）
- 10.2　资源获取影响创新能力的BP神经网络模型与理论假设 …… （167）
- 10.3　资源获取影响创新能力的实证分析 …………………………… （171）
- 10.4　本章小结 ………………………………………………………… （175）

第11章　企业集成创新实践的典型案例分析 …………………………… （177）
- 11.1　相关概念与已有的文献综述 …………………………………… （177）
- 11.2　企业集成创新的过程模式：创新过程与集成思想的融合 …… （181）
- 11.3　集成创新过程模式应用的案例分析 …………………………… （184）
- 11.4　本章小结 ………………………………………………………… （187）

第12章　研究结论与展望 ………………………………………………… （190）
- 12.1　研究结论 ………………………………………………………… （190）

  12.2 研究展望……………………………………………………………(192)

附录1 企业社会资本、资源获取与创新能力的关系研究问卷调查表 ……(194)

附录2 FDI技术溢出、智力资本与创新能力关系的问卷调查表…………(197)

附录3 网络嵌入、知识获取与创新能力关系的问卷调查表 ……………(200)

附录4 市场导向、组织学习与创新能力关系的问卷调查表 ……………(202)

附录5 集成能力、资源获取与创新能力关系的问卷调查表 ……………(205)

附录6 FDI集群化背景下本土企业的网络嵌入影响创新能力的问卷调查
  ………………………………………………………………………(207)

后记………………………………………………………………………(209)

第1章 绪论:问题提出

提高技术创新能力是企业获取国际竞争优势的关键路径之一,为适应经济全球化的不断发展,企业的发展战略应根据外部环境变化进行相应的调整。本章通过对我国企业在技术创新实践过程中面临的问题分析,提出本书研究的主要问题、研究视角与研究方法,并对全书的内容框架安排进行说明。

1.1 研究背景

1.1.1 经济全球化背景下的企业发展战略

20世纪90年代以来,以网络和通信技术为核心的信息技术革命使世界经济进入了以信息、网络和知识等为主要内容的新经济时代,社会经济环境发生了巨大的变化,面对变化迅速且难以预测的买方市场,企业不能再只依赖于对稀缺资源的占有,而要通过不断地学习、知识创造以及提高技术创新能力来获取竞争优势(Larsson,1998)。但是,企业的技术创新活动是一个运用知识改造世界的过程,它必定会与社会的许多层面产生各种复杂的联系,从而给技术创新活动增加了复杂性和不确定性。在此背景下,任何企业仅仅依赖于自身拥有的有限的内部资源已无法满足技术创新对各种资源的需求。因此,为了有效利用企业内、外部资源,原有的生产组织形式和资源配置方式都发生了根本的变化,企业正朝着开放、合作、网络和动态整合的方向迈进。

关于企业发展战略的研究,长期以来存在着以下两种理论模式:一种理论模式是以迈克尔·波特(1997)为代表的产业结构理论,他将研究视野放在企业所处的产业之中,即企业的外部环境,强调的是企业外部环境对企业获取竞争优势的重要性。迈克尔·波特认为,一个企业的竞争优势不是由其内部的资源决定的,而是来源于企业之外的,即来源于企业所处的地域或产业集群的;另一种理论模式是以Penrose(1959)、Barney(1991)和Peteraf(1993)等人为代表的资源基础理论(RBV),其研究视野局限于企业的内部环境,强调的是单个企业所拥有和控制的那些能够产生竞争优势的资源和能力,即企业成长源于企业内部拥有的异质的、难以模仿的、不可替代的和高效率的特殊资源。尽管这两种理论在某种程度上已经被人们所广泛接受,但是它们却忽视了这样一个重要的事实:通常,企业所具有的竞争优势与它所嵌入的关系网络密切相关(Granovetter,1985;Woolcock,1998)。

知识基础论(Nonaka,1994;Grant 和 Barden,1995)指出,凡是能够给企业带来创新能力的重要资源,无论是在企业内部还是在企业外部,我们都必须将其纳入到企业自身的能力体系之中加以有效利用。企业的核心竞争力越来越依赖于企业的知识搜寻、知识创造和不断的技术创新(Powell,1998)。与上述两种理论不同,知识基础论不仅重视企业自身拥有的特殊资源,而且强调企业从外部获取和积累资源的重要性,更加强调对不同主体之间互动行为的研究,使人们对企业竞争力来源的分析视角开始从单一维度的内部环境或外部环境转向内、外部环境的协调统一,即相互联结和相互嵌入的企业关系网络(图 1.1)。

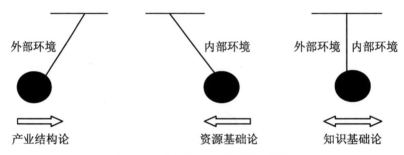

图 1.1　企业发展战略的研究视角

事实上,企业的竞争优势不仅取决于企业内部自身拥有的资源,而且取决于嵌入在各种社会关系网络中的难以被竞争对手模仿的各种资源与能力(Dyer 和 Singh,1998)。因此,除了企业自身拥有的内部资源以外,一个企业的关键性资源完全可以通过与企业外部主体之间的各种形式的联系来获得,企业之间不同形式的各种联系确实能够为企业带来可观的关系性租金和竞争优势(Dyer,1996)。

从资源配置的另一种方式——网络的角度来看,企业并非只是"原子式的"在完全自由与竞争性的市场环境中活动,而是彼此之间存在着相互联系和相互影响。持开放系统观点的组织理论学者和结构社会学家们(Wellman,1988;Scott,1991)很早就坚持认为,组织环境中最重要的就是由它的外部联系所构成的社会网络。这种观点强调,经济行为和其他社会行为一样,不是孤立地在一个封闭的系统中进行的,而是深深地嵌入在它所处的各种社会关系网络之中(Granovetter,1985),即任何经济活动都是在一个开放的系统中进行的。当然,我们可以将这种社会关系网络理解成由一系列相互联系的特定类型的社会关系结点所构成的集合,它可以是朋友关系和上下级关系,也可以是纯粹的经济关系,如合作关系、贸易关系,等等。总之,我们可以将这种观点最终归结为经济行为的社会嵌入性(social embeddedness),即通过过去建立的各种关系网络,企业可以获得它们所需要的信息、知识和资金等资源,并以此为基础来进一步提高企业的经营效率、创新能力和竞争能力。

随着技术专业化程度的提高与全球化市场的快速成长,单一企业仅仅依靠自身拥有的有限资源在未来将更难以生存和发展,企业之间的相互依赖和相互合作将更显得必不可少。正如美国经济学家奎因所指出的那样,在过去,资源外取(outsourcing)被认为是企业的一种劣势,但是现在,随着竞争环境的变化,资源外取已经成为智慧型企业成功运作的一个关键要素(James 等,1996)。

但是,企业之间各种方式的合作与学习并非意味着它们之间并不存在竞争。恰恰相反,企业之间的合作与竞争通常交织在一起。正如高新技术的发源地——硅谷的企业一样,在全球新技术发展过程中,这些企业之间始终处于不断地合作和竞争之中,如此这些企业才得以保持世界技术领先者的地位。事实上,硅谷中的企业在展开激烈竞争的同时,又通过各种正式或非正式的组织方式进行交流与合作,它们共同学习和利用新的知识与技能(安纳利·萨克森宁,1999)。在那里,企业之间的合作与竞争是一个动态的平衡过程,它使硅谷的企业在信息、知识、经验和创新的扩散过程和规模经济、学习过程以及合作的收益递增方面最大限度地得以实现。

因此,越来越多的企业已经认识到,在网络竞争环境下,任何企业都已不可能完全孤立地长期开展生产经营和创新活动,企业要想保持持续竞争优势就必须与不同的组织之间进行合作,通过建立各种社会关系来获取发展机会和交换各种信息、知识和其他资源,以实现优势互补、信息和知识共享、风险共担以及利益共享,从而获得持续发展。实践已经证明,企业与其他企业或组织(高校、科研机构、供应商、客户和政府等外部主体)所结成的动态、复杂的合作竞争关系网络已成为现代企业成长和发展的关键(林健等,2003)。同时,为了更透彻地研究和洞察企业的竞争行为,我们就必须把企业放入其所在的社会经济网络中加以考察和研究(Ferrier等,1999)。

总之,随着经济全球化和科学技术的迅猛发展,市场竞争日益激烈,单凭企业自身拥有的有限资源和研发实力已很难在竞争激烈的国际市场中获得竞争优势。如何最大限度地整合企业内、外部资源,以合作求竞争,以合作求发展,将是 21 世纪企业战略选择的主要内容之一。20 世纪 80 年代以来,西方企业尤其是跨国公司迫于强大的市场竞争压力,已经开始对企业之间的竞争关系进行战略性的调整,纷纷从过去的单一竞争走向大规模的合作竞争(Hamel,1991),即采取一种新型的发展战略——竞合战略(co-opetition strategy)。可以预见,这一新的发展战略将会对企业的技术创新活动产生重大而深远的影响。

1.1.2 技术创新——企业持续发展的不竭动力和源泉

创新是经济发展的发动机,是一个国家兴旺发达的不竭动力。随着世界经济向全球化方向发展,无论是对一个企业,或是一个区域,乃至一个国家而言,提高技术创新能力已成为培育企业核心竞争力和提高国际竞争力的必经之路。但是,瞬息万变的经济环境对企业的灵活性、适应性、反应能力和创新速度提出了更高的要求和挑战。面对竞争激烈的国际市场,技术创新已成为经济增长、产业发展和企业竞争力提高的最主要的源泉(Dosi,1988)。企业"要么创新,要么就是死亡"(Freeman 和 Soete,1997)。

企业为了获取竞争优势就必须以迅速的技术创新来适应快速多变的市场需求和满足客户多样化的个性需求。通过持续的技术创新,企业能够更深入地洞察和获取那些具有潜在价值和企业特性的资源,从而在企业内部生成一些难以被竞争对手所模仿的异质能力(Alchian 和 Demsetz,1972)。否则,企业就无法在激烈的市场竞争中立于不败之地。

面对激烈的市场竞争,创新正日益成为企业生存与发展的不竭源泉和动力(Kumpe 和 Bolwijn,1994)。这可以从我国半导体产业发展过程中由于缺少创新能力而处于劣势的现状中得到验证,例如,我国2003年半导体产业的全部销售收入超过200亿元,但利润只有3%,而跨国巨头英特尔一家公司的销售收入就超过2300亿元,利润更是高达18%。造成这种巨大反差的主要原因就是英特尔公司始终通过持续的技术创新而掌握着关键的核心技术,而我国的半导体产业主要是通过生产一些技术含量低、附加值不高的产品来获取市场份额,因而整个行业的利润率非常低。因此,我国企业要在未来的市场竞争中获取竞争优势,就必须成为技术创新的主体,形成产、学、研的战略联盟,并不断强化自己的研发体系和技术创新能力。

华为技术有限公司是一家总部位于深圳的生产、销售电信设备的民营高科技公司,成立于1988年。经过20余年的发展,产品领域覆盖了通信行业的大部分领域,其中在程控交换机、传输、接入网、无线及移动通信、ATM、数据通讯、智能网、支撑网、智能高频开关电源、动力设备及环境集中监控系统等技术上达到了世界水平,打破了西方大公司对中国通信市场的垄断。公司的产品和解决方案已经应用于全球100多个国家,服务全球运营商50强中的45家及全球1/3的人口。2010年年报显示,华为国内市场实现销售收入648亿元;海外市场实现销售收入1204亿元。海外科技杂志 Fast Company 在2010年3月初评出了2011年全球最具创新能力的公司,其中华为排名第18位,为中国品牌的最高名次。

华为公司从创立伊始,就确立了技术创新的发展战略,持之以恒地专注于技术创新。总裁任正非早在1998年就指出"不创新才是最大的风险"。从1993年起,华为每年坚持将超过销售额10%的资金投入到技术研发中,并且将研发投入的10%用于前沿技术、核心技术及基础技术的研究和跟踪。除了大量的资金投入,公司也非常重视对研发人才的投入和积累,48%的员工从事技术和产品的研发工作。为激发员工的技术创新积极性,华为出台了"多阶段奖励政策"等一系列专利创新鼓励办法,保证发明人全流程地关注其专利申请,每项重大专利可获得3万元至20万元的奖励。

在全球设立的技术研究中心和联合创新中心,也为华为吸纳全球性的高科技创新人才提供了很好的平台。在中国各大城市,如北京、上海、西安、成都和南京等,都设有研发机构。在海外,如美国的达拉斯和硅谷、印度的班加罗尔、瑞典的斯德哥尔摩以及俄罗斯的莫斯科,华为也均设立了研发中心。通过各地区跨文化的团队协作,实施华为同步研发、与时俱进、领先全球的战略。华为的中央软件部、印度研究所、上海研究所和南京研究所,均通过了CMM5认证,这标志着华为的软件开发管理和质量控制等方面已经达到了业界最高水平。就市场份额而言,华为在数字交换机和NGN领域目前排名世界第一,占世界出货量的32%;在ADSL宽带领域排名第一;根据RHK的统计,在光网络方面排名第四,智能网、光网络LH+MR DWDM、宽带产品IP DSLAM全球市场排名第一,MSAN出货量全球第一。如此骄人的成绩,是华为人不懈努力、矢志追求的结果。

在20余年的发展中,华为不仅拥有备受欢迎的先进产品和走在前端的核心技术,也积累了大量的知识产权成果,截至2009年12月底,华为累计申请专利42543件。华为在超长距DWDM、MSTP、NGN、综合接入、IP电信网、IP、DSLAM、智能网等领域,处于世界领先地位;在智能光网络ASON、核心骨干路由器、交换机、WCDMA、CDMA、3G终端等领域,跨入世界先进行列;华为已能够设计近100种特定用途集成芯片(ASIC),包括3G核心芯片,设计水平从0.5微米提升到0.13微米,自主芯片年产量已达1100万片。现在,华为已经成为目前全球除思科之外惟一一家能够提供从低端到高端的全系列路由器以及交换机解决方案的公司。

1.2 问题提出

1.2.1 企业技术创新面临的挑战

技术创新是企业获得持续竞争优势的关键变量(Blundell等,1999;Capon等,1990;Urban和Hauser,1993)。由于面临着知识全球化的挑战,企业只有通过不断的技术创新才能在激烈的市场竞争中赢得一席之地(Georg Von Krogh等,2000)。知识全球化指的是包括技术、信息、管理或者市场等方面的知识在世界范围内能够很容易地扩散和转移,并且将这些知识广泛散布于任何有学习者求知的地方。20世纪科学与技术的联姻已经使人类从知识的全球化中获得了很大帮助,直至技术知识受到了人们的普遍关注。随着技术知识发展过程中科学方法的逐渐引入,人类的知识库已获得了极大的扩展,同时,为了更好地利用知识来为人类创

造财富,人们通过开展大规模研究与开发来获得新知识的活动也获得了充分的发展。知识全球化的特征主要体现在以下几个方面:

第一,知识已取代了传统的土地、资本和劳动力等资源而成为经济发展的关键因素,世界各国的有识之士都认识到知识对提高一个国家国际竞争力的重要性。因此,在国际市场上,随着人们对基础研究、应用研究和产品开发的日益重视,众多具有商业化前景的知识正迅猛发展,知识创造和扩散的速度不断加快。人们对物质世界和科学理论的了解更加深入,并且掌握了比过去更多的有关工程诀窍、生产技能、知识种类、市场需求、客户需要、生产成本和营销管理等诸多方面的信息和知识。

第二,越来越多的个人、大学、科研机构和企业,甚至国家,他们都认识到知识对技术创新和经济发展的作用。如果没有新知识的不断创造,企业的技术创新就成了无源之水,因而他们都纷纷增加了知识生产的物质资本和人力资本的投入,大大推动了基础研究和应用研究的发展,从而也加速了科学技术的不断发展。

第三,由于有些知识(如显性知识)可以通过公式、设计、手册、图表、书本和机器设备等形式而成为显性化的知识,如果企业或组织具备一定的吸收和消化能力(如逆向工程),它就能很容易地通过技术引进和仿制等方式获得这些知识,而无需投入过多的成本。因此,知识在国际范围内的转移日趋频繁。而且,知识的流动与有形物品的单向流动不同,它可以同时向很多地方扩散,知识的转移也呈现全球化的趋势,对经济发展的贡献也呈现出"边际报酬递增"效应。

第四,随着经济全球化和技术创新国际化的不断深入,伴随着跨国公司在世界范围内的不断扩张,产品、资本、人才等的国际化流动不断加剧,尤其是国际间技术合作和技术联盟的不断发展,知识转移的各种障碍日益减少,知识在国际间的流动日益频繁和容易,从而进一步推动了知识全球化的进程。

因此,随着国际竞争的日趋激烈,企业越来越认识到技术创新对企业获取竞争优势的重要性。目前在我国,尽管大多数企业都已经清楚地认识到技术创新在从"制造大国"向"制造强国"转变过程中的重要性,而且也将更多的资源投入到技术创新中去,但事实上,我国企业的技术创新却陷入这样一种尴尬的"两难困境"。也就是说,一方面,企业将越来越多的资源投入到技术创新活动中去,企图通过持续的技术创新来构建自身独特的核心竞争力;但是,另一方面,由于受到信息、知识、资金、人才等资源有限的约束,再加上市场不确定性的不断增加,企业技术创新的成功率却比较低,从而使企业对技术创新活动产生一定程度的"恐惧"心理。

缺乏及时而准确的市场信息已成为影响企业技术创新成败的主要因素之一。例如,浙江省湖州汇晶材料有限公司是一家生产化工原料的国有中型企业,在90年代末,为了摆脱原有产品技术含量低、附加值低、能源消耗高和市场竞争力不强的不利局面,公司决定在产品结构上进行调整,下决心搞技术含量高、产品附加值高、能源消耗低的高科技产品。

而当时由于神州大地兴起的一股"纳米热","纳米产品"闪着耀眼的光环,使该公司的领导层怦然心动。特别是在纳米涂料、纳米抗菌材料、纳米粉体加工技术等方面取得的一系列成果引起了国内企业的关注。以中国较有代表性的纳米粉体材料为例,当时已有30多条纳米粉体材料生产线,产品种类也很多,其中包括纳米TiO_2、纳米ZnO、纳米SiO_2、纳米Al_2O_3、纳米ZrO_2、纳米$CaCO_3$、纳米Ti、纳米Cu、纳米SiC、纳米Si_3O_4、纳米金刚石等。而纳米碳酸钙($CaCO_3$)作为一种新型的纳米粉体材料,可以广泛应用于塑料、橡胶、涂料、油漆、磁钢、密封胶、造纸等行业,其市场前景十分广阔。1998年8月经与上海理工大学协作,该公司开始开发纳米碳酸钙产品;2000年2月经湖州市委批准同意做3000吨/年纳米碳酸钙项目。公司于当年8月基本完成安装调试任务,9月份投入试生产,产品经浙江大学及浙江省化工产品质量监督检验站测试,完全达到纳米级。

产品出来了,却没有市场,企业开始为订单犯愁,2000年余下的几个月,试样虽然送了几百家有意向应用的企业,但产品基本上没有推销出去。2001年针对塑料工业均要用碳酸钙作填充料,于是公司决定对塑料制品企业上门推销产品,并与中国最大的余姚塑料市场、路桥塑料日用品商城签订经销(或代销)合同。但由于塑料制品应用的是普通碳酸钙,其售价仅不到500元/吨,而纳米碳酸钙售价在3000元/吨,相差6倍多,虽然纳米碳酸钙对塑料制品的质量、性能有了大大提高,但由于成本大幅度上升,上升的费用又无法转嫁到塑料制品售价上,因此塑料制品基本不采用纳米碳酸钙,这样一年下来,公司仅销售出20吨纳米碳酸钙。

由于纳米碳酸钙应用厂家分属于不同的行业,且每个行业的企业所生产的产品差别很大,其原材料亦不尽相同,因此他们对纳米碳酸钙的要求也各不相同。但是,汇晶材料公司没有能够及时收集和掌握准确的市场需求信息,企业通过创新而研制的新产品却无法适应市场和客户的需求,因而难以将技术优势转化为市场优势。

此外,由于不能及时地从企业外部获取技术创新所需的新知识,企业技术创新的失败率也不断增加。例如,成立于1999年7月的浙江CF转基因工程有限公司,是由三方合作而发起的股份公司,其中技术股份占49%,为上海的技术提供方所有;浙江省临安CY集团占41%的股份;剩下的10%由杭州近郊的HW果园持有。成立股份有限公司的目的是通过民营资本与高科技的合作来开发具有市场前景的转基因羊,开发过程如下:先以人工的方法将公羊的精子和母羊的卵子提出并在体外结合以形成胚胎,并将人们急需的大量的基因蛋白以一种特殊的工具——"基因枪"植入,再将这些肩负着特殊使命的胚胎重新放入母体之中,通过这种方法出生的羊就是我们所谓的转基因羊,它的主要用途是用来攻克血友病。

据估计,国际市场上一头转基因羊的价格约600万元。协议规定,第一头用新转基因技术路线培养的转基因羊的出生日期应该是1999年的4月,可直至2001年的7月仍没见这头转基因羊的踪迹。据分析,导致浙江省第一头转基因羊难产的原因有很多,其中最主要的一个原因就是该公司没有得到技术提供方的技术支持。据 CF 公司原核心层人士透露,原协议规定技术提供方要经常到杭州进行技术指导,但由于技术提供方似乎对羊的饲养不大感兴趣,一般都是一年一次到杭州基地做实验,而且协议还要求上海专家只能在杭州筹建养殖基地,而后来这个研究项目除杭州外至少还有三、四个基地。究其原因,主要是由于公司无法从外部获取技术创新所需的新知识和新技术而造成了浙江第一头转基因羊的难产。

企业如何摆脱这一困境已成为学术界和企业界非常关注的话题。尤其在我国,绝大多数企业是中小企业,由于规模和实力的限制,企业内部本身可供利用和开发的资源较少,企业能否降低成长的不确定性与失败的可能性,并在此基础之上获得持续发展,关键在于其能否从外部获取快速发展所急需的各种资源,这是评价一个企业在竞争日益激烈的环境中生存和发展能力的重要因素之一。因此,通过对国内外企业成功的技术创新的分析研究,人们发现,那些在技术创新方面获得巨大成功的企业,往往都是非常注重有效整合企业内、外部资源的企业,尤其是对知识型企业而言,它更愿意通过提高社会资本的方式来整合内、外部资源,并在此基础之上不断提高企业的核心竞争力(Cook 和 Wills,1999)。

国内很多研究证实,我国企业在技术创新过程中,因缺乏及时而准确的市场信息,研发投入的短缺和新知识的获取难度的增加已成为企业技术创新的最主要的障碍(高建,1997;方新,1998;高洪深等,2003;官建成,2004;张方华,2006),企业可以通过网络嵌入、智力资本与集成能力提高、市场导向的选择等方式有效整合内外资源来提高自主创新能力(陈钰芬、陈劲,2008;蒋天颖、王俊江,2009;黄汉涛,2010;许冠南等,2011;张方华,2011;谢洪明,2012)。同时,作者通过对大量的知识型企业的实际调查也显示,企业在不断提高技术创新能力过程中也正受到资源有限的严峻挑战。例如,本研究通过对企业技术创新绩效影响因素的问卷调查后发现,其中有 80.5%的企业将能否及时地获取创新信息、67.6%的企业将是否有充足的研发投入和 65.2%的企业将能否从外部获取最新的知识视为最重要的影响因素之一(见图 1.2)。

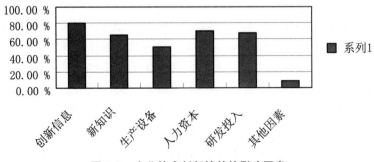

图 1.2 企业技术创新绩效的影响因素

数据来源:本研究的问卷调查统计,2004。

另外,国家创新系统和区域创新系统的形成与完善已为企业技术创新系统与创新网络的形成创造了良好的外部环境,为了更有效地通过整合内外部资源以提高自身的技术创新能力,企业技术创新的主体正从一元主体向多元主体演进(详细论述见第3章)。因此,分别从企业社会资本、网络嵌入、FDI技术溢出、集成能力、市场导向选择等不同视角研究企业的技术创新,既可以为我国企业的技术创新活动提供理论支持,也正是技术创新理论自身发展的需要。

1.2.2 企业提高技术创新能力的关键路径

伴随着经济全球化和知识全球化的不断发展,单一的企业或公司拥有的有限资源已无法满足技术创新的要求,创新的跨领域特征,如技术合作、技术联盟、创新网络和虚拟企业等等相继出现。因此,国内外的企业为了提高各自的创新能力,它们都非常注重与大学、科研机构、政府、竞争对手、供应商、经销商、技术中介组织、金融机构和客户等之间的技术合作和交流。事实上,企业与外部组织之间的联系已经成为一种具有建设性意义的活动。通过与外部行为主体的广泛合作和联系,企业不仅可以获得技术创新所需的资金、技术、人才和信息等,更主要的是新知识(包括显性知识和隐性知识)的获取。这是因为,知识的创造和获取以及内、外部资源的整合已经成为企业提高技术创新能力的关键(图1.3)。

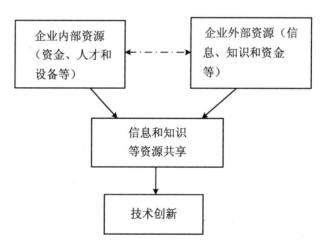

图1.3 企业内、外部资源的整合:技术创新能力提高的有效途径

硅谷的惠普公司就是采用开放式技术创新系统的典型。该公司认为,在信息技术飞速发展的今天,没有哪一家公司能独立地进行先进技术的研制与开发,所以有必要通过与外部组织的合作来创造新优势。因此,为了使企业的技术创新项目顺利进行,惠普公司同当地能够提供互补技术的公司建立了各种形式的技术开发网络,例如,公司通过同Octel通讯公司建立伙伴关系来交流声数合并技术;通过同3COM公司合作来交换网络伺服装置;通过同Weitek公司合作而交流半导体技术;通过同 Informix 公司合作交流数据库软件,该公司通过这样一个开放式的创新系统而不断保持着创新的活力(安纳利·萨克森宁,1999)。

对以技术为基础的知识型企业而言,知识是非常重要的。知识型企业要不断创造和开发知识,就需要不断补充新知识。由于知识的获取与开发是一个社会过程(Kogut 和 Zander,1992),因此,以技术为基础的企业要保持长期的成功就必须加强与外部组织的合作与交流。

技术创新是一个持续的演进过程,在此过程中,不仅会受到制度规范与社会惯例的约束(Morgan,1997),同时也会受到组织间或个人间互动的强度与范围的影响(Grabher 和 Stark,1997)。企业通过建立外部关系来获取信息和知识等资源的程度则受到嵌入在关系中的社会资本量的约束。关系中的社会资本促使企业充分利用交换对象的各种资源,通过紧密的社会互动,企业能够增加资源交换的深度、广度和功效(Lane 和 Lubaikin,1998)。

因此,在网络竞争环境下,任何企业都已不可能完全孤立地长期开展生产经营和技术创新活动,要保持持续竞争优势,企业就必须与不同的外部组织进行合作,通过建立各种社会关系来获取企业持续发展所需的各种信息、知识和其他资源,以实现信息和知识共享、风险共担、利益共分的战略性关系。实践证明,企业与其他企业或组织(高校、科研单位、政府、技术中介组织、金融机构等)所结成的动态复杂的合作竞争关系网络已成为现代企业成长和发展的关键。

1.2.3 本研究的主要问题

实际上,技术创新是一个动态的社会过程,企业技术创新能力的提高不仅依赖于企业内部环境因素,而且还依赖于企业外部的环境因素。但是,在具体的经济活动中,由于我们对技术创新理论缺乏社会学意义上的理解,企业技术创新实践又过于依赖于企业自身拥有的有限资源,使得我国企业的技术创新活动往往局限于一个比较狭窄而封闭的系统中,从而导致企业的技术创新进展缓慢和难以培育出持续的创新能力,例如,在国际洛桑管理学院(IMD)和世界经济论坛(WEF)的国家竞争力排名中,一方面我国的综合竞争力不断上升;但另一方面,我国的科技竞争力排名却徘徊不前,主要原因就在于企业的技术创新能力不强,这也是我国经济发展中亟待解决的一个"悖论"。

本研究的主要问题是围绕企业如何通过有效整合内外部资源,以克服自身资源有限的短板,从而不断提高技术创新能力;研究视角则分别从企业社会资本、网络嵌入、市场导向、集成能力、FDI 技术溢出等不同维度入手;方法则采用理论研究与实证分析相结合的手段,一方面紧跟国内外的理论发展前沿,另一方面则采用问卷调查与案例分析相结合,具体采用线性与非线性分析的方法,对变量之间的关系进行深入阐述。

因此，本书实证部分的各章内容都是在综合国内外相关研究的最新理论前沿的基础上构建各种变量影响企业技术创新能力的概念模型，并提出相应的理论假设，然后通过问卷调查和定量分析或案例分析来进一步验证理论假设的合理性，深入和系统地探讨各种变量影响创新能力的微观作用机理，从而为我国企业进一步提高技术创新能力提供理论依据与实践指导。

1.3 研究方法

1.3.1 理论与实际相结合

作者通过较长期地对我国大量本土企业的调查研究以找出影响我国企业技术创新能力的因素，然后再结合国内外技术创新理论的前沿知识进行深入、系统的阅读和分析，并在此基础上构建不同变量影响技术创新能力的概念模型，比较系统地从不同视角为企业提高技术创新能力提供理论借鉴与实践指导。

1.3.2 定性与定量相结合

本研究通过企业社会资本、市场导向、网络嵌入、集成能力、FDI技术溢出等对企业资源获取、组织学习、智力资本、吸收能力等中间变量影响的分析，从而对这些变量如何影响技术创新能力进行定性的理论分析。然后通过大样本的问卷调查、统计分析、结构方程模型和神经网络模型等定量的实证分析来进一步验证本研究所提出的概念模型的合理性。

1.3.3 静态与动态相结合

本书汇集了作者近十年有关企业技术创新理论与实践方面的研究成果，一方面能紧跟有关技术创新领域的国际前沿理论；另一方面能有效结合我国本土企业在经济全球化过程中的技术创新实践，使研究成果能够满足环境动态变化的要求，从而更好地为本土企业提高自主创新能力提供理论依据与实践指导。

1.3.4 线性与非线性相结合

传统的统计方法，如相关性分析、多元回归分析和结构方程模型，都是用来检验两个或多个变量之间的线性相关关系的，但是在现实社会中，变量之间的关系比较复杂,有时甚至都不是简单的线性关系,而是一种非线性关系。因此,本书在第10章中运用 BP 神经网络模型,对企业的资源获取与创新绩效的关系进行非线性的定量分析,以期进一步揭示各变量之间的关系。

1.4 内容框架

本书在对国内外有关技术创新理论的研究进行系统综合的阐述的基础上,分别从企业社会资本、网络嵌入、FDI 技术溢出、市场导向、集成能力等不同维度,主要围绕如何通过有效整合内外部资源提高企业的技术创新能力展开,总共分为 12 章,具体内容安排如下:

第 1 章是绪论部分。从企业发展战略演变与技术创新对企业获取竞争优势的重要性的研究背景出发,从问题分析入手,提出了研究企业技术创新管理的必要性与紧迫性,并比较详细地介绍本书的研究方法、研究目的与总体框架。

第 2 章是企业技术创新理论发展与创新能力的影响因素研究。首先从技术创新理论的发展和技术创新过程模式的演变出发,提出了技术创新理论的发展趋势,然后对影响企业创新能力的因素研究进行了系统的回顾,为后续研究提供一个理论平台。

第 3 章是技术创新网络形成与创新主体演进。从创新主体演进的现实背景分析入手,比较详尽地阐述创新网络和技术创新系统的形成以及企业技术创新主体从一元化向多元化方向的历史演进,并进一步指出,企业必须从单一主体的封闭式创新模式向多元主体的开放式创新模式转换,通过内外部要素的有效整合来提高技术创新能力。

第 4 章是企业社会资本、资源获取与创新能力关系的概念模型与实证分析。从企业社会资本与技术创新绩效的关系研究入手,以资源获取为中间变量,构建企业社会资本影响技术创新能力的概念模型与理论假设,并通过问卷调查和多元回归分析,深入分析了企业社会资本如何通过对资源获取的作用来影响企业的技术创新能力。

第 5 章是 FDI 技术溢出、智力资本与创新能力关系的概念模型与实证分析。以企业的智力资本为中间变量,构建 FDI 技术溢出影响企业技术创新能力的概念模型以及探索其作用机理,结合问卷调查和结构方程模型,对理论假设进行检验,在此基础上为我国本土企业有效利用 FDI 的技术溢出效应来促进企业智力资本的培育和提高创新能力提供对策建议。

第 6 章是网络嵌入、知识获取与创新能力关系的概念模型与实证分析。有效整合社会网络、知识获取和创新绩效三个方面的理论研究,以知识获取为中间变量,构建网络嵌入影响企业技术创新能力的概念模型,探究关系型嵌入和结构型嵌入影响企业外部知识获取并进而影响创新能力的微观机理;通过长三角地区270家本土企业的问卷调查与结构方程模型分析,试图为本土企业如何通过网络嵌入提高知识获取能力以及创新能力提供理论指导和对策建议。

第7章是市场导向、组织学习与创新能力关系的概念模型与实证分析。以组织学习为中间变量,构建市场导向—组织学习—创新能力的概念模型,结合长三角地区170家企业的问卷调查和结构方程模型分析,对市场导向如何通过组织学习来影响技术创新绩效进行实证分析;在此基础上,为国内企业如何通过加强市场导向和组织学习来进一步提高创新能力和获取竞争优势提供相应的对策建议。

第8章是集成能力与创新绩效关系的概念模型与实证分析。从信息集成能力、知识集成能力、技术集成能力、组织集成能力和战略集成能力五个维度构建企业集成能力影响技术创新绩效的概念模型,然后通过问卷调查和统计分析对相应的理论假设进行检验。最后,为我国中小企业如何通过提高集成能力进而提高创新绩效和获取竞争优势提供相应的对策建议

第9章是FDI集群化背景下本土企业的网络嵌入影响创新能力的概念模型与实证分析。在FDI集群化发展的背景下,以本土企业为研究对象,将网络嵌入、知识获取、吸收能力与创新绩效纳入统一的理论框架,深入研究网络嵌入影响本土企业技术创新能力的作用机理。实证分析后的研究结果表明,本土企业可以通过网络嵌入有效利用FDI集群化过程中的知识溢出效应来提高技术创新能力,而企业自身的吸收能力在这一影响过程中起到调节作用。

第10章是基于神经网络模型的资源获取与创新能力关系的实证研究。从企业技术创新绩效影响因素的分析入手,通过对我国210家企业的问卷调查和统计分析,从资源获取的角度,借助BP神经网络模型,深入分析企业的资源获取与技术创新能力之间的非线性关系,为企业提高创新能力与国际竞争力提供对策建议。

第11章是企业集成创新实践的典型案例分析。从集成创新的理论研究出发,将技术创新过程与集成思想融合在一起,构建企业集成创新的过程模式,并结合具体的案例分析,深入阐述案例企业集成创新的具体实践与过程,为提高企业的集成创新能力提供对策建议。

第12章是研究结论与展望。此章对全书的研究结论、不足以及未来的研究展望进行了总结,并提出了今后进一步深入研究的方向。

参 考 文 献

[1] ALCHIAN A A, DEMSETZ H. 1972. Production, information costs and economic organization[J]. American Economic Review, 62:777-795.
[2] BARNEY J. 1991. Firm resources and sustained competitive advantage[J]. Journal of Management, 17(1):99-120.

[3] BLUNDELL R, GRIFFITH R, V REENEN J. 1999. Market share, market value and innovation in a panel of British manufacturing firms[J]. Review of Economic Studies, 66: 529-554.

[4] BOURDIEU P. 1985. The forms of capital[M]// Handbook of theory and research for the sociology of education[M]. New York: Greenwood Press: 241-258.

[5] DOSI G. 1988. Source, procedures and microeconomic effects of innovation[J]. Journal of Economic Literature, XXVI:1120-1171.

[6] DYER J H. 1996. Specialized supplier networks as source of competitive advantage[J]. Evidence from Auto Industry SMJ,17:187-201.

[7] DYER J H. Singh H, 1998. The relational view: cooperative strategy and sources of interorganizational competitive advantage[J]. Academy of Management Journal,23(4): 660-679.

[8] FERRIER W J, SMITH K G, GRIMM C M. 1999. The role of competitive action in market share erosion and industry dethronement: a study of industry leaders and challengers[J]. Academy of Management Journal, 42:372-388.

[9] FREEMAN C, SOETE L. 1997. The economics of industrial innovation[M]. 3rd ed. London: Pinter. 266-267.

[10] GRANOVETTER M. 1985. Economic action and social structure: the problem of embeddedness[J]. American Journal of Sociology, 91(3):481-510.

[11] GRANT R M, BARDEN F. 1995. A knowledge-based theory of inter-firm collaboration [C]// Academy of Management best paper proceedings.

[12] HAMEL G. 1991. Competition for competence and interpartner learning within international strategic alliances[J]. Strategic Management Journal, 12:83-103.

[13] JAMES A F, STONER R, EDWARD FREEMAN, et al. 1996. Management[M]. Prentice-Hall International, Inc.

[14] KOGUT B, ZANDER U. 1992. Knowledge of the firm, combinative capabilities, and the replication of technology[J]. Organization Science, 3(3):383-397.

[15] KUMPE, BOLWIJN, PLET T. 1994. Towards the innovative firm-challenge for R&D management[J]. R. T. M, 1/2:351-378.

[16] LANE, LUBAIKIN. 1998. Relative absorptive capacity and inter-organizational learning [J]. Strategic Management Journal, 19(5):461-477.

[17] LARSSON R. 1998. The inter-organizational learning dilemma: collective knowledge development in strategic alliance [J]. Organization Science, 9(3):285-304.

[18] NONAKA I. 1994. A dynamic theory of organizational knowledge creation[J]. Organization Science, 5:14-37.

[19] PENROSE E G. 1959. The theory of the growth of the firm[M]. New York: Wiley.

[20] PENROSE M A. 1993. The cornerstones of competitive advantage: a resource-based view [J]. Strategic Management Journal, 14:179-192.

[21] POWELL W W. 1998. Learning from collaboration: knowledge and networks in the biotechnology and pharmaceutical industries[J]. California Management Review, 40(3): 228-240.

[22] WELLMAN BARRY. 1988. Structural analysis: from method and metaphor to theory and substance[M]//Social structures: a network approach. Cambridge: Cambridge University Press.

[23] WOOLCOCK M. 1998. Social capital and economic development: toward a theoretical synthesis and policy framework[J]. Theory and Society, 27: 151-208.

[24] 安纳利·萨克森宁. 1999. 地区优势[M]. 上海: 远东出版社: 180-181.

[25] 陈钰芬, 陈劲. 2008. 开放度对企业技术创新绩效的影响[J]. 科学学研究, (2).

[26] 黄汉涛. 2010. 网络嵌入性与技术创新绩效的关系研究: 基于吸收能力的分析[D]. 杭州: 浙江大学.

[27] 蒋天颖, 王俊江. 2009. 智力资本、组织学习与企业创新绩效的关系分析[J]. 科研管理, (4).

[28] 林健, 李焕荣. 2003. 基于核心能力的企业战略网络: 网络经济时代的企业战略管理模式[J]. 中国软科学, (12): 68-72.

[29] 迈克尔·波特. 1997. 竞争优势[M]. 北京: 华夏出版社.

[30] 许冠南, 等. 2011. 关系嵌入性对技术创新绩效作用机制案例研究[J]. 科学学研究, (11).

[31] 谢洪明, 等. 2012. 网络互惠程度对企业技术创新绩效的影响: 外部社会资本的中介作用[J]. 研究与发展管理, (3).

[32] 张方华. 2006. 企业社会资本与技术创新绩效: 概念模型与实证分析[J]. 研究与发展管理, (3).

第 2 章　企业技术创新理论发展与创新能力的影响因素研究

自创新理论提出以来,相关学者分别从经济学、管理学和社会学等三个不同的视角对企业技术创新理论进行深入的研究;技术创新的过程模式经历了技术推动、市场拉动、技术推动与市场需求相互作用、一体化创新和系统集成网络等五个阶段的演变;理论界与实践界对技术创新能力影响因素的研究不断深入,本章主要对这些方面的研究与进展分别进行系统的阐述与分析。

2.1　企业技术创新理论发展

自熊彼特(1934)首次提出创新理论以来,随着科技进步在经济发展中的重要性的不断提高以及研究的不断深入,国内外学者先后从不同的角度对技术创新理论进行了研究,即从传统的经济学视角转向管理学视角,并向社会学视角演进(如图 2.1 所示)。

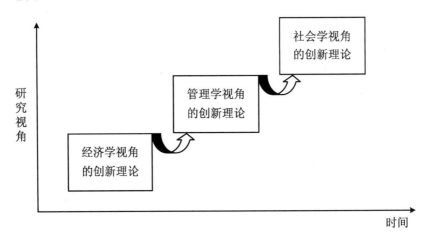

图 2.1　技术创新理论发展的三个阶段

2.1.1 经济学意义上的技术创新理论

为了给经济增长和经济周期的内在机理提供一个全新的解释,熊彼特(1934)首次提出的创新理论,主要是从经济学的角度来研究技术创新的。他的创新理论特别强调了各种经济要素的有效组合(即信息、人才、知识、资本与企业家才能等经济要素的有机组合)是经济发展的主要推动力(图 2.2)。这种"新组合"包含以下五个方面的含义:一是引入一种新的产品或采用某种产品的新特性;二是采用一种新的生产工艺或生产方法,当然这种方法并不一定要求必须建立在新的科学原理的基础之上;三是开辟一个新的市场,其中包括经过市场细分而发现的新市场;四是获得或控制原材料或半成品的一种新的供应来源;五是采用一种新的工业组织。

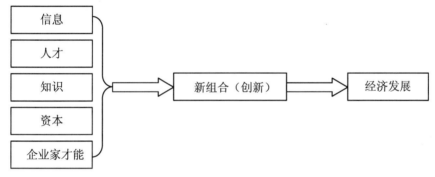

图 2.2 技术创新的经济学解释

同时,熊彼特从创新的内在机理出发,解释了资本主义经济运行呈现的"繁荣－衰退－萧条－复苏"四个阶段不断循环的原因,说明了不同程度的创新会导致长短不等的三种经济周期。他认为,经济增长并不是由于资本和劳动力等生产要素的增加所引起的植物性增长,而是创新所引起的增长,创新是"一种创造性的毁灭","创新是经济增长的源泉",其最终目的就是为了获取潜在的经济利润。

通常,人们将熊彼特阐述的五种形式的创新归纳为三大类:一是技术创新,其中包括产品创新和工艺创新,前者是指技术上有变化的产品,其中又可以分为渐进性的产品创新和突破性的产品创新两类,后者是指产品生产技术上的变革,其中包括开发出的新工艺、新方法和采用的新设备等;二是市场创新,其中主要是指通过市场细分而开拓出的新的产品市场和在原有市场份额基础上新增的市场份额;三是组织创新,包括改变原来的组织形式以及建立新的经营组织等等。后来,随着创新理论的不断发展,并逐渐演化成两个独立的研究分支:一是以技术创新和市场创新为研究对象的技术创新理论;二是以组织变革和组织形成为研究对象的组织创新理论。

熊彼特虽然没有对技术创新理论进行深入的分析,但他明确地将发明与创新区别开来,认为"只要发明还没有得到实际上的应用,那么在经济上就是不起作用的。尽管企业家自然可能是发明家,就像他们可能是资本家一样,但他们之所以是发明家并不是由于他们的职能的性质,而只是由于一种偶然的巧合,反之亦然。此外,作为企业家的使命而要付诸实现的创新,也根本不一定必然是任何一种新的发明。"因此,创新不仅仅是一种技术的或者经济的现象,而是一个社会的过程(熊彼特,1934)。

20世纪50年代以后,随着科学技术突飞猛进地发展,技术进步在经济发展中的作用日益明显,尤其是1957年索洛通过对美国1909~1948年间的统计数据的分析,测算出技术进步对人均产出增长的贡献率超过资本和劳动力等要素,人们开始认识到技术创新对经济和社会发展的重要作用,技术创新理论研究因此开始成为一个十分活跃的研究领域。到60年代,技术创新又受到其他领域如社会学、历史学、企业家和政策研究人员的普遍关注,研究者开始系统地收集有关技术创新的典型案例和数据,并提出了技术创新的多种定义。到70年代,由于研究的不断深入和完善,技术创新理论逐渐从管理科学和经济发展周期研究的范畴中独立出来,从而逐渐建立了自身独立的理论体系。从80年代开始,一方面技术创新研究向系统化和综合化的方向发展;另一方面,创新研究逐渐从理论走向实践,并被广泛地用于解释企业和经济发展中的诸多现实问题,并力求将技术创新研究的成果直接应用到社会经济和企业的生产经营活动中去,其重要地位也越来越受到企业,乃至国家的认可。

事实上,随着科技发展对经济增长重要性的不断提高,创新对经济增长的贡献率也由20世纪初的5%~10%上升到目前的60%~80%(Freeman,1994),这也证实了熊彼特有关技术创新推动经济增长这一论断的正确性,并由此引申出一个被人们普遍接受的观点,即一个国家宏观上的国际竞争力在很大程度上取决于微观基础上的企业的技术创新能力。这是因为,企业才是创造国民财富的主体,一个国家或地区的生产力水平最终是由企业的生产率的高低来决定的。

2.1.2 管理学意义上的技术创新理论

随着技术创新理论的不断深入和发展,技术创新已成为企业获取竞争优势的关键因素。作为市场竞争主体的企业也逐渐成为技术创新的主体,因此,为了更深入地了解技术创新的本质与特征,理论界和企业界开始从管理学的角度来打开技术创新这一"黑箱"(Rosenberg,1982)。

从企业管理的角度看,技术创新就是从一种新思想或新发现的产生,到概念形成、研究、开发、试制、评价、生产制造、首次商业化和扩散的过程。成功的技术创新就是发明+研究开发+企业家精神+管理+满足市场需求。因此,技术创新的管理学解释强调了创新的"过程"与"结果"(将新设想推广到市场并使之成功地商业化)的重要性。这种观点强调,在这一复杂的创新过程中(见图 2.3),任何一个环节出现问题,均不能形成最终的市场价值,也就是说,企业的技术创新没有获得成功。

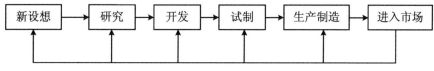

图 2.3 技术创新的管理学解释(陈劲,2001)

由于技术创新总是滞后于技术发明,因此,企业提高技术创新能力和加快技术创新的实质就是努力缩短这一"时滞",以加快新产品商业化的进程。这种观点认为,企业的技术创新是一个前后相继的线性过程,无论哪一个环节出现"瓶颈",都将导致创新"时滞"的延长,甚至整个创新的失败。而技术创新能力的提高则意味着这一过程的加快。例如,法拉第于 1846 年就证实了无线电报的可能性,可直到 50 年后才由马可尼首次获得此项专利并投入商业使用;相反,第一代计算机于 1946 年引入市场,但经过 40 年的发展,无论是技术发展,还是市场需求的变化方面都达到了一个日新月异的程度。因此,技术创新管理的目的就是将这些环节有效地结合起来,以形成一个创新系统,并与企业的长期发展战略相结合,从而推动企业技术创新活动的顺利开展。

(1) 20 世纪 50 年代,技术创新被认为是一个非连续和相互孤立的事件,它起源于独立的发明家和独立的研究者所开发出的新知识(熊彼特技术创新模式 I)。从科学的最新进展到重大发明,两者之间存在着一种非持续性的流动,当独立的发明家和独立的研究者开发出新知识后,一组企业家(熊彼特将他们视为是推动资本主义经济发展的主要动力)在认识到这些技术创新的未来市场潜力后,冒险将这些新知识引入到企业内部进行开发和创新,以生产出符合市场和客户需求的新产品或新服务。

(2) 20 世纪 80 年代后,人们对技术创新理论的研究不断深入,结合企业技术创新的实际,很多学者指出,技术创新不仅仅只是各种孤立事件的组合,而是一种从新思想的产生,到研发、试制、生产制造再到首次商业化的线型过程。例如:Dosi(1982)认为,创新是一个过程,更确切地说,是一个解决问题的过程;Pavitt 和 Patel(1994)指出,创新是一个包含编码化知识和隐性知识交换的过程。这种观点强调了技术创新的过程概念,强调了企业内部信息交流的重要性,而且将其"结果"即首次成功的商业化看做是技术创新的必要条件。同时强调,在这一复杂的创新过程中,任何一个环节出现问题,都将导致创新的滞后甚至失败(Dosi,1982;Lundavall,1992)。

(3) 创新的技术网络理论。20 世纪 80 年代末期至 90 年代,许多学者提出了创新的技术网络理论(Lundavall,1995;Nelson,1993;Rothwell,1992)。他们认为,创新企业与其他许多外部的经营主体通过合作网络和信息交换而联系在一起。这个观点强调了企业外部信息源的重要性,如顾客(尤其是领先用户)、供应商、竞争对手、大学、科研机构、咨询人员、政府部门和政府实验室等。企业与外部信息源之间的交流和互动越持久、越频繁,他们就越有可能从外部吸收到所需的信息。换句话说,产品和工艺的开发与改进必须同时满足技术和市场的可行性等标准,而信息的交换则是通过合作和网络关系从合作伙伴处来获取的(Rothwell,1992)。

(4) 全面创新管理(Total Innovation Management)理论。随着创新管理理论的不断演进,企业的技术创新管理已从单一的产品创新或工艺创新向组合创新管理方向发展。吴晓波教授(1995)通过对发展中国家的创新规律进行研究后提出了发展中国家应立足于建立与发挥后发优势的二次创新理论,即利用引进技术的后发优势实现比技术输出国更快的技术发展速度;魏江教授(1998)则从企业技术能力培育的角度来探讨企业技术能力与技术创新能力之间的关系。总之,许多研究证实,企业技术创新绩效不高的一个根本原因就是缺乏先进的创新管理理念的指导,从而导致企业的技术创新活动缺乏系统性和全面性。因此,技术创新的最终绩效越来越取决于企业内部各部门、各要素之间的有效合作和协同(许庆瑞,2000)。许庆瑞教授等(2003)首次提出了全面创新管理的概念,他们从理论上系统地提出了企业经营管理的全面创新规律,并特别强调了全面创新的两层涵义:一是涉及企业各创新要素的全面创新;二是各创新要素间的有机协同。全面创新管理是建立在创新进化论和复杂性理论的基础上,将企业看做是有机的生命体,而创新过程是复杂的自组织系统,需要各系统要素的有机协同才能最大化地实现系统的目标。国内外的许多技术领先型企业,如微软、HP、3M、海尔和宝钢等都已从全面创新管理的新范式出发对本企业的技术创新活动进行管理,并取得了非常明显的管理绩效。例如,2002年,在全面创新管理理论的指导下,海尔集团的专利申请量平均每个工作日达2.6项,每天能够开发出1.5个新产品,同年的全球营业额达723亿元,并不断缩短了与世界500强的差距(RCID海尔调研数据,2003)。

(5) 开放式创新。Chesbrough(2003)首次提出开放式创新理论后,开放式创新这种模式被越来越多的企业运用以实现更大的价值创新,由此也得到了大量学者的关注与研究,陈钰芬、陈劲(2009)基于209家中国创新型企业的问卷调查数据,采用结构方程模型对开放式创新的机理与作用路径进行了实证分析,开放式创新主要是通过获取市场信息资源和技术资源,以弥补企业内部创新资源的不足,进而提高创新绩效;袁健红、李慧华(2009)利用某省工业企业创新调查数据,采用倾向得分匹配法对开放式合作创新模式实现的创新效果进行了评价,当企业采用开放的合作创新模式时,其创新类型往往是突破性的,创新的新颖度大,相反,如果企业采用封闭式创新模式时企业的创新往往是渐进式的创新,创新新颖程度较低;曹勇、贺晓羽(2010)以知识密集型服务业(KIBS)为研究对象,从创新来源、创新转移与扩散、知识的传播与吸收能力三个方面对知识密集型服务业开放式创新的推进机制进行了研究,开放式创新理论可以更有效地提高知识密集型服务业的创新绩效;张永成等(2011)认为开放式创新可以实现异质性知识在网络中"游走"与整合,从而激活、动员与激励知识整合机制的建构以及知识整合能力的培育;王海花等(2012)运用扎根理论的质化研究方法,识别出开放式创新模式下创新资源共享的影响因素,并以宝洁公司实践开放式创新为案例进行深入研究后指出,开放式创新模式下资源共享是以环境变量为因果条件、资源共享渠道的构建为中介条件和桥梁、创新资源需求和资源池为行动/互动策略的脉络。

(6) 协同创新。协同创新是指创新资源和要素有效汇聚,通过突破创新主体间的壁垒,充分释放彼此间的人才、资本、信息、技术等创新要素活力而实现深度合作的一种创新方式,它是以知识增值为核心,企业、政府、知识生产机构(大学、研究机构)、中介机构和用户等为了实现重大科技创新而开展的大跨度整合的创新组织模式(陈劲、阳银娟,2012)。协同创新作为一种有效提高创新绩效的创新方式,已经逐步受到国内理论界和实践界的重视。张钢等(1997)在案例分析的基础上,提出技术、组织和文化协同创新的一般模式;郑刚(2004)基于全面创新管理理论,探讨了技术创新过程中的技术、战略、组织、文化、制度和市场等各关键要素的协同问题,提出了 C^3IS 五阶段全面协同创新的过程模型;白俊红等(2008)通过对企业内部创新协同机制与影响因素的实证分析后指出,技术、组织、文化、战略和制度等五个因素对创新绩效有着显著的推动作用;刘国龙(2009)从产品创新、工艺创新和市场创新三者协同作用的视角,研究了协同创新对产业成长的促进作用与机制;解学梅(2010)运用结构方程模型研究了企业与企业、企业与中介组织、企业与科研机构、企业与政府等协同创新网络与创新绩效之间的关系。

2.1.3 社会学意义上的技术创新理论:创新的社会网络理论

由于孤立的创新性企业,或者高度专业化的研究与开发部门本身很难迅速创新并开发足够多的、能适应市场需求的新产品,它需要在与其他企业或组织建立广泛的社会联系的基础上才能不断地进行技术创新活动,因此,当代的技术创新被人们看作是一种广泛的社会过程,即技术创新的社会网络理论(Dyer 和 Singh,1998;Lengrand 和 Chatrie,1999)。这个理论的提出基于这样一个观点,即知识在创新过程中的作用越来越重要。作为现代经济竞争中最重要的经济资源,知识已取代了传统的生产要素(如资本、土地和劳动力等)而成为现代企业的首要资本与财富。因此,企业已越来越把知识看作是对自己最有价值的战略性资源和竞争力的来源(Nonaka,1994;Grant 和 Barden,1995)。

与创新的技术网络相比,创新的社会网络理论更强调"关系工具"而非"技术工具"的重要性,将知识而不是技术网络看作是一个非常关键的无形资源。以知识为基础的创新的发展需要企业具有不断充分利用"技术工具"和"关系工具"的能力。但技术工具主要是对新信息和沟通技术的获取和利用,由于他人也能很容易地获取这些技术工具,因而并不能为企业创造新的竞争优势。新的竞争优势主要是通过关系工具(即在企业内部和外部环境中经营的方式)来创造的。知识网络是在技术网络基础上的一种新的合作网络(Lengrand 和 Chatrie,1999)。

美国经济学家简·弗泰恩和罗伯特·阿特金森在《创新、社会资本与新经济》中指出,创新是企业发展的原动力。他们指出,在旧的经济条件下,创新通常是通过在研究、开发与生产方面采取一系列分散的步骤来实现的。但是,在新经济中,创新更多的则是通过一种借助于动态的生产关系或合作创造价值的网络而实现的(李惠斌等,2000)。

在新经济条件下,由于以下原因导致企业技术研究合作现象不断增加:一是信息技术革命致使技术对经济增长的贡献迅猛提高,各种新产品与服务项目相继出现,新技术层出不穷,单一的企业已经无法全面掌握与其业务相关的所有技术;二是创新的跨领域特征日益明显,仅仅掌握单一的技术已无法满足创新的要求,这就要求不同领域与专门组织的参与和协调;三是由于技术复杂性和不确定性的增加,技术开发与应用所需的投资增长迅速,一家公司难以承受技术创新所需的巨大投资和由此带来的各种风险。因此,著名管理学家彼得·德鲁克和其他一些专家也主张,在新经济中,一项重要的组织原则是网络、合伙与合作创业。而这种有利于创新和合作的成功因素取决于"人际、组织与文化"三方面的因素,而非技术因素,即取决于企业与合伙企业、联营企业、研究机构等不同外部组织之间的相互信任、互惠准则和开明长远的自我利益。此时,企业的社会资本就起到了促进合作的重要的"胶合剂"作用,它使合作网络运行顺畅,并让所有参与的公司都从中获益。因此,简·弗泰恩和罗伯特·阿特金森这样总结道:"在新经济中,社会资本已经成为科技创新的一个关键因子。"(李惠斌等,2000)

随着科学技术的不断发展和各类学科的不断融合,传统的技术创新理论已越来越不适应经济发展和企业具体实践的要求,这就迫使人们对已有的技术创新理论进行反思,以便更好地指导企业的技术创新实践。

2.2 技术创新过程模式的演变

不仅技术本身处于不断的快速变化与发展中,而且技术变化的商业化过程,即企业的技术创新过程也处于不断的变化之中(Rothwell,1992)。自20世纪60年代以来,国际上先后出现了五代具有代表性的企业技术创新过程模式,即简单的线性"技术推动"和"需求拉动"模式、科技发展与市场需求的"交互作用"模式、一体化的创新过程模式、创新的战略集成与网络模式。下面就对这五种技术创新过程模式作一简单的阐述。

2.2.1 技术推动的创新过程模式

这是二战后英国经济学家提出的线性模式(图2.4),它是指由于创新主体拥有新的技术发明或发现,并利用这种发明或发现而开展的技术创新活动(Arrow,1962),技术创新理论的奠基者——熊彼特就是这种模式的倡导者。这种模式强调,企业技术创新的主要来源是科技进步或研究开发,技术无论是产生在经济系统以外还是在一个垄断竞争者的大型研究和发展实验室中,都是技术创新与经济增长的主发动机(李垣等,1994)。此类创新的周期通常都非常长,但是一旦获得成功,就会导致一场新的技术革命,从而淘汰一些旧的技术和产业,即实现一种"创造性的毁灭"。

图 2.4　技术推动的技术创新模式

2.2.2 市场需求拉动型的技术创新过程模式

倡导这一模式(图2.5)的代表人物是施穆克勒,这一模式主要是指由客观存在的市场需求而引发创新主体开展技术研究,并应用技术成果来从事技术创新活动。与技术推动型的技术创新模式不同,企业的技术创新活动成为企业满足市场和客户需求的一种手段。他还认为,用外部事件和外部需求来解释技术创新活动比技术推动的技术创新模式更有说服力(Schmookler,1966)。

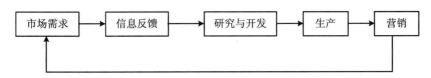

图 2.5　市场需求拉动型的技术创新模式

但是,20世纪60年代中期以后,研究者从大量的技术创新实证研究中发现,大多数的技术创新并不是由技术推动引起的,而是由社会和市场需求拉动的(见表2.1),而技术创新成功的标志就是市场上的"首次商业化"。实际上,由市场和社会需求拉动的技术创新基本上都是渐进性的技术创新,而不像技术推动那样能引发根本性的技术创新。由于这种创新的成本低和风险小,因而受到许多基础研究实力不强的企业的偏爱,如我国的大多数企业的技术创新就是由市场需求拉动的。

表 2.1 技术创新的来源

	美国	英国
来自科学与技术的推动	22%	27%
来自市场需求	47%	48%
来自生产上的来源	31%	25%

资料来源：RACHEL COOPER, ANDREW B WOOTTON. 1988. Requirements capture: theory and practice[J]. Technovation, 18(8):69-75.

2.2.3 技术推动与市场需求相互作用的模式

进入 20 世纪 80 年代后,随着创新研究的不断深入,大量的实证研究表明,单一的技术推动和市场需求模式只是科学、技术和市场交互作用的特例,更一般的模式应该是技术推动和市场需求的相互作用引发的企业的技术创新双重推动模式(Kline 和 Rosenberg,1986)(图 2.6)。它是指在技术创新时,创新主体在拥有或部分拥有技术发明或发现的条件下,在社会和市场需求的刺激下开展的技术创新活动。事实上,由于技术与经济的相互渗透,以及技术创新过程越来越复杂,涉及的因素越来越多,完全由技术推动或市场需求拉动而引起的技术创新活动已越来越少,而将两种动力结合所引起的技术创新活动不断增加,由此,产生了"双重推动模式"。

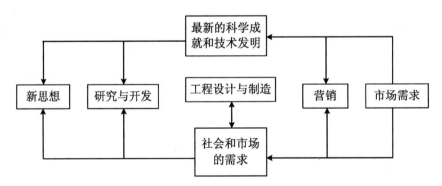

图 2.6 科技推动与市场拉动相互作用的技术创新模式

2.2.4 一体化创新过程模式

一体化创新过程模式是 20 世纪 80 年代后期出现的第四代创新过程模式(Imai 等,1985),它不再将创新过程看做是序列式的从一个职能到另一个职能的线性发展模式,而是将创新看做是同时涉及新思想产生、研究开发、工程设计与制造、营销等一系列职能的并行过程(图 2.7)。它强调了不同的职能部门之间的界面联系,通过加强研究开发部门、生产部门和营销部门之间的界面管理来提高信息、知识的有效转移,使开发出的新产品与市场的需求相吻合。

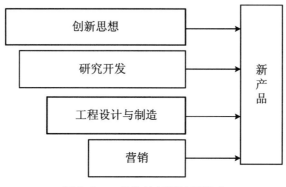

图 2.7　一体化的创新过程模式

2.2.5　系统集成网络模式

20 世纪 90 年代以后,企业之间的竞争关系出现了新的特点,即在存在竞争的同时,又强调了企业间技术合作的重要性,因此,人们又提出了系统集成网络的第五代创新过程模式(Rothwell,1994)。一方面,技术创新的过程在不断变化,研究开发和生产的组织也随之变化,创新过程也越来越多地使用技术战略和企业间的联系,包括纵向的客户和供应商,以及横向的合资伙伴联系,这就为技术创新的网络化奠定了基础;另一方面,由于整个技术创新过程中企业间密切的一体化和不断提高的创新过程"电子化",技术创新的线性模式基本上被改变了(见表 2.2)。它强调了合作企业之间更密切的战略联盟,是一体化模式的进一步发展。这种模式更多地借助于专家系统进行研究开发,利用仿真模型代替实物原型,普遍采用创新过程一体化的计算机辅助设计(CAD)与计算机集成制造系统(CIMS)。它不仅将创新看做是交叉职能的联结过程,同时又是多机构合作的网络过程。这种创新模式强调了信息交换在创新中的重要性,因而提出,网络通讯技术是一种提高企业创新能力的强有力的工具。

表 2.2　技术创新的网络模型

基本的战略要素	主要特点
(1)以时间为基础的战略; (2)强调创新组织的灵活性; (3)重视纵向一体化战略(与客户和供应商的联系); (4)强调横向技术联盟战略;	更大的组织与系统整体一体化;平行的和一体化的开发过程;供应商较早进入产品开发过程;横向技术联盟; 灵活的创新组织; 强调授权与部门之间的合作;

续表

基本的战略要素	主要特点
(5)电子数据处理战略; (6)集中于质量和其他非价格因素; (7)全面质量管理策略	重视内部数据的收集; 有效的数据分享系统;产品开发专家系统;将 CAD/CAE 应用于产品开发,以增强组织的弹性和产品制造能力; 重视外部数据的收集; 与技术合作方进行有效的数据联系; 加强与供应商的合作等

资料来源:ROY ROTHWELL. 1994 Industrial innovation: success, strategy, trends[M]// MARK DOGSON, ROY ROTHWELL. The handbook of industrial innovation. Edward Elgar.

一方面,技术创新理论研究从经济学领域向管理学领域发展,再向社会学领域扩展,使人们对技术创新研究的视角也从企业的内部向企业内外部有机整合的视角发展;另一方面,技术创新过程模式也从简单的线性"技术推动"和"需求拉动"模式、科技发展与市场需求的"交互作用"模式、一体化的创新过程模式向创新的战略集成与网络模式演化,企业在技术创新过程中越来越重视与外部组织的联系与合作。

为了克服内部资源的约束,企业非常重视外部资源的获取与利用。因此,为了推动技术创新理论的进一步发展,我们必须从更广泛的社会角度来研究技术创新,从而丰富和完善技术创新理论。同时,为了提高企业技术创新能力,企业在技术创新过程中必须注重在更广泛的范围内有效整合企业内外部资源。

2.3 企业技术创新能力的影响因素研究

自 20 世纪 50 年代以来,伴随着人们对技术创新理论及实践研究的不断深入,有关学者就开始对技术创新成败的影响因素进行研究和分析,并将这些影响因素称为创新要素或动因(Werker,2001;Janszen,2002)。例如,Cater 和 Williams 早在 1957 年就为英国贸易部做过一个将科学研究应用于工业产品和工艺的有利和不利因素的调查研究。英国 Sussex 大学的科技政策研究所(SPRU)于 70 年代就在 Freeman 等人的领导下承担过著名的 SAPPHO 计划,该项目对 29 对创新成功和失败的创新项目进行了测度,并从中提炼出 6 个最重要的影响创新成败的因素:是否了解用户需要;研发部门、生产部门与市场营销部门的合作状况;与外界的科技网络的联系程度;研发质量的高低;高层创新者是否具有成功的经验与权威;企业内部是否开展相应的基础研究,等等(Rothwell 等,1974)。

1966 年至 1972 年,英国经济学家 Langrish 通过对 84 个被英国女王授予技术创新奖的创新项目进行研究后认为,有 7 个因素对企业技术创新的成功起着非常重要的影响作用,其中包括:一个具有权威的高层领导;具有其他品质的杰出人物;对市场需求的清楚了解;对某一项发现的潜在价值和用途的认识;良好的合作;资源的可获得性;来自政府方面的帮助(陈伟,1998)。

总之,许多学者的研究都证实,影响企业技术创新成败的因素是多方面的,而不只是用简单的因素就可以阐明的。技术创新的成功意味着多个组织之间的合作,并且相互之间保持着一种平衡与协作,而不只是一两件事做得好就能获得成功的(Cooper和Kleinschmidt,1987)。Rothwell(1992)从项目和企业层面出发,通过实证分析,分别总结出5个决定创新成败的因素,其中包括:鼓励创新的文化;项目间的沟通;强烈的市场导向;组织的灵活性等等。

高建等(1996)通过对我国1051家企业技术创新活动的调查分析后指出,我国企业技术创新在各方面都存在一定的障碍,缺乏资金、缺乏人才、缺乏信息和体制不顺是目前企业技术创新的四大障碍。同时,他们还将影响我国企业技术创新成败的因素分为内部和外部两种因素,其中内部因素包括:高层领导的支持,研发部门、营销部门与生产部门的合作,技术带头人,合理的体制等;而外部因素则包括:得到消费者或供应者的合作与支持,政府的支持,与研究机构的合作,与大学的合作,获得咨询服务以及与其他公司的合作等。

1982年在麦迪克(Maidique)领导下启动的斯坦福创新计划(Stanford Innovation Project),迄今已对美国工业技术创新进行了近20年的跟踪调查和分析,全程研究了美国电子工业的159种新产品的研究和开发,并归纳出决定高新技术创新项目成功与失败的8大因素,它们是:市场知识的获取;计划的制订;开发中的组织与协调;是否重视市场营销;创新管理;产品的边际贡献率;早期市场进入;新产品的技术及市场与企业现有产品的接近度。日本学者畈沼光夫通过对200个技术开发实例的调查和分析后发现,其中有1/3的技术开发项目最终都是以失败告终的。然后,他通过进一步分析后发现,这些技术开发项目失败的主要原因并非全是"技术性"的,而是技术、市场和生产三方面的因素各占1/3(路应金等,2003)。

方新(1998)通过对我国大中型企业技术创新的调查问卷分析,总结出阻碍我国企业开展技术创新的三个主要因素:一是资金缺乏,研究表明,资金缺乏是阻碍我国企业技术创新活动开展的最重要的因素,其原因主要是创新资金主要来自企业内部,由于约1/3的企业经营亏损,近1/4的企业流动资金紧张,加上其他一些原因,共有70%的企业提取的研发费用不足销售收入的1%,因而远远低于企业技术创新活动对资金的需求水平;二是缺乏市场信息,一方面是市场信息少,企业很难从外部获取有利于技术创新活动的相关信息,另一方面则是市场信息非常混乱,而且不准确和不及时,企业很难及时地获取市场需求信息;三是缺乏从事技术创新活动的人才,既缺乏开展创新活动的工程技术人才,更缺乏具有创新意识和创新精神的企业家,致使企业很难有效地开展技术创新活动。

赵曙东(1999)通过对我国高新技术企业技术创新活动的调查分析后得出这样

的结论,即企业技术创新的主要障碍依次为:①人才缺乏;②资金不足;③政策激励力度不大;④信息交流不多;⑤创新回报收益的风险大;⑥国内需求结构滞后;⑦缺乏科技投资风险的规避机制等等。而且无论是国有、私营还是三资的高新技术企业,他们都认为,人才制约是技术创新的主要障碍,其次是资金不足等等。

周庄和王宏达(2001)通过抽样的方法对天津市的大中型工业企业的技术创新状况进行了调查分析,最后总结出影响企业技术创新的各种因素,其中包括:能否及时地获取市场信息、是否具有较强的研发能力、研发的投入能否保证和是否拥有合适的人才,等等。

许小东(2002)通过对技术创新成败归因列举的调研与分析后认为,技术创新的成败归因主要集中在以下8个方面:①能力(创新的综合知识技能与技术开发能力);②努力(在创新活动中认真、尽力与投入的程度);③经验(以往从事过的创新工作经历,成功与失败经验与教训);④组织与协调(创新过程的活动协调与人员组织配合);⑤任务难度(创新过程中的技术性困难和生产工艺的困难);⑥支持(创新过程中组织中的高层和其他群体提供的帮助和支持);⑦市场环境(创新项目所面临的市场需求、用户偏好以及竞争者方面的问题);⑧机遇(创新活动过程中预料之外的一些有关事件)。

广东省科委的一项调查也表明,缺乏资金、缺乏相应的技术信息和市场信息,以及缺乏合适的技术人才是阻碍我国企业技术创新成功的最重要的三个因素(高洪深等,2003)。

官建成(2004)通过对我国企业与欧洲工业企业技术创新的比较分析后指出,对我国企业而言,缺乏资金是最重要的障碍因素,例如,在被调查企业中,有75%的大中型企业及62%的高新技术企业将资金缺乏视为阻碍技术创新活动的最为主要的影响因素;同时,缺乏创新信息也是一个主要的创新障碍,这种信息主要包括技术和市场两种信息,例如,41.7%的被调查企业认为创新信息缺乏是一个重要的创新障碍因素。

Tai-Yue Wang 和 Shih-Chien Chien(2006)通过对中国台湾制造业的研究,提出了通过神经网络预测创新绩效的模型。该模型运用技术信息资源和创新的两个维度,通过神经网络的方法,预测创新绩效。而创新绩效的评价采用了八个指标,分别是过去三年增加的创新产品数量、突破性创新产品的数量、创新的新的制造流程、使用的创新的制造流程、递增创新产品占现在销售量中的百分比、根本的创新产品占现在销售量中的比重、过去三年研发人员的数量和获得的专利,这些指标在制造业企业创新绩效的评价中应用非常广泛。

张方华(2006)从企业纵向关系资本、横向关系资本和社会关系资本三个维度对企业社会资本和创新绩效的关系进行了深入的研究,对两者之间影响的微观机理进行了探讨;陈劲和陈钰芬(2006)剖析了企业技术创新绩效评价体系中存在的缺陷和不足,结合技术创新的特点和我国企业创新的实际,设计了一套新的技术创新绩效评价指标体系。将企业技术创新绩效分为创新产出绩效和创新过程绩效两个维度,而创新产出绩效又分为经济效益、直接技术效益和技术积累效益三个维度,每个维度均通过多项指标予以测定。另外,他们还给出了每个维度的权重和每个指标的权重,为企业科学认识自身的技术创新能力,客观评价技术创新绩效提供了有效的依据。

吴晓波等(2007)以采集的部分知识密集型产业企业样本为数据来源,运用结构方程模型分析了信息资源、制度结构、情境系统因素对隐性知识显性化的影响及其对企业技术创新绩效的影响,研究结果表明:信息资源、情境系统因素、隐性知识显性化对技术创新绩效有显著的正向影响;李志刚等(2007)从分析集群创新网络的成员、联系、结构和功能入手,探讨了网络结构变量对集群内部企业创新能力和绩效的影响,研究结果表明:企业所嵌入的网络的密度、联系强度、互惠性、稳定性、居间性和资源丰富程度等因素都对创新绩效有着显著的影响。

陈钰芬、陈劲(2008)从开放的广度和深度两个方面对不同产业的企业开放度对创新绩效的影响分析后发现,企业在技术创新活动中向外部组织开放有利于提高创新绩效,其中:对于科技驱动型产业的企业,开放度对创新绩效呈倒U型的二次型曲线相关关系,而对于经验驱动型产业的企业,开放度对创新绩效则呈正线性相关关系;解学梅(2008)基于188家中小型制造业企业的问卷调查数据,运用结构方程模型探讨不同的协同创新网络和企业创新绩效的关系后指出,"企业—企业""企业—中介"和"企业—研究组织"等协同创新网络对创新绩效有着显著的正向效应,而"企业—政府"协同创新网络对企业创新绩效没有直接效应,但却存在显著的间接效应;谢凤华等(2008)通过对民营企业的调查研究后发现,高层管理团队成员的教育水平异质性对研发绩效、生产制造绩效和创新过程绩效均有积极的显著影响,任期异质性对创新绩效的四个维度均有积极显著影响,而年龄异质性对研发绩效没有显著影响,但对生产制造绩效、营销绩效、创新过程绩效却存在消极影响。

郑慕强(2009)以广东和福建139家与外资企业处于合作与竞争关系的本地企业为样本进行实证分析后指出,FDI技术溢出中的示范效应、竞争效应和后向联系效应对本地企业技术创新绩效有显著的推动作用,而员工流动效应和前向联系效应并不存在显著的影响;蒋天颖和王俊江(2009)通过构建智力资本与组织学习、企业创新绩效关系的概念模型并对浙江省78家企业进行实证分析后发现,企业智力资本三个因素对组织学习均产生积极的影响,其中,人力资本对创新绩效存在着直接影响,而结构资本、关系资本则通过组织学习这一中间变量对创新绩效产生间接影响。

应洪斌(2010)将关系嵌入性分成技术信息嵌入性、技术资源嵌入性、业务信息嵌入性和业务资源嵌入性四种类型,分别探讨了它们与创新绩效之间的关系,这四种形式的嵌入对企业技术创新绩效都有着显著的促进作用;简兆权等(2010)以珠三角地区的116家高科技企业为对象,构建网络关系、信任、知识共享与技术创新绩效相互关系的模型,实证结果显示:企业间的信任程度越高,则知识共享的程度越高;与外部企业建立起的网络关系对知识共享有显著的正向影响;企业间知识共享的程度越高,则企业的技术创新绩效也越高,知识共享在这一过程中起着中介作用。

刘亚军等(2010)从智力资本和吸收能力对技术创新绩效的影响展开分析,智力资本在技术创新中起到基础和支撑作用,智力资本中的人力资本和关系资本能直接有效地提升技术创新绩效,而结构资本中的组织惯例因素对技术创新绩效的影响具有两面性,其正面作用是有助于提升知识管理水平和学习效率,从而提高技术创新绩效;负面作用则是容易造成组织僵化和组织惯性,不利于组织的革新。吸收能力中的实现吸收能力对技术创新绩效有直接的促进作用,而潜在吸收能力则需通过实现吸收能力对技术创新绩效发挥间接影响;黄汉涛(2010)基于网络嵌入性理论和吸收能力理论提出了企业网络嵌入性正向作用于吸收能力从而促进企业技术创新绩效的概念模型,以173个制造业企业作为样本进行统计分析后指出,网络嵌入性的三个维度(信任、信息共享、共同解决问题)对技术创新绩效存在显著的正向作用,但要受到吸收能力的部分中介作用。

孙凯(2011)基于在孵企业社会资本—资源获取—技术创新绩效影响的理论分析,利用调查问卷收集的数据和结构方程模型方法,对在孵企业横向和纵向社会资本对信息、知识和资金的获取,以及信息、知识和资金的获取对技术创新绩效的影响进行了统计分析后指出,企业进行社会资本对创新绩效有着显著的推动作用;许冠南等(2011)通过对5个中国制造企业的案例内分析与案例间分析,探讨和考察了关系嵌入性如何通过影响企业的探索型学习进而影响其技术创新绩效,构建了关系嵌入性影响企业技术创新绩效的理论框架,他们认为,全球制造网络中的企业间信任、信息共享与共同解决问题能通过促进企业的新知识获取和利用,进而提升企业的技术创新绩效。

谢洪明等(2012)提出网络互惠程度、外部社会资本和企业技术创新绩效之间的理论模型,并以我国华南地区高新技术企业为调研对象进行实证研究,结果显示:企业网络互惠程度对技术创新绩效存在显著的积极影响,网络互惠程度还可以通过外部社会资本对企业技术创新绩效产生显著的正向影响,外部社会资本在网络互惠程度和技术创新绩效之间起到部分中介作用。

总结以上分析可以看出,影响企业技术创新能力的因素是多方面的,但是,最主要的影响因素是创新资源的稀缺,尤其是市场信息、研发资金和知识的短缺显得极为显著。因此,本书将从内外部资源的有效整合出发,分别从企业社会资本、FDI技术溢出、网络嵌入、市场导向、集成能力等多维视角出发,深入探讨这些变量与企业创新能力之间的关系,为企业提高创新能力提供理论依据。

2.4 本章小结

自熊彼特首次提出创新理论以来,国内外相关领域的学者分别从经济学、社会学与管理学等不同视角对企业技术创新理论进行理论研究与实证分析,企业的技术创新实践正朝着协同创新与开放式创新的方向发展。同时,技术创新的过程模式也由单一的市场拉动或技术推动模式向系统集成网络模式发展,相关研究对企业技术创新的微观过程的分析也日益深入。

通过对国内外有关企业技术创新能力影响因素研究的系统阐述,得出影响企业技术创新能力的因素是多方面的,既有企业自身资源有限的约束,同时外部资源的获取也不是零成本的,有时还很难获取或有效地吸收,因此,人们也越来越深刻地认识到,企业必须从原有的封闭式的技术创新模式向开放式的技术创新模式转化,从而通过有效整合内外部资源来不断提高技术创新能力。

参 考 文 献

[1] ARROW K. 1998. What has economics to say about racial discrimination[J]. Journal of Economic Perspectives, 12(2):91-100.

[2] CHESBROUGH H. 2003. Open innovation: the imperative for creating and profiting from technology[M]. Harvard Business School Press.

[3] DOSI G. 1982. Technological paradigms and technological trajectories[J]. Research Policy, 11(3):147-162.

[4] DYER J H, SINGH H. 1998. The relational view: cooperative strategy and sources of inter-organizational competitive advantage[J]. Academy of Management Journal, 23(4): 660-679.

[5] FREEMAN C. 1994. A critical survey: the economics of technical change[J]. Cambridge Journal of Economics, 18:463-514.

[6] GRANT R M, BARDEN F. 1995. A knowledge-based theory of inter-firm collaboration [C]// Academy of Management best paper proceedings.

[7] IMAI K, NONAKA I, TAKEUCHI H. 1985. Managing the new product development game[M]// The uneasy alliance. Boston: Harvard Business School Press.

[8] JANSZEN F H A. 1998. Dynamic business modeling as a management tool that supports the development and testing of innovation strategies[C]. IEMC '98 Proceedings, International Conference: 408-412.

[9] KLINE S J, ROSENBERG N. 1986. An overview of innovation[M]// the positive sum strategy, Harnessing technology for economic growth. Washington, D. C: National Academy Press.

［10］LENGRAND L，CHATRIE I. 1999. Business networks and the knowledge-driven economy [J]. Brussels，European Commission.

［11］LENGRAND，B-A. 1992. National systems of innovation：towards a theory of innovation and interactive learning[M]. London：Pinter.

［12］NELSON R R，ROSENBERG N. 1993. Introduction[M]// National innovation systems：a comparative analysis. Oxford：Oxford University Press.

［13］NONAKA I. 1994. A dynamic theory of organizational knowledge creation[J]. Organization Science，5：14-37.

［14］PATEL P，PAVITT K. 1994. National Innovation Systems：Why they are important，and how they might be measured and compared[J]. Economics of Innovation and New Technology，3：77-95.

［15］ROTHWELL R. 1992. Successful industrial innovation：critical factors for the 1990's[J]. R&D Management，22：221-239.

［16］ROSENBERG N. 1982. Inside the black box[M]. Cambridge：Cambridge university press.

［17］SCHMOOKLER J. 1966. Invention and Economic Growth[M]. Cambridge：Harvard Univ. Press.

［18］白俊红，等.2008.企业内部创新协同及其影响因素研究[J].科学学研究,(2):409-414.

［19］陈伟.1998.创新管理[M].北京:科学出版社.

［20］陈劲,阳银娟.2012.协同创新的理论基础与内涵[J].科学学研究,(2).

［21］陈劲.2001.永续发展:企业技术创新透析[M].北京:科学出版社.

［22］陈爽英,等.2012.开放式创新条件下企业创新资源获取机制的拓展:基于 Teece 理论框架的改进[J].管理学报,(4).

［23］曹勇,贺晓羽.2010.知识密集型服务业开放式创新的推进机制研究[J].科学学与科学技术管理,(1).

［24］陈劲,陈钰芬.2006.企业技术创新绩效评价指标体系研究[J].科学学与科学技术管理,(3):86-91.

［25］陈钰芬,陈劲.2008.开放度对企业技术创新绩效的影响[J].科学学研究,(2).

［26］方新.1998.过渡经济条件下的中国企业技术创新研究[J],中国科技论坛,(2):37-40.

［27］高建,傅家骥.1996.中国企业技术创新的关键问题:1051家企业技术创新调查分析[J].中外科技政策与管理,(1):24-33.

［28］高洪深,丁娟娟.2003.企业知识管理[M].北京:清华大学出版社:200-203.

［29］李垣,汪应洛.1994.关于企业技术创新模式的探讨[J].科学管理研究:42-45.

［30］官建成.2004.中欧工业创新的比较分析[M]// 中国创新管理前沿.北京:北京理工大学出版社:215-230.

［31］黄汉涛.2010.网络嵌入性与技术创新绩效的关系研究:基于吸收能力的分析[D].杭州:浙江大学.

［32］简兆权,等.2010.网络关系、信任与知识共享对技术创新绩效的影响研究[J].研究与发展管理,(2).

［33］李惠斌,杨雪冬.2000.社会资本与社会发展[J].北京:社会科学文献出版社.

［34］李志刚,等.2007.产业集群网络结构与企业创新绩效关系研究[J],科学学研究,(4).

[35] 刘国龙.2009.协同创新促进产业成长机制研究[D].武汉:武汉理工大学.
[36] 蒋天颖,王俊江.2009.智力资本、组织学习与企业创新绩效的关系分析[J].科研管理,(4).
[37] 刘亚军,等.2010.企业智力资本、吸收能力对技术创新绩效的影响:基于制造业的实证研究[C].第五届中国管理学年会(MAM2010).
[38] 路应金,等.2003.技术创新风险分析[J].电子科技大学学报:社科版:101-105.
[39] 路风,慕玲.2003.本土创新、能力发展和竞争优势:中国激光视盘播放机工业的发展及其对政府作用的政策含义[J].管理世界,(12):58-81.
[40] 盛亚,单航英.2008.利益相关者与企业技术创新绩效关系:基于高度平衡型利益相关者的实证研究[J].科研管理,(11):30-35.
[41] 孙凯.2011.在孵企业社会资本对资源获取和技术创新绩效的影响[J].中国软科学,(8).
[42] 吴晓波,许庆瑞.1995.二次创新竞争模型与后发优势分析[J].管理工程学报,9(1):7-15.
[43] 吴晓波,等.2007.隐性知识显性化与技术创新绩效实证研究[J].科学学研究,(6).
[44] 魏江,等.1998.提高自主技术创新能力的途径选择[J].科研管理,19(3):38-42.
[45] 约瑟夫·熊彼特.1991.经济发展理论[M].北京:商务印书馆.
[46] 许庆瑞,等.2003.全面创新管理:21世纪创新管理的新趋势[J].科研管理,(5):22-27.
[47] 许小东.2002.技术创新的成败归因及其对创新行为的影响研究[J].科学学与科学技术管理,(2):28-30
[48] 赵曙东.1999.高新企业技术创新和发展的实证分析[J].数量经济技术经济研究,(12):63-65.
[49] 郑刚.2003.基于TIM视角的企业技术创新过程中各要素全面协同机制研究[D].杭州:浙江大学.
[50] 周庄,王宏达.2001.国有大中型工业企业技术创新影响因素的调查分析[J].天津经济,(5):56-62.
[51] 王海花,等.2012.开放式创新模式下创新资源共享的影响因素[J].科研管理,(3).
[52] 解学梅.2010.中小企业协同创新网络与创新绩效的实证研究[J].管理科学学报,(8):51-64.
[53] 谢凤华,等.2008.高层管理团队异质性与企业技术创新绩效关系的实证研究[J].科研管理,(6).
[54] 谢洪明,等.2012.网络互惠程度对企业技术创新绩效的影响:外部社会资本的中介作用[J],研究与发展管理,(3).
[55] 许冠南,等.2011.关系嵌入性对技术创新绩效作用机制案例研究[J].科学学研究,(11).
[56] 应洪斌.2010.产业集群中关系嵌入性对企业创新绩效的影响机制研究:基于关系内容的视角[D].杭州:浙江大学.
[57] 袁健红,李慧华.2009.开放式创新对企业创新新颖程度的影响[J].科学学研究,(12).
[58] 张钢,等.1997.技术、组织与文化的协同创新模式研究[J].科学学研究,(2):56-61.
[59] 张永成,等.2011.开放式创新下的知识共同创造机理[J].情报杂志,(9).
[60] 郑刚.2004.基于TIM视角的企业技术创新过程中各要素全面协同机制研究[D].杭州:浙江大学.
[61] 郑慕强.2009.FDI技术外溢效应与本地企业技术创新:基于闽粤139家本地企业的实证研究[J].科学学研究,(11).

第 3 章 技术创新网络形成与创新主体演进

随着国家创新系统和区域创新系统的形成与完善,它们在提高一个国家或一个区域技术创新能力中的重要性显著提高。本章从企业技术创新系统和创新网络的形成出发来进一步阐述,这些系统的逐渐形成与完善为技术创新主体的演进提供理论基础,并为企业有效整合内外部资源、提高创新能力提供良好的外部环境。

3.1 企业创新主体演进的理论背景

3.1.1 国家创新系统的形成

为了把握研究与开发系统、生产系统之间的相互联系,Lundvall(1985)在 20 世纪 80 年代中期就提出了"创新系统"这一概念。1987 年,Freeman 等学者在研究为什么在日本、东南亚地区经济迅速发展的同时,欧美的经济增长却相对减慢时发现,日本能在战后几十年的时间里从一个经济即将走入崩溃边缘的落后国家发展成为一个工业化大国,一个重要原因就是日本政府在推动该国的"技术引进—模仿—创新"的过程中起着非常重要的作用。因此,Freeman(1987)在《技术和经济运行:来自日本的经验》一书中首次提出"国家创新系统"这一概念,并将创新系统定义为"由进行模仿、吸收、改进和扩散新技术的公共部门和私有部门组成的网络"。后来,Lundvall(1992)和 Nelson(1993)对国家创新系统作了进一步的理论和实证研究。例如,Lundvall(1992)从广义和狭义两种角度对"国家创新系统"进行了定义。狭义的国家创新系统指的是"进行研究和探索的组织和机构,如研发部门、技术研究机构和大学";广义的理解是指"在生产、扩散和利用新知识的过程中各种要素和关系构成的创新系统"。而 Nelson 和 Rosenberg(1993)将国家创新系统定义为"一些由于它们的互动而决定创新绩效的机构"。经济合作与发展组织(OECD)则于 1997 年发布了"国家创新系统"的年度报告。从此,国家创新系统成为人们研究和关注的焦点。

所谓国家创新系统,是指一个国家内各创新要素相互作用而形成的推动技创新的网络,是由经济和科技的组织机构组成的创新推动网络(Freeman,1987)。作为一个组织系统,国家创新系统是由许多相互依赖和相互联系的要素所组成的一个有机整体。它强调了政府政策、企业研发、教育培训、中介组织以及资本市场在技术创新中的作用。构建国家创新系统的关键在于促进知识在创新要素之间的流动以及提高创新资源的利用效率,因此,系统内知识流动的规模与效率直接影响到国家创新系统的结构与运行效率。

按照他们的观点(Freeman,1987;Nelson,1993;Rosenberg,1993),国家创新系统基本的组成要素主要由企业、科研机构和大学、政府、教育培训机构以及中介机构等组成,但各个组成要素在这一创新系统中起着各不相同的作用:

第一,企业是创新投入、创新活动和创新收益的主体,同时也是承担创新风险的主体。为了弥补自身资源不足的缺陷,企业与外部组织之间建立了极为广泛的网络联系。这些联系通过各种资源的优势互补而大大缩短了新产品开发的周期,分散研究开发的技术、市场和财务风险,也可以通过信息交换、知识共享与组织学习来不断提高企业各自的竞争力。

第二,大学与科研机构是科研成果与技术创新的重要源头,是企业技术创新的知识源头。因此,企业通过与大学、科研机构之间建立的各种联系不但有助于获取最新的科学知识和最先进的技术成果,而且还可以推动大学和科研机构各种科研成果的商品化和科学研究的市场化。尤其是在我国企业各种创新资源比较缺乏和自主研发能力不强、大学和科研机构科研成果转化不力的情况下,产、学、研合作在推动我国企业的技术创新能力方面有着极其重要的意义和发展潜力。

第三,政府不仅是技术创新活动的主要参与者,更是创新活动的主要推动者。它可以通过引导、激励、保护和协调等方式影响着企业技术创新的整个过程,因此,无论是在发达国家,还是在发展中国家,尽管政府介入企业技术创新活动的方式不同,例如,发达国家更多的是以间接方式介入,而发展中国家大多则是以直接方式介入企业的技术创新过程,如资金资助和贴息贷款等,但是,政府在企业技术创新活动中扮演着非常重要的角色。因此,企业要积极与政府部门合作,及时掌握政府的各项推动企业技术创新的新举措,充分利用政府实施的各项旨在推动企业创新发展的各项政策措施,通过政府搭桥或列入国家重点项目、技改项目来发展合作伙伴。同时,企业也要积极参与到以政府为主导的各种创新计划中去,如科技攻关计划、产学研联合开发工程等,从而不断获得新的发展机会。

第四,资本市场是企业成功地进行技术创新活动的资金来源。企业的技术创新活动离不开资金支持,而且,企业的技术创新只有同资本有机地结合在一起才能获得成功。但是,资金缺乏一直是制约企业技术创新的一个主要瓶颈,尤其在我国企业自有资金积累少、资本市场不发达的情况下,就更加需要有效地建立起资本市场与企业之间的联结,这样才能保证企业技术创新活动对资金投入的需求。造成我国长期科技与经济两张皮的一个重要原因就是我国资本市场的不完善和其介入技术创新活动的乏力,因此,企业在资本市场的融资能力对其创新活动影响非常巨大。

第五,中介组织是沟通企业与其他组织之间信息和知识流动的一个关键环节。它的完善与活跃,可以大大改善企业技术创新活动的外部环境,极大地促进创新主体之间的信息共享与知识转移,从而提高企业技术创新的绩效。但与发达国家相比,我国中介组织的发展还不成熟,其功能并没有充分发挥出来,这在一定程度上影响了我国企业技术创新活动的顺利开展。

因此,构建和完善国家创新系统的主要目的并不是将这些要素进行简单的加和,而是推动创新要素的系统整合,促进企业、大学和科研机构、客户、供应商和中介组织等各系统要素之间的信息交流和知识流动,并不断提高资源的利用效率和创新系统的创新能力。同时,国家创新系统的形成与完善也逐渐推动了区域创新系统的形成与完善。

3.1.2 区域创新系统的形成

20 世纪 90 年代后期,随着国家创新系统的逐渐完善,区域创新系统的研究开始出现在诸如产业经济学、区域经济学和经济地理学等研究领域。关于区域创新系统的概念,我们可以追溯到 Marshall(1932)的产业区、Perroux(1950)的经济空间、Dahmen(1988)的发展区域和 Camagni(1991)的创新环境等理论。

与国家创新系统的研究对象不同,区域创新系统的研究对象是某一特定的地区。因此,Nelson(1993)将区域创新系统定义为"引导创新产生的区域性的制度、法规、实践等组成的系统";英国学者 Cooke 等(1998)认为,区域创新系统主要是由地理上相互分工与关联的生产企业、研究机构和高校等构成的区域性组织系统,这种系统支持并产生创新,它的地理边界并不一定限于一个国家内部,也可能由地理接近的跨国区域形成,例如,欧洲共同体的区域创新系统的形成就是如此。

区域创新系统是区域内由参加新技术开发和扩散的企业、大学和研究机构以及政府组成的,为创造、储备和转让知识、技能和新产品的相互作用的网络系统。它的建设是国家创新系统运行的前提和组成部分,是国家创新体系的子系统,体现国家创新系统的层次性特征(胡志坚等,1999)。区域创新系统利用的是国家创新系统中的各种资源,并将区域内不同类型的创新行为融合为一个有机的整体,使其相互间的协同产生最大的创新绩效。它由以下几个部分组成:

第一,教育子系统。教育的目的是为了提高和普及人们的知识水平,而知识是技术创新的前提,教育系统是区域技术创新系统中最重要的子系统之一。在教育系统中,教育投入与教学结构起着重要的作用。一个地区各类科技人员的合理比例应取决于发展科学技术和区域经济的需要以及科学技术和经济发展水平所提供的可能性。有些经济发达地区,在具有大批技术人员的同时,培养大批研究人员大力开展基础科学和尖端技术的研究,以取得科学、技术在世界上的领先地位;教育子系统的另一重要方面是在职人才的培训和再教育工程,这是一个区域保持持续创新的关键所在。

第二,科技子系统。科技体系是区域技术创新系统中的另一重要子系统。科技体系的要素主要由科技队伍及其结构、科研投入和支出经费、R&D 投入占地区国内生产总值的比例、研究和发展机构、研究和发展机构承担的科技课题和科技服务、科技交流、科技成果及其技术转让等组成。一个地区的科技体系决定着本地的科技是否可以为当前的经济发展提供研究成果,以及从外部引进科技时能否很快地加以使用、消化和吸收。国内外区域发展的经验表明:一个地区如果没有研究发展队伍和研究发展工作,对引进技术的消化和吸收就很困难,就更不用说改造和创新了。因此,在科技体系中,必须要加大科技投入,重视研究发展队伍和研究发展机构的建设。

第三,资金子系统。区域技术创新资金的来源及其数量决定着创新能否顺利地进行,对欠发达地区来说,这个问题尤为突出。各个地区都有不同的融资手段,各个地区政府都有各种研究开发的税收优惠及各种风险投资银行以支持本地区的技术创新。就区域技术创新资金的来源而言,主要有以下几种:私人资金,风险投资资金,政府补助(包括拨款),集体融资,银行等金融机构的贷款和境外投资等。

第四,政府子系统。在当今社会,区域技术创新是一个在特定的制度、组织和文化背景下进行的活动,市场虽然在激励技术创新方面具有自我组织和自我加强的作用,但它在激励技术创新方面,仍存在若干缺陷。如市场自身并不能创造出有利于技术创新的外部环境,也不能保证造就出一个最有利于科技发展和技术创新的市场结构,因而很难使科技的发展和创新活动处于社会需求的最优水平。基于市场对激励区域技术创新的局限性,要求政府从整个区域的全局角度,在协调区域技术创新系统中发挥积极的作用。而政府对区域技术创新的调节主要是通过政府制定创新政策来实现,以政策干预来引导科技发展与技术创新,直到达到所期望的状态和实现所制定的目标。

第五,文化子系统。技术的创新和进步过程必然要涉及所处地区的文化氛围,组织和地区的文化是否有利于技术创新,直接影响到区域技术创新的进程。尤其是重大的技术创新,必然是以相应的文化氛围为前提的。甚至可以说,一个地区的文化特性,可能决定该地区的创新道路。

因此,区域创新系统的主要功能就是推动区域内的知识创新、技术创新、知识传播和知识应用,其根本任务就是要把技术创新内化为区域经济增长的内在变量,从而促进区域内产业结构优化和区域经济的高质量增长。因此,没有区域创新系统的内外协调,就不会有国家创新系统的质量和效率(黄鲁成,2000)。

无论是宏观角度的国家创新系统,还是中观角度的区域创新系统,强调的重点都是如何在一个国家或区域内对其拥有的资源进行合理的配置,因此,区域创新系统和国家创新系统的完善将为企业的技术创新提供一个良好的外部环境,也为企业的技术创新活动搭建了一个非常重要的平台。

3.1.3 企业技术创新系统的形成

技术创新作为企业资源结构有机化和高度化的核心动因,是当今企业生存和发展的原动力。在技术创新活动中,要求企业从新设想开始,经过研究开发到产品设计、试制、生产、营销等一系列过程中快速、高效地进行知识的创造、转移和使用,这就要求企业不仅要加快内部各职能部门之间的知识创造和转移,更要注重企业与外部环境,如企业与用户、供应商、销售商、大学和科研机构,乃至国外的创新机构建立更为密切的战略性联系,同时还要加强与政府部门的合作,这就是技术创新的系统观。

事实上,企业技术创新系统作为一个内、外部相互关联的开放性系统,只有理顺系统内部各组织、各部门之间的关系,并通过与外部组织之间建立良好的社会关系以适应外部环境的变化,此系统才能正常运行。

市场环境的剧烈变化表现为企业与其外部环境之间互动作用的显著加强,一方面,企业技术创新活动的内外界限日益模糊,决定企业技术创新成败的因素已不仅仅限于其内部因素;另一方面,企业与外部经营主体之间关系的把握已成为决定其技术创新成功与否的关键性因素,而过去那种只注重考虑企业的内部因素,忽视外部因素的做法显然已经无法适应时代发展的要求。不言而喻,在企业和其外部环境共同构成的这个复杂的大系统中,企业与外部经营主体之间关系的协调已成为决定企业技术创新成败的一个关键因素。

面对这样一种急剧变革的市场环境,企业管理者需要一种全新的商务知识来加以应对,即必须以一种"既能够深刻反映今日经济及社会动态变化,又能够洞悉它们之间相互依赖关系的知识"来武装自己(欧文·拉兹洛和克里斯托弗·拉兹洛,2001),从而以一个全新的思维来看待企业的技术创新过程。

实际上,企业的技术创新活动是一种进化过程,它包括从"盲目""变异""选择"到"保留"的一个过程,其中"盲目"是指创新者尽管非常重视创新活动之前的市场调查和市场预测的作用,但他总是无法真正预见企业开发出的新产品是否会获得成功;"变异"是指许多不同的发明(例如专利)在为同样的应用而竞争,这主要是由于实现目的的手段和方法有很多种;"选择"是指创新能否获得成功,主要取决于市场的选择,即被市场所接受的品质,例如效用的改进或效率的提高等;"保留"是指成功的创新被市场广泛接受,并通过其他企业的效仿和复制而成为新的规范(约翰·齐曼,2002)。

作为国家创新系统或区域创新系统中的一个独立的子系统,企业的技术创新活动也是一个开放的系统,它的成败在很大程度上并不完全取决于企业自身的因素,而是与整个创新总体的系统有着非常密切的关系,这个总体系统就是国家创新系统和区域创新系统。强调企业技术创新的系统性,强调不要把技术创新过于限制于单一企业内部与企业家的活动范畴,并不是说企业创新行为不重要,恰恰相反,强调企业创新的系统性,就是为了更有力地促进企业的技术创新。因为企业与企业家行为作为技术创新系统中的一部分,需要与其他多方面发生关系和进行相关的协调。只有把技术创新的总体系统认识清楚,才能谈到如何发挥企业技术创新的作用,才能知道如何发挥创新系统的作用和有效促进企业的技术创新,才能制定出切实可行的促进企业技术创新的政策措施,为企业营造有利于技术创新的外部环境和文化氛围。

因此,在日趋复杂的社会大系统中,任何企业都不再是一个封闭的子系统,而是一个与社会系统不断进行信息、知识、能量等资源交换的开放系统。企业技术创新能力提高的一个先决条件就是提高企业内部的技术积累和技术开发的能力;另一个条件就是要充分利用企业的外部环境,要通过不断加强与大学、科研院所、咨询机构、其他企业(包括竞争对手)的技术合作来提高企业的技术创新能力(见图 3.1)。

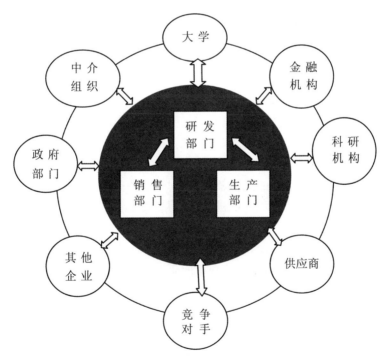

图 3.1 企业技术创新系统

1. 企业技术创新系统的内部联系

完善企业技术创新系统,首先应该重视研发部门、生产制造部门与营销部门这三个部门之间的有效整合。企业一般需要系统地建设好研发部门、生产制造部门和营销部门,并着重加强这三个关键部门的界面管理。根据美国技术管理专家桑德(Souder)进行的实证调查,当研发部门与市场营销部门界面上存在严重的管理问题时,68%的研发项目在商业上会完全失败,21%部分失败。1994年的一份相关研究也表明,当研发部门与生产制造部门界面上存在严重的管理问题时,约有40%的研发项目在技术上不能成功,在技术上获得成功的项目中,又约有60%在经济上不能获利(陈劲,2001)。我国一些企业也常常由于不同职能部门缺乏交流沟通而产生冲突,在研发部门、生产制造部门和营销部门之间形成信息和知识的隔离,导致创新活动中技术和信息流动不畅,最终造成创新周期过长、创新成果的返工率过高,这给企业在市场中的竞争力带来很大障碍,也增加了企业在创新方面的财务和市场风险。

企业的技术创新涉及企业内部的研发、生产和销售等各部门以及各种生产要素的投入。对企业技术创新的组织、协调、控制是一个系统过程,是研发、生产、销售、分配、服务等活动相互交织的过程。由此可见,企业的技术创新是创新组织内各部门、各环节和外部环境约束相适应和相协调的动态过程。

提高企业创新的界面管理水平,成为一个迫切的现实问题,因而,要建立与完善企业技术创新系统,必须把研究与发展、市场和生产三方面(其中包含了研究部门与发展部门的协调),很好地组织和协调起来。

第一是研发部门。伴随着知识在提高企业技术创新能力中的重要性的不断提高,为了及时创造出适合企业发展的新知识,企业越来越重视内部的研发活动。一般而言,企业进行研发活动的主要目的有三个:一是支持和扩展现有的经营业务,其中包括:不断改进现有的产品与服务使之更好地被市场或用户接受;不断改进产品的功能使之能适应不同的政府规定;采用新材料来替代旧材料;不断地进行工艺创新,不断完善工艺流程;在现有的生产和经营范围内开发新产品,提高企业的市场竞争力。二是不断拓展新的经营领域,实现企业的多元化发展,其中包括运用现有的技术为开拓新的经营领域提供机会;利用新技术创造出新的发展机会。当然,这种新技术既可以通过内部创造,也可以通过外部获取。三是提高公司的技术实力,企业通过成立研发部门,既可以提高获取和吸收外部知识的能力,也可以提高自身的研发实力,并为企业自身培养合适的研发与管理人才(许庆瑞,2002)。

第二是生产部门。生产部门是企业进行生产和经营活动的最基本单元,也是企业实现社会功能的一个重要职能部门。企业的技术创新活动是否成功的一个因素还在于企业的生产部门能否及时生产出符合市场需求的高质量产品。同时,企业的技术创新过程也是一个需要研发部门与生产部门不断协调的过程,只有在生产部门有效合作的基础上才能提高企业技术创新的效率。

第三是销售部门。销售部门是连接市场需求与企业内部研发和生产的桥梁,并承担着信息传输的重要功能。它既是企业技术创新所需信息的起始源,也是检验企业技术创新能否成功的终点。从企业生产经营的实际情况看,市场营销工作的好坏,也确实决定着企业的总体效益的高低。要想有效地满足顾客需要,就必须将市场营销置于企业的中心地位。

2. 企业技术创新系统的外部联系

除了考虑企业创新系统的内部联系外,还需重视企业与外部信息、知识和资金等方面的连接。企业加强与外部联系的一个主要目的就是充分利用企业的外部资源。例如,根据对我国26家重点企业调查的结果,企业虽然将公司内部研发部门作为技术创新思路的重要信息来源,但是用户、竞争对手、咨询公司、供应商、科研机构、学术刊物、政府计划等也为重要的创新思路来源(图3.2)(陈劲,2001)。对技术创新活动而言,企业与外部信息和知识的联系是非常重要的。

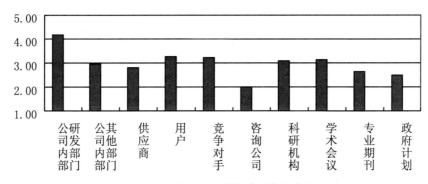

图3.2 技术创新思路与内外部信息源

注:1~5分值的选择是:1分表示未开展或做得很差、很少,3分表示一般和行业平均水平,5分表示做得很多、很好或行业最高水平。

因此,企业在技术创新活动过程中,不仅要重视与内部各部门之间的沟通与合作,更要重视与外部各组织之间的交流,尤其是要将企业的技术创新活动放在区域或国家创新系统的大背景中来综合考虑,也就是说,企业的技术创新活动必须要充分考虑与区域或国家创新系统的融合。

3.2 技术创新网络的形成

众所周知,作为一个开放系统,任何经济组织都与其外部环境之间保持一定的"社会关系",它们都镶嵌于一个由多种关系联结而交织成的多重、复杂、交叉重叠的社会关系网络之中(Granovetter,1985)。企业作为社会经济组织的一种形式,自然也不例外。纵观企业的发展历史,我们知道,企业的生存和发展离不开诸如人才、资金、信息和知识等各种各样的资源,但由于其自身拥有的资源有限,再加上不同企业之间拥有的资源具有一定的互补性,因此,通过社会关系网络来获取外部资源已经成为企业获取"养分"的一种重要形式(Bourdieu,1985;Burt,1992)。

伴随着信息通讯技术不断地被广泛应用于社会经济生活中的诸多领域,21世纪已成为知识与技能取胜的新经济时代。谁能比竞争对手更快地创造出新知识,将新的知识和技能应用到产品的研发、生产、销售等环节中去,在第一时间内首先创造出最新的,并能满足顾客需求的新产品或新服务,谁就能在激烈的市场竞争中获得先发优势,从而成为市场竞争中的强者。

作为一个开放的组织系统,企业的发展过程实质上就是企业不断地使其内部的经营环境与外部环境相协调一致的过程。在日趋激烈的市场竞争环境中,企业为了创造出更有效的资源整合模式以提高资源的利用效率,其组织结构正从传统的科层制逐步向网络化方向发展,即网络型组织成为继 U 型、H 型和 M 型组织之后一种新型的企业组织形式。正如西方企业网络理论认为的那样,市场与企业作为资源配置的两种不同的形式,它们并不是相互对立和互不相容的,而是相互连接和相互渗透的,并最终导致了企业间复杂多变的网络结构和丰富多彩的制度安排(Williamson,1985;Richard larsson,1985)。

3.2.1 科斯的"两分法"

科斯(1937)从交易成本理论的角度指出,资源配置的市场价格机制的运行不是在"真空"中无摩擦地进行的,而是需要成本的,因此为了降低交易成本(其中包括搜寻成本、谈判成本、签约成本和履行成本等),作为资源配置的另外一种机制——企业也就形成了。但是企业组织交易也是有成本的,并且随着组织交易的增加而递增,这就是后来人们所说的"管理成本"。在生产成本和生产效率相同的情况下,采取何种协调方式组织生产和交易,取决于交易成本与管理成本的比较,其边界决定了两者的均衡,即企业与市场的临界点就位于 C_h(企业的管理成本)= C_m(市场的交易成本)的 O 点(如图 3.3),也就是说,当 $C_h < C_m$ 时,采取企业(层级制)的方式配置资源;当 $C_h > C_m$ 时,则采取市场交易的方式配置资源。

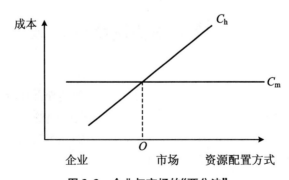

图 3.3 企业与市场的"两分法"

3.2.2 威廉姆森的"混合组织"

威廉姆森(1985)则在科斯的交易成本基础上提出了"混合组织"(hybrid)这一概念(图 3.4)。通过对市场和层级制对资源配置效果的研究,结合经济发展的实际状况,威廉姆森认识到,为了提高资源的配置效率,市场与层级制(企业)并不是资源配置的仅有的两种形式,它们之间还有一种中间状态的"准市场",并且指出:"非连续的交易处在一端,高度集中、科层式的交易处在另外一端,混合交易(特许经营、合资和其他形式的非标准合约)位于中间。"(Williamson,1985)这种混合组织实质上是企业之间的长期契约,是企业和市场相互渗透的结果,是企业边界模糊化的表现。

图 3.4 威廉姆森的中间混合组织形式

威廉姆森(1985)还指出,企业选择是从市场购进某种特殊生产要素,还是自己生产这种生产要素,则取决于专用性资产交易成本的高低。通过对企业的资产专用性(其中包括厂址的专用性、物质资产的专用性和人力资产的专用性)进行分析,他认为,由于资产专用性较高的原因,其搜寻相关信息的成本往往比较高,并且合约本身的不完全性容易导致合约方采取机会主义行为,而使其市场交易成本可能因为包含额外的专用性投资而提高。因此,企业专用性资产的市场交易成本越高,企业就越有可能采取层级制的形式组织生产。反之,则通过市场交易的方式来获取生产要素。

3.2.3 网络组织的形成

在现实的经济活动中,企业的经济活动不是孤立的,而是与外部的企业、政府组织、大学和科研机构、行业协会、中介组织、金融部门等各种组织机构之间存在着相互作用和相关影响的各种关系,也就是说,企业是在各种网络关系中从事各类生产和经营活动的,而这种网络关系又是非常多样和复杂的。实际上,通过网络关系而形成的网络组织具有很多类型,如空间上的科技园区、企业集群等,组织上的企业集团、特许经营和技术战略联盟,等等。而威廉姆森的"混合组织"可以说是网络组织思想的萌芽(孙天琦,2001)。

Powell(1990)认为,网络组织是一种既非市场又非层级制度(企业)的独特形式,它代表的是市场与层级制度之间的一种可行的组织形式。他认为,网络组织带来的联系比市场带来的联系更持久而且分散,又比层级制度更加互惠而平等。当网络组织中各主体之间发生冲突,为了维持各主体间的相互依赖性,网络组织中的企业往往不是通过企业内部的制度约束来解决,也不是依靠市场中的讨价还价或退出机制来解决,而是通过协商的方法来解决,即通过各企业之间的良好的合作关系来解决这些冲突。

网络组织具有柔性、扁平化、灵活性和开放性等特点,它以企业所拥有的知识与技能为基础,是一种动态开放的新型组织模式。这种网络组织能够快速适应知识与技能的学习与传播,能更好地与企业创新要求相匹配;它能够使组织更好地适应复杂多变的、不确定的外部环境变化,使组织与其所处的外部环境相协调;它既可以降低企业内部的管理成本,又可以减少市场交易中的交易成本。因此,网络组织已成为资源配置的第三种方式(图 3.5)。

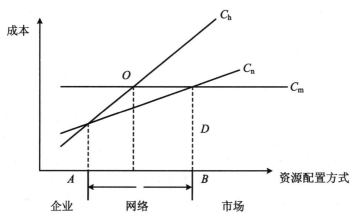

C_h—企业的组织成本;C_n—网络组织的管理成本;C_m—市场交易成本

图 3.5 企业、市场和网络组织的"三分法"

3.2.4 技术创新网络的形成

在以经济全球化、技术复杂化以及信息化为特征的经济环境下,企业的技术创新活动越来越需要广泛的专业能力,甚至那些大型企业也无法单独从事技术创新活动了(Piore 和 Sabel,1984),因此,企业内部员工之间和各部门之间的联系以及与企业外部经营主体之间的合作对企业的技术创新的作用越来越显著。自 20 世纪 80 年代以来,技术创新过程中涉及的个人之间以及企业之间的联系而形成的网络越来越受到理论界和企业界的高度关注,相关领域(如经济学和社会学等领域)的专家或学者分别从不同的视角对技术创新网络进行了许多理论和实证研究(Freeman,1991;Imai 和 Baba,1989)。

技术创新网络是一种应对系统性技术创新的基本制度安排,是企业为获取外部资源而建立起来的各种正式或非正式的契约关系,或是在反复交易的基础之上以及应用信息技术手段与外部组织之间建立的相互信任、长期合作、互利互惠的各种正式或非正式合作的制度安排。它是技术创新过程中企业之间形成的各种合作关系的总和,是技术创新获得成功的基础(Freeman,1991)。企业通过建立各种形式的创新网络,既可以规避高额的市场交易成本,又可以避免较高的管理成本,同时也是面对快速多变的市场环境时企业解决技术创新问题的一个最佳模式。更进一步,Freeman(1991)认为这种创新网络有很多种类,其中包括:合资企业和研究公司、合作 R&D 协议、技术交流协议、由技术因素推动的直接投资、许可证协议、分包、生产分工和供应商网络、研究协会、政府资助的联合研究项目等等类型。

在创新网络这一协同群体中,各创新主体通过相互作用而建立起的科技和市场之间的直接和间接、互惠而灵活的关系网络,共同参与企业新产品的信息搜集、研制、开发、生产和销售,并促进技术创新在网络内部各经营主体之间的扩散和转移,以实现网络创新的系统整合能力,即实现网络整体的创新能力大于个体创新能力之和(1+1>2)。无论是北意大利工业区的创新能力的提高,还是硅谷地区在高新技术领域方面所获得的巨大成功,都是得益于这些地区创新网络的建立以及这些创新网络对企业技术创新活动的推动作用(安纳利·萨克森宁,1999)。

通常,在有限资源的约束下,企业技术创新的市场、技术和金融风险越来越大。研究证实,单个企业不可能完全孤立地进行创新。为了提高企业的创新能力,它们不得不通过与其他的组织建立各种合作关系来获取各种信息、知识和其他资源,当然,这些组织可能是大学、科研机构和技术服务部门,也可能是其他的公司,如供应商、客户和竞争对手,还可能是政府、金融机构和风险投资机构等等。因此,企业之间建立的创新网络有助于网络中的企业获取各种互补性的资源以缩短新产品的开发周期,增强科技与市场之间的联系,提高企业在技术创新过程中的灵活性和企业对快速多变市场及其他外部环境不确定性的应变能力,从而降低企业的技术创新风险,因此,企业与外部经营主体之间建立的创新网络在成功的技术创新过程中起着非常关键的作用。

为了从外部有效地获取各种资源,为了进一步提高技术创新效率和成功的可能性,企业纷纷与其他外部组织之间建立各种形式的创新网络。一般而言,这些创新网络主要有以下三种方式:一是与客户和供应商的纵向联系,目的是及时获取准确的市场信息;二是与竞争对手和其他提供互补性资产的企业之间的横向联系,目的是及时获取外部的资源;三是与大学、研发机构等知识创造部门之间的社会联系,目的是从外部及时获取最新的科学知识和技术信息(Hakansson,1987)。这些创新网络对企业技术创新的作用如何,则取决于企业与这些组织之间关系的质量以及从这些关系中获取各种资源的能力,也就是取决于企业的社会资本。因此可以认为,正是在企业社会资本的推动下,促进了企业创新主体由一元化向多元化演进。

3.3 企业创新主体的演进

技术创新活动是一个复杂的社会过程,它不仅涉及企业内部的各个部门之间的协同,而且涉及与企业外部各种不同组织之间的合作,其中包括企业、大学和科研院所、政府部门、中介组织和金融机构等等,在一个完整的技术创新活动过程中,实际上有许多社会组织都可能不同程度地参与其中。因此,要充分理解技术创新的本质,我们必须首先明确技术创新的主体问题(连燕华,1994),通过对技术创新主体的明确界定才能制定出相应的创新政策来鼓励和提高企业的技术创新能力(张钢,1995)。

自熊彼特首次提出创新理论以来,相关领域的专家或学者就开始对技术创新理论进行了深入的研究。创新主体作为与创新客体相对应的范畴,是从主体与客体关系的意义上进行界定的,而不是从主要和次要的关系上来界定的。哲学上的主体概念,是指具有一定知识、经验和技能并积极地从事认识活动和实践活动的个人或集团(陈其荣,2000)。而技术创新作为人类的一种实践活动,其主体是指具有创新能力并积极参与技术创新实践活动的个人或组织,即通过创造新工艺、新产品、新用途或新服务等来实现技术价值转化的个人或组织就是技术创新的主体。

为了提高竞争能力,企业就必须不断地开展技术创新活动。因此,要提高技术创新的绩效,企业不仅要成为市场竞争的主体,而且必须成为技术创新的主体。离开企业这个创新主体,技术创新活动就会成为无源之水。一般而言,企业要成为创新主体,其必须具有以下几个方面的特征(高建,1997):第一,企业具有技术创新的决策权。也就是说,企业要在国家相关政策的宏观指导下,根据市场需求的变化和客户多样性的个性化需求,能够独立地选择与本企业发展目标相匹配的技术创新项目和活动。这也是企业进行技术创新活动的重要前提。第二,企业具有完全承担技术创新责任的能力。虽然技术创新活动离不开诸如高校和科研院所、政府、中介机构等相应组织的支持,但是技术创新活动主要是在企业内部进行的,因此,企业必须具有承担技术创新的能力,这也是企业成为创新主体的重要保证。第三,企业具有技术创新利润的收益权。由于技术创新具有极大的不确定性,风险也非常高,而企业开展创新活动的最终动力就是来自于创新所带来的价值和利润,只有真正能够享受技术创新收益权才能对企业的持续创新形成有效的激励作用,这也是企业成为创新主体的必要条件之一。

王选院士认为,从理论上说,企业作为技术创新的主体,这是技术创新作为经济学概念的一个重要特征。它主要有两方面的含义:首先,企业是技术创新活动的主要承担者,技术创新活动从新产品、新工艺设想的产生,以及通过新技术的获取、产业化到商业利益的实现,这是一个完整的过程,这个过程必须通过企业的参与才能实现;产品创新或工艺创新,也只有经过企业的产业化过程才能获得商业利益;技术创新对经济增长的促进作用,也只能通过企业创造的效益来实现,也就是说企业是经济增长的主体。其次,说企业是技术创新的主体,就意味着企业在技术创新活动中具有充分的自主性,这是市场经济条件下,企业应当成为"自主经营、自负盈亏、自我发展、自我约束"的法人实体和市场竞争主体所赋予的基本要求①。

因此,企业要成为合格的创新主体,起码要具备两方面的条件:一是要有强烈的创新意识。企业能自觉将自身的生存和发展与创新紧密联系在一起,作为一个理性的经济人,市场上的生存竞争和谋求最大利润是企业不断开拓创新的根本动力。二是要拥有创新的实力,其中包括创新所需的人力、物力和财力。企业在研发上的投入与执行上都占有很大的比例,是知识生产和应用的主要承担者。

但是,随着技术的日趋复杂性和技术创新难度的日益增加,单一企业进行创新的风险越来越大,为了克服有限资源的约束和降低创新风险,在企业社会资本的推动下,更多的企业纷纷采取与外部组织进行合作而不断获取信息、知识和资金等各种资源的方式开展技术创新活动,也就是说创新主体随之发生了相应的变化,即在企业社会资本的推动下,企业的创新主体开始从单一主体向多元主体演进。

3.3.1 一元主体:从企业家到企业

熊彼特在首次提出创新理论后就论及技术创新的主体问题。他在《经济发展理论》和《资本主义、社会主义与民主主义》两本专著中确立了企业家——创新的执行者——在经济发展中的核心角色,并进一步指出,正是通过创新这一"创造性毁灭过程",资本主义才成为"进步的发动机"。比如,他在技术创新模型Ⅰ中(Rothwell 等,1985),就强调了一组企业家是技术创新主体的观点,即一组企业家首先认识到技术创新的未来潜力,并准备冒险进行开发和创新。但这种冒险行动不可能由一般的资本家或管理者承担,只能由杰出的并且具有创新精神的个人来承担,这些个人就是被他称为的企业家。熊彼特指出,企业家的职能就是实现生产要素的新组合(a novel combination),也就是创新。在这个意义上,企业家是一群具有远见意识的、杰出的社会精英,并且具备打破常规、克服各种困难、愿意承担各种风险的能力和勇气。他们总是带着不同的动机致力于创新,如阿特莱克之与近代工厂,瓦特、博尔顿之与蒸汽机。因此,在熊彼特(1934)看来,创新是与企业和企业家分不开的,"我们把新组合的实现称为企业,把职能是实现这种组合的人们称为企业家"。也就是说创新发生在企业,创新者就是企业家。

德鲁克(2000)也对技术创新主体问题进行了重点研究。他在分析了1873年

---

① 中国技术创新信息网,http://www.ctiin.com.cn。

至一战期间 50 年中世界经济的发展时指出,不断发展的美国和德国同停滞的英国或法国在技术发展方面并没有什么不同,能解释其行为差异的只有企业家一个因素。成功的企业家不论其动机如何,都在努力促进企业技术创新活动的开展,并为企业的发展做出贡献。因此,企业家是技术创新的主体,有企业家的企业只能依靠技术创新活动求得企业的生存与发展。

正如国内的有些学者提出的那样(尹忠萍,2002;杨红燕等,2003),企业家成为技术创新的主体,这主要是由于以下几个方面的原因:第一,企业家善于利用各种新的组织方式来提高资源的利用效率。他能够根据市场需求的变化和科技进步的信息及时捕捉各种创新机会,并在合适的经营环境和创新政策的鼓励下,利用各种可以获取的内、外部资源(包括信息、知识、资金和人才等),通过各种有效的组织管理手段来组织和开展各种技术创新活动。第二,企业家善于把创新成果推向市场。由于技术创新的起点和终点都是市场,即技术创新来源于市场和客户需求,而创新成功的标志则取决于是否能够成功地商业化,即满足市场需求。因此,企业家非常善于综合利用各种新技术和新信息,充分利用技术创新来生产出符合市场需求的各种新产品。第三,企业家善于规避各种创新风险。由于创新的风险(其中包括技术、市场和财务风险等)非常高,企业的技术创新活动的失败率也较高,因此,具有创新和风险意识的企业家凭借其敏锐的市场洞察力和管理技巧,能够及时地辨认和预测各种创新风险,从而通过各种手段有效地降低和规避创新风险,这也是技术创新活动的重要保证。

后来,熊彼特又进一步发展了关于创新在资本主义经济中的核心作用的观点,并提出了他的大企业创新模型Ⅱ。在此模型中,大企业取代了企业家的位置而成为技术创新的主体,即研发活动主要是由企业内部的研究开发机构来承担的。例如,1871 年成立的卡文迪许实验室,1881 年成立的爱迪生实验室等等都是企业将研发机构引入到企业内部的典型代表。这主要是由科技与市场关系的进一步发展所推动的。一方面,随着技术进步在经济发展中重要性的日益提高,企业的发展迫切需要各种新技术的推动;另一方面,随着科学技术的不断发展和分化,客观上也需要科学技术面向市场,这样才能为科技的发展提供源源不断的动力。

之后,Abernathy 和 Utterback(1975)进一步将企业的技术创新分为产品创新和渐进型的工艺创新两种类型。在产品生命周期的早期,产品创新出现的概率较大,而工艺创新则往往出现在产品生命周期的后一阶段。更进一步,他们指出,产品创新是由那种没有定型产品,但是却以技术为主导、有企业家精神标识的小型企业来完成的,即这类小型企业成为产品创新的主体;而渐进型工艺创新则是由那些生产标准化产品的和实施规范化管理的大型企业来完成的,即这类大型企业成为渐进型工艺创新的主体。Schmookler(1966)则明确指出:"第一个运用新的方法或引入新的技术思想进行技术变革产生出新产品或服务的企业就是创新者。"

按照科斯的观点,企业作为技术创新的主体是由其性质决定的。这是因为,企业之所以代替市场而出现,主要原因是它降低了不同主体之间的交易费用。也就是说,企业是伴随着市场而产生的,但市场竞争非常激烈,为了生存和发展,企业必然要进行不断地创新。而持续不断的创新使得企业技术创新主体的地位变得日益突出。

Von Hippel(1986)通过大量的实证分析和研究后发现,产品或工艺创新往往都是由领先用户提出的,并得出了"用户即创新者"的观点。他的这一观点强调的是领先用户是企业创新的来源,但创新仍然是在单一企业内部完成的,即技术创新的主体仍然是单一的企业。

为什么说企业是技术创新的主体？这主要是由以下几个方面的原因所决定的(邵云飞等,2003):第一,企业的技术创新是一个国家或地区经济发展最主要的动力。自罗默提出内生型经济增长理论以来,人们才认识到技术进步对经济发展的重要性。没有企业的技术创新,没有技术的不断进步,经济发展就会举步维艰。第二,企业的技术创新是提高我国科技竞争力的基础。国家科技竞争力中的一个非常重要的指标就是微观企业的技术创新能力,只有不断提高微观企业的技术创新能力,才能有效改善国家宏观的科技竞争力水平。第三,技术创新是企业提高国际竞争力的主要手段。在激烈的市场竞争中,企业技术创新关系着企业的生存和发展,决定了企业的市场竞争力,只有不断加强企业的技术创新,才能提高企业的市场竞争力。第四,企业是科技成果转化的主要载体。与传统意义上的科研活动不同,技术创新强调的是科技活动与市场的结合,强调的是科技成果的商品化和产业化。因此,企业首先要根据市场需求的变化选择有市场发展潜力的科研成果,然后再经过企业的技术创新活动,并最终转化为消费者需求的商品或服务。企业只有通过持续的技术创新,才能实现科研成果的商业化和产业化。

但是,随着技术创新风险的不断增加,单一企业仅靠自身力量进行技术创新的难度不断增加。为了提高技术创新的成功率,企业纷纷采取与外部组织进行合作的方式开展技术创新活动,这就是技术创新的多元化模式。

3.3.2 多元主体

一方面,随着技术发展的日趋复杂和环境不确定性的增加,人们逐渐认识到,技术创新的风险越来越大,仅靠单一的企业来完成技术创新已日趋困难。技术创新不是一个简单的、线形的过程,而是一个具有复杂的反馈机制,在科学、技术、学习、生产、政策、需求等诸要素之间形成了复杂的相互作用的过程。因此,创新过程会受到许多因素的影响,企业是在与其他组织(供应商、用户、竞争者及大学、研究机构、投资银行、政府机构等)的相互作用和相互影响中开展技术创新活动的。另一方面,随着网络组织逐渐成为介入企业和市场之间对资源进行配置的第三种方式,企业与其他主体之间的关系网络也就成为人们普遍关注的焦点。例如,研究创新网络的一些学者指出,单个的企业很难具备独立创新的能力,而且创新也不是在真空中进行的,企业的创新必须要依赖于与其他企业的合作。Kline 和 Rosenberg(1986)通过对企业技术创新进行实证研究后提出,创新是一个互动的过程,其中包括企业与其周围不同的经营主体之间的联系,这些关系包括正式和非正式的企业网络。

20 世纪 80 年代末、90 年代初由 Freeman 和 Lundavall 等人提出的"国家创新系统",将技术创新的主体指向由企业、大学和科研院所、中介组织、政府等组成的组织系统。"国家创新系统"的研究对象是国家,虽然说,国家创新系统是由一部分子系统组成的,但企业仍然担负着技术创新主体的角色,也就是说,在国家创新系统中,技术创新的主体仍然是企业。

伦德瓦尔等认为,创新是一个学习和交换的互动过程(Johnson,1992;Lundavall,1995),在这一过程中,相互依赖的经营主体之间建立了一个创新体系(Acs,2000;Cooke,et al,2000),或一个创新集群(Porter,1999),即技术创新活动是由一系列相互联系的企业或组织共同完成的。

实际上,企业的技术创新是一个互动的社会过程。要完成一个技术创新,仅靠单一的企业是无法顺利完成的。企业只是创新活动全过程中的一个环节。即便 Abernathy 和 Utterback(1975)所谓的"新产品类型"的创新,也不是单个小企业所能完成的,他们自己也说:"许多研究表明,像这样的产品创新有着共同的特点,即这些创新大约出现在这样一些企业和组织里,这些企业和组织靠近具有雄厚科学基础的大学或其他研究机构。"Marquis 的研究也表明,从确认机会直到问题解决,可能都是由大学和研究机构完成的,只是到了开发、应用、扩散和商业化阶段才进入企业,而且还要大学和研究机构派人到企业培训人员,帮助解决开发和应用中遇到的各种技术问题(张钢,1995)。

因此,在企业社会资本的推动下,由多个企业组成的网络组织(即多元主体)通过信息、知识与资金等资源的交流而发展成为技术创新的主体(图 3.6)。这是因为,以企业为单一主体实施技术创新全过程的企业技术创新模式存在以下几个方面的实际障碍:第一,单一企业的基础研究和应用研究能力的不足,是导致企业技术创新尤其是"原发性"技术创新能力不足的基本原因。第二,企业自主技术创新需投入大量的资金和高水平的技术人才,但创新成果却难以在预期的时间内为企业带来利益上的保障。同时,长期存在的企业间的相互模仿行为,也会使率先创新者的技术垄断地位消失殆尽,从而使率先创新的企业失去持续技术创新的动力。例如,我国家电市场上率先开发 VCD 影碟机的万燕公司,由 VCD 的"开国元勋"在短短的四年时间里成为"革命先烈",最终被美菱公司兼并的事实,揭示了实施技术领先战略的企业的困难和风险的严重程度。第三,企业大多数是风险厌恶者,而技术创新的风险却很大,因此企业创新的动力受到限制。例如,根据美国的经验证实,高新技术创新的失败率一般为 70%,完全失败率达 20%~30%,成功率只有

20%(Rothwell,1992)。受经济实力和短期目标的影响,愿意为技术创新承担高风险的企业并不多。另外,其他诸如体制性影响、市场需求和技术信息不充分的制约、企业应变能力弱等,也是影响企业独自进行技术创新的主要障碍因素。

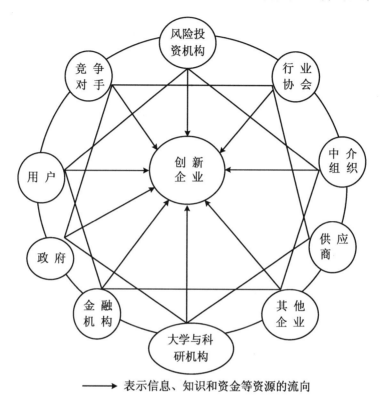

→ 表示信息、知识和资金等资源的流向

图 3.6 企业技术创新的多元主体模式

因此,企业与外部主体之间形成的网络,其中包括用户、供应商、大学和科研机构、竞争对手、政府、技术中介组织等等,已逐渐发展成为技术创新的主体。也就是说,随着科技的不断发展和技术创新风险的不断增加,企业为了通过对内外部资源的整合来提高创新的效率和降低创新风险,其技术创新活动已经从单一的主体发展成为由创新企业为主、多个外部组织为辅的多元主体来完成。

3.4 本章小结

本章从国家创新系统与区域创新系统形成的分析入手,提出了国家创新系统与区域创新系统的完善为企业技术创新系统和创新网络的形成构建了一个良好的外部环境,促使企业与外部组织之间通过建立各种社会联系来有效整合内外部资源,从而使技术创新的主体由一元化向多元化发展。

　　创新主体从一元模式向多元模式的演进,说明企业的创新活动已不再局限于单一企业的内部,而通过这些组织之间的互动,大大加速了资源的合理流动,提高了资源的利用效率,还能使企业摆脱资源有限的约束,从而通过有效地整合企业内外部资源来提高企业技术创新能力。

　　随着竞争环境的不断变化,企业的技术创新方式已从过去的强调内部资源转向内外部资源的有效整合。虽然,任何现代经济条件下的任何一个企业都处于某一个创新网络之中,同时也非常注重与外部组织之间的互动关系,即创新的主体向多元化方向演进,但是,这些企业获取外部资源的能力却不尽相同。因此,研究企业社会资本、网络嵌入、FDI 技术溢出效应、市场导向、集成能力等对技术创新能力的影响,既具有较高的理论价值,同时也具有较强的现实指导意义。

参 考 文 献

[1] BOURDIEU P. 1985. The forms of capital [M]// Handbook of theory and research for the sociology of education. New York: Greenwood Press: 241-258.

[2] BURT R. 1992. Structural holes: the social structure of competition[M]. Cambridge, MA: Harvard University Press.

[3] COOKE P, MORGAN K. 1998. The associational economy: firms, regions and innovation [M]. Oxford: Oxford University Press.

[4] FREEMAN C. 1987. Technology policy and economic performance: lessons from Japan [M]. London: France Printer.

[5] FREEMAN C. 1991. Network of innovator: a synthesis of issues[J]. Research Policy, (20):499-514.

[6] GRANOVETTER M. 1985. Economic action and social structure: the problem of embeddedness[J]. American Journal of Sociology, 91(3):481-510.

[7] HAKANSSON H. 1987. Product development in networks. In: Hakansson[M]// Industrial technological development: a network approach. London: Croom Helm: 84-127.

[8] LUNDVALL B-Å. 1992. National systems of innovation: towards a theory of innovation and interactive learning[M]. London: Pinter.

[9] MARSHALL A. 1932. Elements of economics. Volume 1: elements of economics of industry[M]. 3rd ed. London: Macmillan.

[10] NELSON R R, ROSENBERG N. 1993. Introduction[M]// National innovation systems: a comparative analysis. Oxford: Oxford University Press.

[11] PIORE M, SABEL C. 1984. The second industrial divide: Possibilities for prosperity[M]. N. Y: Basic Books.

[12] POWELL W W. 1990. Neither market nor hierarchy: network forms of organization[J]. Research in Organizational Behavior,12: 295-336.

- [13] RICHARD LARSSON. 1985. The handshake between invisible and visible hands[J]. Studies of Mgt. & Org,23(1).
- [14] ROSENBERG N. 1982. Inside the black box[M]. Cambridge: Cambridge University Press.
- [15] VON HIPPEL E. 1978. Users as innovators[J]. Technology Review:31-39.
- [16] WILLIAMSON O E. 1985. The economic institutions of capitalism: firms, markets, relational contracting[M]. Free Press:83-84.
- [17] 安纳利·萨克森宁. 1999. 地区优势[M]. 上海:远东出版社:180-181.
- [18] 陈劲. 2001. 永续发展:企业技术创新透析[M]. 北京:科学出版社.
- [19] 陈其荣. 2000. 技术创新的哲学视野[J],复旦学报:社会科学版,(1):14-20.
- [20] 高建. 1997. 中国企业技术创新分析[M]. 北京:清华大学出版社.
- [21] 胡志坚,苏靖. 1999. 区域创新系统理论的提出与发展[J]. 中国科技论坛,(6):20-23.
- [22] 科斯. 1994. 企业的性质[M]. 上海:三联书店.
- [23] 连燕华. 1994. 试论企业是技术创新的主体[J]. 科学管理研究,12(5):1-6.
- [24] 欧文·拉兹洛,克里斯托弗·拉兹洛. 2001. 管理的新思维:第三代管理思想[M]. 北京:社会科学文献出版社.
- [25] 邵云飞,等. 2003. 论我国技术创新主体的转型[J]. 工业技术经济,(1):89-91.
- [26] 孙天琦. 2001. 合作竞争型准市场组织的发展与产业组织结构的演进[J]. 改革,(1):18-22.
- [27] 许庆瑞. 2002. 研究、发展与技术创新管理[M]. 北京:高等教育出版社.

第4章 企业社会资本、资源获取与创新能力关系的概念模型与实证分析[①]

随着经济全球化的不断深入,瞬息万变的经济环境对企业的灵活性、适应性、市场反应能力和创新速度提出了更高的要求和挑战。企业不再只是依赖于对稀缺资源的占有,而是通过不断地学习和知识创造以及提高技术创新能力来获取竞争优势(Larsson,1998)。本章从构建企业社会资本—资源获取—创新能力的概念模型入手,通过理论分析与问卷调查研究,为企业如何通过培育企业社会资本、加强资源获取以提高创新能力提供对策建议。

4.1 企业社会资本的内涵与已有研究的文献综述

4.1.1 企业社会资本的内涵

社会资本一词最早出现在社会学研究中,它特别强调了随时间演变而逐渐形成的人与人之间相互频繁、交叉的关系网络对经济和社会发展的重要性,这是因为,这种关系网络为人与人之间建立信任、合作关系和采取集体行动奠定了基石。如果人们拥有良好的社会资本,他们就能在需要的时候获得所需要的各种资源,例如,创业者可以得到金融机构和风险投资的支持;投资者可以获得企业外部的各种资源;企业可以通过社会资本建设来开发人力资源的竞争优势;企业还可以通过对内外部的信息、知识等资源的有效整合来提高技术创新能力等等。

随着社会资本理论的不断发展,关于社会资本理论方面的文献呈指数级增长(Halpern,2001),它已被广泛地用来解释许多社会现象和一个区域或国家的经济繁荣情况,例如家庭与年轻人的行为问题、学校教育、社区生活、工作与组织、民主与管理、集体行动方面的问题和经济发展、创新与政策研究等领域(Woolcock,2001)。而且,越来越多的专家和学者已经深刻地认识到,社会资本不仅会影响人

[①] 本章主要内容发表于《研究与发展管理》2006年第3期

力资本和智力资本的发展,更会影响到企业和区域的知识创造、技术创新和经营绩效,甚至影响到一个国家或地区经济的繁荣和社会的稳定和发展。

企业之间的互动是产生社会资本的重要源泉,是构成企业间各种关系网络的基石。他们之间互动程度的高低体现了交易者之间关系的密切程度,有效的企业社会资本就产生于企业与外部组织之间良好的信任和互动关系的基础之上。

迄今为止,关于社会资本以及企业社会资本的内涵仍没有一个公认的定义。根据第2章国内外有关学者对社会资本以及企业社会资本的定义,结合企业社会资本对企业技术创新的作用,从实证和可操作性的角度出发,本书将企业社会资本定义为"企业建立在信任和规范基础上的各种社会关系的范围与质量以及在此基础上获取外部资源的能力"(Yli-Renko,Autio和Tontti,2002),并将企业的社会资本划分为企业的纵向关系资本、企业的横向关系资本和企业的社会关系资本。其中,纵向关系是指企业与客户和供应商之间的关系;横向关系是指企业与竞争对手和其他企业之间的关系;社会关系则是指企业与大学和科研机构、政府部门、金融机构、中介组织、行业协会和风险投资机构等之间的关系,具体内容见表4.1。

表4.1 企业社会资本的构成

企业社会资本的构成	内容
纵向关系资本	企业与用户之间的关系
	企业与供应商之间的关系
横向关系资本	企业与同行竞争对手之间的关系
	企业与其他企业之间的关系
社会关系资本	企业与大学和科研机构之间的关系
	企业与中介组织之间的关系
	企业与政府部门之间的关系
	企业与行业协会之间的关系
	企业与金融机构之间的关系
	企业与风险投资机构之间的关系

企业的社会资本镶嵌在(reside in)企业与外部组织(如供应商、客户、大学等研究机构、政府等)之间并代表企业与外部组织之间的交换关系。企业良好的社会资本有助于其与外部的组织(包括大学、科研机构、用户、竞争对手等)之间建立良好的信任关系,从而获取以前无法获得的信息、知识、资金和其他资源。另外,良好的社会资本还可以培养人与人之间、企业与外部组织之间的相互信任,从而降低交易成本,加速信息和知识的流动,并不断提高企业的知识创新和技术创新能力。

1. 纵向关系资本

企业的纵向关系资本是指通过价值链与客户和供应商等之间建立的关系网

络。这种关系网络是企业获取市场需求信息和技术信息等资源的主要渠道,也是企业获取外部新知识和缓解研发资金短缺的途径之一。特别是领先用户的市场需求信息和新产品开发方面的知识,它引导着企业进行技术创新的总体方向和持续发展,同时也是企业制定技术创新战略的主要参考因素之一。

2. 横向关系资本

企业的横向关系资本是指企业与其竞争对手以及其他企业之间建立的各种横向关系网络,通过这些网络,企业既可以从竞争对手那里了解到最新技术成果的发展动态和新产品开发方面的信息,也可以获取有关新产品开发和新产品市场推广方面的知识,还可以与竞争对手、其他企业进行各种形式的技术合作和联盟,以降低企业技术创新的财务负担以及技术和市场风险。

3. 社会关系资本

企业的社会关系资本是指企业与大学和科研机构、中介组织、政府部门、金融机构以及风险投资机构等各种外部组织之间建立的各种关系网络。企业通过与大学和科研机构之间的合作关系,可以及时了解和掌握最新的科学技术成就,获取和共享最新的技术信息和科学知识;可以从中介组织那里了解而获取最新的技术信息和市场需求信息;可以从政府部门那里及时获得有关政府鼓励和支持企业技术创新方面的政策信息,同时也能获得政府的资金支持和税收优惠;企业还可以通过金融机构与风险投资结构来获取技术创新所需的资金,等等,从而克服企业内部资源的约束,提高企业的技术创新能力。

4.1.2　企业社会资本的特点

企业社会资本既不同于传统的货币资本,也不同于我们所称的人力资本,与之相比,企业社会资本具有以下几个方面的特点:

(1) 企业社会资本存在于两个或两个以上的企业或组织之间,而非单一的企业独自所拥有。各种关系形成的网络结构本身就是企业社会资本的一种形式和组成要素,企业社会资本存储于两个或两个以上的企业或组织之间。与其他资本最大的区别就是企业的社会资本并不取决于单个的企业,因此,它不可能仅靠单个企业的遵守来获得,而是取决于它们之间的相互关系,即社会资本镶嵌在行为主体(即企业或组织)之间形成的网络关系结构之中。

(2) 资本既可以是有形的,也可以是无形的,而企业社会资本与一般的物质资本不同,它是无形的。例如,物资资本表现为厂房、机器等,它是通过将物质材料转变成提高生产力的工具而产生的,是有形的;人力资本存储于劳动者之中,它是通过提高个人的技能和能力来实现的,表现为劳动者的经验和受教育程度,是无形的;而企业的社会资本是通过企业之间关系的变化而产生的。如果说物质资本是有形的话(可以通过具体物质形态而表现出来),人力资本则稍逊一筹(具体表现在个人所获得的技能和知识),那么企业社会资本则更差,因为它是存在于企业与企业之间的关系之中。

(3) 物质资本通常属于私有物品,而企业的社会资本则属于准公共物品,在一定范围内具有共享性和相互作用性。产权的拥有刺激了个人对物质资本的投资,以便获得利润。由于人们能从投资中获益,因此对物质资本的投资不会停止。人力资本也是如此,即通过时间和资源的投入而建立起的人力资本,人们可以获得较高收入的工作、比较满意的职位,以及对周围世界更好的理解。而企业社会资本并不是被单一的企业所拥有,而是依赖于这个网络中的所有成员。因此,企业社会资本存在于两个以上的企业之间,它一旦形成就不仅仅是一个企业所能使用的,而是具有共享性,并且通过彼此的联系而相互作用。建立企业社会资本需要各方面的承诺和合作,只要存在单方面的偏离就会破坏这种社会资本。

(4) 企业的社会资本是一种其他资源可以投资的资源,并且其他资源的投入可以为其带来收益,当然有时这种收益是不确定的。正如资金的投入可以提高设备的生产能力一样,在一个给定的社会网络中,资金的投入也可以提高这个网络的社会资本。通过投资建立外部的关系网络,无论是个人还是集体都能增加他们的社会资本,因而可以获得更多的信息和更多有价值的资源;通过投资建立他们内部的关系网络,集体的地位可以得到加强,也可以提高他们进行有效治理的综合能力。因此可以说,社会资本具有创造性。例如,一个组织筹划研讨会的目的是为其成员建立各种非正式的网络,并通过创造面对面接触交流的机会来提高他们之间的信任程度,从而有利于信息和知识的转移和扩散。

(5) 企业社会资本的专用性较强,而转换性比较低。与物质资本可以有多种用途一样,社会资本的利用可以满足许多生产性的目的。利用社会资本能够很容易地将一个组织内部相关的经验知识转移到另一个组织中去。同样,可以利用社会资本来获取与创新相关的市场需求信息、技术发展信息和政府政策信息。经济资本的流动性最强,它可以转换成人力资本、文化资本和社会资本。但是,与其他形式的资本相比,社会资本的可转换程度比较差,即很难用社会资本与其他的资本进行交换。实际上,社会资本的流动性较差,而且具有更多的"黏着性"。

(6) 与物质资本和人力资本相似,企业社会资本要保持其一定的生产性,就必须投入其他资本加以维持,这一点与金融资本不同。如果不对社会资本投入一定的时间、精力或其他的资源,就像铁会被氧化一样,企业与外部组织之间的联系就会随着时间的推移而逐渐消失。

(7) 与其他资本一样,企业社会资本可以作为其他资源的补充或替代。例如,当一个人缺乏金融资本或人力资本时,他可以用良好的社会资本来替代。更普遍的是,社会资本也可以作为其他资本的补充。例如,通过减少交易费用,社会资本能够改善经济资本的效率。

(8) 企业社会资本的价值并不会由于不断地被使用而减少。相反,为了最初的目的而使用社会资本会增加相互间的理解,也可以增加将来为其他目的而建立相互联系的方式;如果不被使用,企业的社会资本就会很快减少。

4.1.3 社会资本的研究维度

自社会资本理论受到人们的普遍关注以来,相关领域的专家或学者分别从不同的视角(如社会学、经济学等等)对社会资本理论进行了深入的分析和研究。总结以往有关社会资本理论的研究,Gabby(1997)将其归纳为"结构维"(structural form approach)和"关系维"(tie approach)两种维度;而 Nahapiet 和 Ghoshal(1997)则将其分为"关系维"(relational dimension)、"结构维"(structural dimension)和"认知维"(cognitive dimension)三种维度。

社会资本研究的"结构维"是从个人嵌入的社会关系结构以及与这些结构相联系的益处出发来研究个人拥有的社会资本对其获取外部资源的作用。例如,Baker(1990)将社会资本视为关系网络结构所提供的价值;Coleman(1988)和 Putnam(1993)认为,紧密而封闭的联系网络可以通过产生规范性的认可机制和高度的信任感而提高合作的效率;Burt(1992)指出,充满"结构洞"的社会结构可以通过获取外部更好、更新的信息而非冗余信息来为个人创造新的机会,使个人享受有效控制带来的益处;Lin(1999)认为,个人可以通过各种网络来获取自己所需要的资源;Powell 等(1999)则提出,企业在其所处的网络中的位置对其社会资本的质量以及获取都会产生影响,例如,处于关系网络中心位置的企业比其他企业获得更多的专利许可,等等。

社会资本研究的"关系维"则是从一个给定的自我(a given ego)与一个给定的他人(a given alter)之间的双向关系出发来探讨社会资本对个人的作用,其研究的主要关注点集中在研究个人如何通过协调与他人之间的双向关系来交换和获取显性和隐性知识以及如何相互学习(Dyer 和 Singh,1998;Nahapiet 和 Ghoshal,1998)。通过个人之间长期的交往与合作,可以形成相互间的信任(trust)和可信赖性(trustworthiness)(Fukuyama,1995;Putnam,1993),这些关系可能产生积极和合作性的行为。这主要是由于它们能够产生一种有益于合作和相互支持的心理环境(Nahapiet 和 Ghoshal,1998;Ring 和 Van de Ven,1992)。例如,信任是建立联系的一个特征;而可信赖性指的是融入到各种联系中的个人所拥有的特征(Tsai 和 Ghoshal,1998)。这种观点认为,个人可以通过其拥有的社会资本而与其他主体之间建立信任和可依赖性等关系,并由此从他人那里获得各种资源,例如,通过他人的社会地位或通过他人提供的信息来获取自己所需要的资源(其中包括信息、知识或其他有形资源等)(Lin 等,1981;De Graaf 和 Flap,1988);个人也可以通过建立各种广泛的社会联系而受益,例如,弱联系可以从其他关系比较疏远的社会群体中得到新的信息(Granovetter,1973),而强联系则可以为个人带来信任、互惠和义务

(Gabby,1997;Uzzi,1997),等等。

社会资本研究的"认知维"指的是从促进实现共同目标的共同拥有的规则(code)和范式(paradigm)的角度研究社会资本。在一个组织内部,尤其是大型复杂的组织内部,共同的愿景和价值观有助于组织目标的实现。正如 Nahapiet 和 Ghoshal(1998)所指出的那样:"人们在某种程度上拥有共同的语言会提高他们接近他人并获取信息的能力。如果他们的语言和遵守的法则不同,就容易造成他们之间的分离并限制他们之间的交流。"在一个组织内部,共同的愿景和价值观可以提高企业的社会资本,同时也有助于这个组织的运行(Tsai 和 Ghoshal,1998)。

同时,社会资本的研究对象也从重点关注社会中的个人(Bourdieu,1985;Glen Loury,1977;Coleman,1988)过渡到关注一个区域经济的发展,如意大利地区的社会资本与经济发展之间的关系(Putnam,1993);硅谷地区的社会资本与经济发展之间的关系(Cohen 和 Fields,1999),等等。随着社会资本理论研究的不断深入,其研究对象也开始转向企业或组织(Nahapiet 和 Ghoshal,1998;Gabbay 和 Leenders,2001)。这是因为,个人的社会资本与企业的社会资本具有互补作用,一方面个人的社会资本可以提高企业的社会资本;另一方面,企业的社会资本也有助于个人社会资本的提高。同时,研究企业的社会资本并不是简单地将社会资本这个概念套在企业上,企业作为经济活动的主体并不是孤立地运行的,它是一个与经济领域的各个方面发生种种联系的企业网络上的纽节(边燕杰等,2000)。企业既可以通过在内部建立良好的信任关系和沟通渠道以加快信息和知识在企业内部的转移,从而提高企业的经营绩效(Yli-Renko 等,2002);企业还可以通过与大学、科研机构、客户、供应商、竞争对手、政府、金融机构等其他组织建立各种社会关系来获取外部的诸如信息、知识、人才、资金等资源(张其仔,2000;边燕杰,2000;Yli-Renko,Autio 和 Sapienza,2001 等),并进而提高企业的技术创新能力。

因此,国内外很多学者将企业作为研究对象,深入分析和研究了企业社会资本与其生产、经营等各方面的关系。例如,Gabbay 等(1999)以企业作为研究对象,将企业的社会资本定义为以社会结构为载体,有助于企业这一主体目标实现的一系列有形或无形的资源总和,分析了社会结构如何与企业以及企业内部成员目标的实现相关联,并在此基础上分析了企业社会资本的开发与管理等方面的问题。

边燕杰等人(2000)以我国企业为研究对象,通过对企业社会资本及其功效的研究指出,企业通过纵向联系、横向联系和社会联系摄取稀缺资源的能力是一种社会资本,并认为一个企业社会资本量的大小受其所处的经济结构和企业家能动性的影响,而且企业的社会资本对其经营绩效有着显著的推动作用。

H. Yli-Renko,E. Autio 和 H. J. Sapienza(2001)从企业与其最大的关键客户之间的关系资本出发,通过实证分析,研究了企业社会资本与企业新产品开发、技术的独特性以及销售成本效率之间的关系,并得出了肯定的结论,即企业的社会资本与新产品开发、技术的独特性以及销售成本效率之间呈显著的正相关。

陈劲等(2001)在对企业社会资本与技术创新绩效关系的研究中,将企业的社会资本分为横向、纵向和与外部实体的社会资本三个方面,并通过实证分析,得出这样的结论:企业这三个方面的社会资本与企业新产品产值、新产品数目、新产品销售额和新产品平均产值这些指标之间存在显著的相关性。

Adler 和 Kwon(2002)从企业社会资本的"关系维"的角度提出,企业获得成功的原因可以用它们与社会网络中其他主体的联系强度来解释。他认为,企业获得成功的主要原因是因为这种联系促进了企业从外部获取和整合知识(尤其是隐性知识)并加速了企业组织学习的过程,从而缩短了新产品开发的时间和降低了新产品的开发成本。

结合社会资本理论研究的不断深入以及本研究的可操作性,本书在社会资本研究的"结构维"和"关系维"相结合的基础上来研究企业社会资本对技术创新的影响,并通过实证分析,进一步研究企业的社会资本是如何通过外部资源的获取来提高企业技术创新绩效的。

4.1.4 已有研究的文献综述

关于企业社会资本与技术创新之间的关系,国内外的许多专家和学者已经进行了大量的深入分析和研究。例如,Tsai 和 Ghoshal(1998)通过对 15 家大型跨国电子企业的实证研究发现,企业的社会资本对企业获取市场和技术信息、推动员工间的交流和沟通起着重要的推动作用,从而加速产品创新的速度和提高产品创新的效益;Maskell(1999)认为,企业社会资本通过减少企业内部、企业与外部组织之间的交易成本而提高技术创新的绩效;弗泰恩和阿特金森(2000)指出,在"新经济"中,创新更多的是通过一种借助动态的生产关系或合作创造价值的网络来实现的,而社会资本已成为科技创新的一个关键因子;H. Yli-Renko, E. Autio 和 H J. Sapienza(2001)通过对 180 家英国高技术企业的实证研究后证实,新创企业从关键客户获取外部知识的数量取决于企业的社会资本;陈劲等(2001)通过对我国企业社会资本与技术创新绩效关系的实证分析后,得出企业社会资本与技术创新绩效呈正相关的结论。

但是,总结以往的研究可以发现,有关企业社会资本与技术创新关系的研究仍存在以下几个方面的不足:

第一,迄今为止人们对社会资本的定义还没有达成共识,如布尔迪厄将社会资本看作是一种网络,科尔曼则将社会资本看作是一种资源,等等,因此国内外相关学者对企业社会资本概念的界定非常模糊。

第二,对两者的关系研究,大部分都停留在一些定性的描述上,即使国外有少量的定量研究,但也存在下列缺陷:一是将企业社会资本如何影响技术创新作为一个"黑箱"来处理,并没有对其影响的机理进行分析;二是即使已经开始打开企业社会资本如何影响技术创新绩效的"黑箱",也只是从单一的维度出发的,并没有能够全面而系统地阐述企业社会资本是如何影响其创新绩效的。

第三,国内有关企业社会资本与技术创新之间关系的专题研究非常匮乏,即使有少部分的论文,也只是从定性的角度来阐述两者之间的关系,迄今为止,还没有对我国企业如何利用社会资本提高技术创新绩效进行全面而系统的定量研究。

因此,为了进一步研究企业社会资本与技术创新绩效之间的关系,本书在构建企业社会资本如何影响技术创新绩效的概念模型和理论假设的基础上,对我国210家高科技企业进行了问卷调查和实证分析,以检验概念模型和理论假设的合理性。

4.2 企业社会资本影响创新能力的概念模型与理论假设

4.2.1 概念模型

自企业社会资本研究受到人们的关注以来,有关企业社会资本作用的文献也日渐增多。例如,企业社会资本是一个非常有价值的资源,它既可以增加企业内部员工和部门之间的相互信任与合作,也可以通过与外部网络的联系来为企业提供各种创新所需的资源(Adler 和 Kwon,2002);企业可以通过其拥有的社会资本从外部获取技术创新所需的各种资源,其中包括信息、知识、资金和人才等等(姚小涛和席酉民,2003)。

本书在总结了国内外有关企业社会资本如何影响技术创新绩效研究的基础上,尤其是在 Yli-Renko,Autio 和 Sapienza(2001)对企业社会资本通过知识获取来影响企业的新产品开发、技术独特性和销售成本的理论框架的基础上,构建了对企业社会资本影响技术创新绩效的概念模型(图 4.1)。

4.2.2 理论假设

企业的技术创新活动不仅是一个在企业内部创造新知识的过程,同时也是一个不断从企业外部吸收信息和知识的过程(Cohen 和 Levinthal,1990)。除了组织内部的因素外,企业的外部联系也是技术创新成功的重要影响因素(Holger Ernst,2002)。因此,加强与这些外部主体之间的交流与合作,是企业获取外部资源和提高技术创新能力的非常关键的途径,也是技术创新主体多元化的一种具体表现形式。

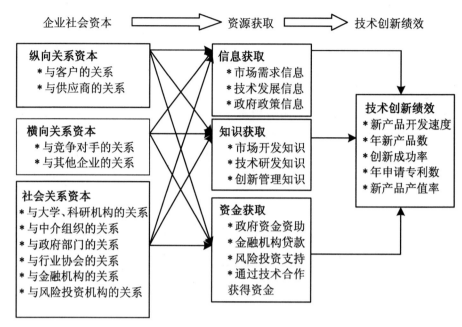

图 4.1　企业社会资本影响技术创新绩效的概念模型

1. 企业社会资本与信息获取

企业的技术创新过程是一项高度依赖创新信息的活动。企业拥有的社会资本可以为企业获得及时而准确的信息提供良好的渠道。社会资本在信息、知识等资源的获取与共享、集体行动和相互交往的网络中的作用是非常明显的,它能够为企业直接提供信息、知识和互补的资源(Hagedoorn,1993)。

与供应商和客户之间保持紧密的联系可以增加它们作为创新信息来源的重要性。企业可以从客户处获取市场需求信息,也可以从竞争对手那里获取市场需求和技术发展方面的信息,同时还可以从供应商那里获取市场需求信息(Rothwell,1992)。企业如果拥有良好的社会资本,就可以通过企业的各种社会联系,从相熟的、信任程度较高的部门或企业那里以较低的成本获得真实而有价值的信息,同时也降低了信息的获取成本,企业的社会资本对信息的获取、甄别、选择和使用显得尤为重要(Burt,1992)。因此,本书提出以下理论假设:

H1:企业社会资本的高低与信息获取的程度呈正相关关系。

H1a:在其他变量保持不变的情况下,企业纵向关系资本与信息获取的程度呈正相关关系;

H1b:在其他变量保持不变的情况下,企业横向关系资本与信息获取的程度呈正相关关系;

H1c:在其他变量保持不变的情况下,企业社会关系资本与信息获取的程度呈正相关关系。

2. 企业社会资本与知识获取

企业在研究和开发过程中通过输入一系列知识以达到创新。企业内部的知识创造固然是提高技术创新能力的关键因素,但是,企业的知识创造与积累并不只是由企业内部因素决定的,同时它也会受到企业外部其他企业和知识创造部门的影响(Edquist,1997)。当然,获取外部知识的来源十分广泛,其中主要包括公共研究部门(如大学、科研机构)和其他的公司(如供应商、竞争对手、领先用户、技术中介组织和营销商等)。实践证明,企业良好的社会资本可以提高知识创造、转移和扩散的效率。

但是,很多知识都是以隐性和未编码化的形态存在的,也可能是公司专有的并在商业上是非常敏感的,这些知识是很难转移的。要顺利转移,只有通过紧密的、值得信赖的和持续的交流才能实现。很多学者的研究也证实,企业之间的知识转移取决于它们之间互动的质量与数量(O'Hagan 和 Green,2004)。企业长期的持续的互动不仅推动了显性知识的转移,而且加速了隐性知识和技能的转移。企业与外部的关系越紧密,其技术吸收能力越强,学习和知识获取的机会就越多(Dyer 和 Singh,1998)。企业之间的信任度越高,知识的获取量就越大(Lane 和 Lubatkin,1998)。因此,本书提出以下理论假设:

H2:企业社会资本的高低与知识获取程度呈正相关关系。

H2a:在其他变量保持不变的情况下,企业纵向关系资本与知识获取的程度呈正相关关系;

H2b:在其他变量保持不变的情况下,企业横向关系资本与知识获取的程度呈正相关关系;

H2c:在其他变量保持不变的情况下,企业社会关系资本与知识获取的程度呈正相关关系。

3. 企业社会资本与资金获取

企业的技术创新是一项由资金推动的活动,其中包括研发投入和非研发投入。由于企业的技术创新活动具有投资成本高、风险较大的特点,国内企业普遍感到技术创新的资金紧缺,风险抵御及承受能力有限(官建成,2004)。

但是,企业获取创新资金的来源并不局限于企业的自身积累,它还可以通过各种社会网络关系来获取金融资源(Ostgaard 和 Birley,1996)。例如,企业可以通过与政府部门建立各种联系和互动,以加强彼此间的交流和信任,并从负责资助的政府机构处获得资金资助;通过与金融机构的良好关系,不仅可以增加企业获取资金的机会,而且可以降低资金的获取成本;还可以通过与天使投资人或风险投资家的关系而为企业提供资金。

另外,在资源匮乏的时候,通过与客户、供应商等外部组织甚至竞争对手的合作,不仅使企业可以有效地获取外部信息和知识,还可以通过各种技术合作或联盟的形式分担技术创新的财务负担,从而间接地为企业获取了研发所需的资金投入

(Harrigan,1985)。因此,本书提出以下理论假设:

H3:企业社会资本与资金获取的程度呈正相关关系。

H3a:在其他变量保持不变的情况下,企业纵向关系资本与资金获取的程度呈正相关关系;

H3b:在其他变量保持不变的情况下,企业横向关系资本与资金获取的程度呈正相关关系;

H3c:在其他变量保持不变的情况下,企业社会关系资本与资金获取的程度呈正相关关系。

4. 信息获取与技术创新

自20世纪80年代以来,信息已经被人们认为是企业获取竞争优势的一个战略性武器。它是企业技术创新的神经中枢,是创新的生命线,也是技术创新的"触发器"。只有通过对各种信息的充分利用,企业才能获取新的市场机会和开发出新的产品和服务。但是,经研究发现,缺乏市场信息是企业创新成功的最大障碍之一。因此,无论在单个企业内部,还是在企业之间,对信息的不断搜寻是企业持续创新的必要条件(Yuan-Chieh Chang 和 Ming-Huei Chen,2004)。

很多研究证实,企业对市场信息、技术信息和政策信息的获取与技术创新的效率呈极大的正相关性(Vangelis Souitaris,2001)。高绩效的公司在动态和复杂的市场环境中总是积极地从外部获取有用的创新信息并使企业内部各部门或员工能及时地共享这些信息,从而不断地改善企业技术创新的绩效。因此,本书提出以下理论假设:

H4:在其他条件不变的情况下,企业信息获取的程度与技术创新绩效呈正相关关系。

5. 知识获取与技术创新

知识作为企业获取竞争优势和提高经济效益的关键资源已越来越受到人们的普遍重视。企业的持续竞争优势更多的则是依赖于企业拥有的知识。对以技术为基础的企业而言,知识是非常重要的。高技术企业要不断创造和开发知识,就需要不断补充新知识(Lane 和 Lubatkin,1998)。如何更好地利用现存的知识和更有效地获取和吸收外部知识是企业提高创新能力的关键(Thurow,1996)。

企业的技术创新活动,本质上是各种要素之间的重新组合和发展,尤其是知识对技术创新活动的重要性更是不言而喻,如果不大量地从外部获取和吸收新的知识,企业的技术创新活动就成了无米之炊。知识与知识获取是企业提高竞争力的一个关键因素(O'Hagan 和 Green,2004),不断地从外部获取知识对企业的技术创新有着显著的推动作用,也有助于技术创新绩效的提高(Lynn 等,2000)。为了提高创新能力,企业必须不断提高从外部获取知识并有效利用知识的能力。一方面,企业不断将外部的知识和其他资源转化为企业的创新能力和竞争优势,另一方面,新的知识资源又被源源不断地生产出来,从而又进一步促进了企业的技术创新能

力。因此,本书提出以下理论假设:

H5:在其他条件不变的情况下,企业知识获取的程度与技术创新绩效呈正相关关系。

6. 资金获取与技术创新

企业要进行技术创新,必须有足够的资金支持。充足的资金投入是技术创新的一个必不可少的条件。但是,资金短缺已成为创新型企业技术创新的一个主要障碍。即使在发达国家的资本市场已经非常健全的情况下,资金缺乏也是企业发展过程中的一个普遍的障碍,同时也是中小企业技术创新失败的主要因素之一(Peterson 和 Shulman,1987)。同样,国内的很多有关我国企业技术创新影响因素的实证研究也证实,缺乏创新资金已成为阻碍企业技术创新活动的最主要的因素之一(官建成,2004)。本研究通过对210家知识型企业的调查也显示,有67.6%的企业将是否有足够的研发投入视为影响企业技术创新成功的决定性因素之一。

因此,充足的资金供给是保证技术创新成功的一个重要因素,包括对研究与发展、工艺创新和技术改造以及技术获得的财力支持。但在许多企业中资金都是一个瓶颈问题,许多企业制定了明确的战略目标和详尽的执行计划,但却不能提供足够的资金,这是许多技术创新项目业绩不好的原因之一。因此,保证足够的技术创新投入是非常重要的。基于以上分析,本书提出以下理论假设:

H6:在其他条件不变的情况下,企业资金获取的程度与技术创新绩效呈正相关关系。

4.3 企业社会资本影响创新能力的实证分析

4.3.1 问卷的发放与回收

本研究的数据收集主要采用问卷调查(见附录1)和典型案例调研相结合的方式。本次总共发放问卷400份,回收问卷236份,其中有效问卷210份,有效回收率达52.5%。从回收的有效问卷看,所调查企业主要分布在浙江、深圳、苏州和武汉等地区;从回收样本所涉及的行业来看,电子产业45份,占总数的21.4%;信息产业56份,占总数的26.7%;机械电子一体化36份,占总数的17.1%;生物医药业32份,占总数的15%;材料产业28份,占总数的13.3%;还有少部分的属于化工与机械制造行业的高新技术企业13份,占总数的6.5%。

4.3.2 变量的测度

迄今为止,关于企业社会资本的内涵仍没有一个公认的定义。根据国内外有关学者对企业社会资本的定义,从实证和可操作性的角度出发,本书将企业社会资本定义为"企业建立在信任和规范基础上的各种社会关系的范围与质量以及在此基础上获取外部资源的能力",并将企业的社会资本划分为企业的纵向关系资本、企业的横向关系资本和企业的社会关系资本。其中,纵向关系资本是指企业与客户和供应商之间的关系资本;横向关系资本是指企业与竞争对手和其他企业之间的关系资本;社会关系资本则是指企业与大学和科研机构、政府部门、金融机构、中介组织、行业协会和风险投资机构等之间的关系资本。

信息获取包括市场信息的获取、技术信息的获取和政府政策信息的获取三个部分;知识获取包括市场开发知识的获取、技术研发知识的获取和创新管理知识的获取三个部分;资金获取分为政府资金或税收优惠的获取、金融机构贷款的获取、风险投资的获取以及通过技术合作获取外部资金四个部分。

技术创新绩效分为创新效益和创新效率两个指标,其中创新效益包括创新产品的成功率、年申请的专利数和新产品占销售额的比重(新产品产值率)三个分指标;创新效率则由新产品的开发速度和年新产品数两个分指标组成。问卷要求被调查者根据国内同行业的主要竞争对手的情况来填写。

4.3.3 信度与效度分析

本研究采用 Cronbach 的一致性系数(α 系数)来分析信度。只有较高的一致性数值才能保证变量的测度符合本研究的信度要求,按照经验判断,保留在变量测度项中的单项与总和项(item-to-total)的相关系数应大于 0.35,并且测度变量的 Cronbach's alpha 值大于 0.70 才能满足量表的效度要求。

本研究效度的测试主要是通过内容效度的检验,即检验所选的题项是否能代表所要测量的内容或主题。具体的做法是计算每个项目分数和综合的相关性,如果相关系数的显著性程度高,则量表的效度越高。而因子分析可以帮助我们判断同一变量的不同测度题项之间是否存在较强的相关性,并合并为几个较少的因子,以简化数据的基本结构。对于本研究来说,首先通过因子分析,判断同一变量的不同测度项是否比较准确地反映了被测度变量的特性,以至将这些题项合并为一个因子(命名为该被测度变量)。在此基础上,利用变量的因子得分值进行方差和多元回归分析,以检验理论假设的有效性。表 4.2 对被解释变量、中间变量和解释变量的信度和效度进行测试,表中的数据显示,本研究具有较高的信度和效度。

表 4.2 变量信度和效度检测结果

主要因素	变量	alpha 值	item-to-total 相关系数	
			最小值	最大值
创新绩效测度	创新绩效	0.8575	0.6480	0.8630
社会资本	纵向关系	0.7184	0.8880	0.8880
	横向关系	0.8282	0.9240	0.9240
	社会关系	0.8113	0.5980	0.8420
资源获取	信息获取	0.8067	0.8400	0.8710
	知识获取	0.8741	0.7860	0.8670
	资金获取	0.6951	0.6780	0.7600

4.3.4 多元回归分析

多元回归分析是研究多个随机变量之间相关关系的一种统计方法。为了研究企业社会资本与信息获取、知识获取和资金获取之间的统计关系,以及信息获取、知识获取、资金获取与技术创新绩效之间的统计关系,分别以信息获取、知识获取、资金获取与技术创新绩效为因变量来进行多元回归分析。

1. 纵向关系资本、横向关系资本、社会关系资本与信息获取之间的多元回归分析

首先将信息获取作为因变量,纵向关系资本、横向关系资本和社会关系资本作为自变量来对不同的关系资本对信息获取影响的方差进行分析后得到,$F=100.590, Sig=0.000$。由于概值(Sig)非常小,因此,可以认为在1‰水平下多元回归效果是显著的,理论假设 H1a,H1b,H1c 得到了实证支持。也就是说,企业的纵向关系资本、横向关系资本和社会关系资本对企业的信息获取存在着显著的影响,并且通过多元回归分析可以得出它们之间的回归系数(见表 4.3)。

表 4.3 回归系数

	回归系数	标准差	标准回归系数	T 值	显著性水平	方差膨胀因子	R^2
常数项	6.421E-07	0.044		0.000	1.000		0.594
纵向关系资本	0.462	0.059	0.462	7.778	0.000	1.791	
横向关系资本	0.151	0.063	0.151	2.414	0.017	1.993	
社会关系资本	0.266	0.063	0.266	4.192	0.000	2.044	

注:因变量为信息获取。

因此,这些变量与信息获取之间的多元回归方程可以归结为:
信息获取量$=6.421\times 10^{-7}+0.462\times$纵向关系资本
$+0.151\times$横向关系资本$+0.266\times$社会关系资本 (1)

2. 纵向关系资本、横向关系资本、社会关系资本与知识获取之间的多元回归分析

将知识获取作为因变量,纵向关系、横向关系和社会关系资本作为自变量来对不同的关系资本对知识获取的影响进行方差分析后得到,$F=68.709$,$Sig=0.000$。由于概值(Sig)非常小,因此,可以认为在1%水平下多元回归的效果是显著的,理论假设H2a,H2b,H2c得到了实证支持。也就是说,企业的纵向关系资本、横向关系资本和社会关系资本对企业的知识获取有显著的影响,并且可以得出它们之间的回归系数(见表4.4)。

表4.4 回归系数

	回归系数	标准差	标准回归系数	T值	显著性水平	方差膨胀因子	R^2
常数项	1.175E−06	0.049		0.000	1.000		0.500
纵向关系资本	0.381	0.066	0.381	5.774	0.000	1.791	
横向关系资本	0.184	0.070	0.184	2.651	0.009	1.993	
社会关系资本	0.248	0.070	0.248	3.517	0.001	2.044	

注:因变量为知识获取。

因此,可以将这些变量与知识获取之间的多元回归方程归结为:
知识获取量$=1.175\times 10^{-6}+0.381\times$纵向关系资本
$+0.184\times$横向关系资本$+0.248\times$社会关系资本 (2)

3. 纵向关系资本、横向关系资本、社会关系资本与资金获取之间的多元回归分析

将资金获取作为因变量,纵向关系、横向关系和社会关系资本作为自变量来对不同的关系资本对资金获取的影响进行方差分析后得到,$F=73.609$,$Sig=0.000$。由于概值非常小,因此,可以认为在1%水平下多元回归的效果是显著的,理论假设H3a,H3b,H3c得到了实证支持。也就是说,企业的纵向关系资本、横向关系资本和社会关系资本对企业的资金获取有显著的影响,并且可以得出它们之间的回归系数(见表4.5)。

表 4.5 回归系数

	回归系数	标准差	标准回归系数	T值	显著性水平	R^2
常数项	$-2.338E-07$	0.048		0.000	1.000	0.516
纵向关系资本	0.176	0.065	0.176	2.719	0.007	
横向关系资本	0.227	0.068	0.227	3.321	0.001	
社会关系资本	0.413	0.069	0.413	5.962	0.000	

注:因变量为资金获取。

因此,这些变量与资金获取之间的多元回归方程可以归结为:

$$资金获取量 = -2.338 \times 10^{-7} + 0.176 \times 纵向关系资本$$
$$+ 0.227 \times 横向关系资本 + 0.413 \times 社会关系资本 \quad (3)$$

4. 信息获取、知识获取、资金获取与技术创新绩效之间的多元回归分析

影响企业技术创新绩效的因素很多,根据本研究从资源获取的角度来看,企业从外部对信息的获取、知识的获取和资金的获取都会从某种程度上影响企业的技术创新绩效。因此,首先将技术创新绩效作为因变量,信息获取、知识获取和资金获取作为自变量进行方差分析后得到,$F=113.386$,$Sig=0.000$。由于概值非常小,因此,可以认为在1‰水平下多元回归的效果是显著的,理论假设 H4,H5,H6 得到了实证支持。也就是说,信息获取、知识获取和资金获取对企业技术创新的绩效有着显著的影响,并且可以得出它们之间的回归系数(见表4.6)。

表 4.6 回归系数

	回归系数	标准差	标准回归系数	T值	显著性水平	方差膨胀因子	R^2
常数项	$-6.055E-07$	0.043		0.000	1.000		0.623
信息获取	0.305	0.071	0.305	4.287	0.000	2.761	
知识获取	0.384	0.069	0.384	5.540	0.000	2.623	
资金获取	0.190	0.058	0.190	3.278	0.001	1.842	

注:因变量为技术创新绩效。

因此,可以将这些变量与技术创新绩效之间的回归方程归结为:

$$技术创新绩效 = -6.055 \times 10^{-7} + 0.305 \times 信息获取$$
$$+ 0.384 \times 知识获取 + 0.190 \times 资金获取 \quad (4)$$

4.4 本章小结

4.4.1 结论

通过本研究的方差分析和变量之间的多元回归可知,概念模型中提出的理论假设得到实证的支持:

回归方程(1)显示,企业的纵向关系资本、横向关系资本和社会关系资本与信息获取之间呈显著的正相关关系,其中,纵向关系资本对信息获取的影响程度最大(0.462),其次是社会关系资本(0.266),而横向关系资本对信息获取的影响程度最小(0.151)。

回归方程(2)显示,企业的纵向关系资本、横向关系资本和社会关系资本与知识获取之间呈显著的正相关关系,其中,纵向关系资本对知识获取的影响程度最大(0.381),其次是社会关系资本(0.248),而横向关系资本对知识获取的影响程度最小(0.184)。

回归方程(3)显示,企业的纵向关系资本、横向关系资本和社会关系资本与资金获取之间呈显著的正相关关系,其中,社会关系资本对资金获取的影响程度最大(0.413),其次是横向关系资本(0.227),而纵向关系资本对资金获取的影响程度最小(0.176)。

回归方程(4)显示,信息获取、知识获取和资金获取与技术创新绩效之间呈显著的正相关关系,其中,知识获取对技术创新绩效的影响程度最大(0.384),其次是信息获取(0.305),而资金获取对技术创新绩效的影响程度最小(0.190)。

通过以上的多元回归分析可知,企业的纵向关系资本、横向关系资本、社会关系资本可以通过对信息获取、知识获取和资金获取的作用而影响技术创新的绩效。

4.4.2 启示

本研究的概念模型与实证研究结果表明,企业可以通过与外部组织的合作和互动来有效整合企业的内外部资源,从而进一步提高技术创新能力。因此,对我国企业而言,要通过提高技术创新能力来获取竞争优势,就必须重视与外部组织的合作:第一,企业要不断加强与客户和供应商的纵向联系,及时地了解和掌握与技术创新相关的各种市场需求信息和技术发展信息。同时也应进一步加强与竞争对手、中介组织、大学和科研机构、政府部门等之间的关系。第二,企业要从外部不断获取新知识,就必须重视与大学和科研机构、领先用户和技术中介组织之间的关系。第三，为了克服研发资金匮乏的限制，企业应该重视与政府部门、金融机构、风险投资机构等之间的关系以及与外部组织的技术合作。

总之，与企业的金融资本和人力资本一样，企业的社会资本已成为企业提高技术创新绩效的一个非常重要的关键因素。由于企业的经济行为具有一定的社会嵌入性，其技术创新活动也是一个动态的社会过程，随着创新主体由一元主体向多元主体的不断演进，企业可以通过与外部组织建立的各种关系网络不断获取技术创新所需的信息、知识和资金等各种资源，从而进一步提高企业的技术创新能力和国际竞争力。

参 考 文 献

[1] ADLER P, KWON S. 2002. Social capital: prospects for a new concept[J]. Acad. Manage. Rev, 27 (1):17-40.

[2] BURT R. 1992. Structural holes: the social structure of competition[M]. Cambridge, MA: Harvard University Press.

[3] COHEN W M, LEVINTHAL D A. 1990. Absorptive capacity: a new perspective on learning and innovation[J]. Administrative Science Quarterly, 35:128-152.

[4] DYER J H, SINGH H. 1998. The relational view: cooperative strategy and sources of interorganizational competitive advantage[J]. Academy of Management Journal, 23(4): 660-679.

[5] EDQUIST C. 1997. Systems of innovation: technologies, institutions and organizations[M]. London: Pinter.

[6] HAGEDOORN J. 1993. Understanding the rationale of strategic technology partnering: interorganizational modes of cooperation and sectoral difference[J]. Strategic Management Journal, 14:371-385.

[7] HARRIGAN K R. 1985. Strategic alliance: their new role in global competition[J]. Columbia Journal of World Business(Summer):325-341.

[8] HOLGER ERNST. 2002. Success factors of new product development: a review of the empirical literature[J]. International Journal of Management Reviews,4(1): 1-40.

[9] YLI-RENKO H, AUTIO E, SAPIENZA H J. 2001. Social capital, knowledge acquisition, and knowledge exploitation in young technology-based firms[J]. Strategic Management Journal, 22:587-613.

[10] LANE, LUBAIKIN. 1998. Relative absorptive capacity and interorganizational learning [J]. Strategic Management Journal,19(5):461-477.

[11] LARSSON R. 1998. The interorganizational learning dilemma: collective knowledge development in strategic alliance[J]. Organization Science, 9(3):285-304.

[12] LYNN G S, REILLY R R, AKGUN A E. 2000. Knowledge management in new product teams: practices and outcomes[J]. IEEE Transactions on Engineering and Management,47 (2):221-231.

[13] MASKELL P. 1999. Social capital, innovation and competitiveness[M]. Oxford: Oxford

University Press:7.
- [14] O'HAGAN S B, GREEN M B. 2004. Corporate knowledge transfer via interlocking directorates: a network analysis approach[J]. Geoforum, 35:127-139.
- [15] OSTGAARD A, BIRLEY S. 1996. New venture growth and personal networks[J]. Journal of Business Research,36(5):37-50.
- [16] PETERSEN, MITCHELL A, RAGHURAM G RAJAN. 1994. The benefits of lending relationships: evidence from small business data[J]. The Journal of Finance, 49(1):3-37.
- [17] ROTHWELL R. 1992. Successful industrial innovation: critical factors for the 1990's[J]. R&D Management, 22:221-239.
- [18] THUROW L C. 1996. The future of capitalism[M]. London: Nicolas Brealey Publishing.
- [19] TSAI W, GHOSHAL S. 1998. Social capital and value creation: the role of intrafirm networks[J]. Academy of Management Journal, 41(4): 464-476.
- [20] VANGELIS SOUITARIS. 2001. External communication determinants of innovation in the context of a newly industrialised country: a comparison of objective perceptual results from Greece[J]. Technovation, 21:25-34.
- [21] YUAN-CHIEH CHANG, MING-HUEI CHEN. 2004. Comparing approaches to systems of innovation: the knowledge perspective[J]. Technology in Society, 26:17-37.
- [22] 陈劲,等. 2001. 社会资本:对技术创新的社会学诠释[J]. 科学学研究:102-107.
- [23] 官建成. 2004. 中欧工业创新的比较分析[M]// 中国创新管理前沿. 北京:北京理工大学出版社:215-230.
- [24] 李惠斌,杨雪冬. 2000. 社会资本与社会发展[M]. 北京:社会科学文献出版社.
- [25] 姚小涛,席酉民. 2003. 社会网络理论及其在企业研究中的作用[J]. 西安交通大学学报:社会科学版,(9):22-27.

第 5 章 FDI 技术溢出、智力资本与创新能力关系的概念模型与实证分析[①]

随着我国吸收外商直接投资的增加,越来越多的跨国公司加快了研发活动的本土化进程。通过同行业企业之间的模仿或竞争、上下游企业之间的协作、人才的流动等方式,我国企业的技术创新能力得到显著提高。虽然 FDI 对我国经济发展、技术进步和创新能力的促进作用已得到大多数学者的认可,但是,已有研究大多数着眼于影响结果的分析,较少涉及其作用过程与影响机理,FDI 技术溢出影响我国企业创新能力的微观机理仍然是一个"黑箱"。因此,本书以企业智力资本为中间变量,将 FDI 技术溢出、智力资本及技术创新能力三个要素纳入到统一的理论框架中,探究 FDI 技术溢出影响我国企业智力资本和创新能力的微观机理具有较强的理论与现实指导意义,而且,通过问卷调查和实证分析,可以为本土企业更加有效地利用 FDI 技术溢出效应提高创新能力提供相应的对策建议。

5.1 相关概念与已有研究的文献综述

5.1.1 FDI 技术溢出的内涵与溢出途径

1. FDI 技术溢出的内涵

1960 年,MacDougall 在其公开发表的有关 FDI 福利效应的文章中,首次将溢出效应作为 FDI 的一种重要现象进行研究。1974 年,Caves 运用计量经济学方法在对澳大利亚和加拿大内资企业来自 FDI 技术转让的技术效率变化进行研究时,发现不存在来自 FDI 的直接生产率溢出效应,但存在来自技术扩散的间接生产率溢出效应。20 世纪 80 年代,Romer(1986)打破新古典增长理论关于技术外溢性的假定,提出了新增长理论。在此基础上,他又提出了内生经济增长模型,成为指导

---

① 本章主要内容发表于《上海经济研究》2013 年第 2 期。

FDI技术外溢研究的重要理论基础。随后,大量学者对FDI技术溢出效应进行研究。近些年,FDI技术溢出相关理论已经成为国内外相关学者研究的热点。

技术是一个较为广泛的概念,不同的领域对其有不同的界定。FDI技术溢出中的"技术"是一个广义的概念,包括产品的研发技术、生产技术、管理技术和营销技术等"硬技术"和"软技术"。从理论层面讲,由于技术具有非竞争性,加之要做到技术的完全排他性比较困难,由此技术具有半公共物品的属性,因此任何形式的技术转移或转让都可能产生外溢现象。

MacDougall(1960)认为技术溢出是技术提供方非自愿地提供技术给受让方,而技术提供方无法得到回报的现象。他以比较静态分析方法研究了有关局部均衡及FDI的一般福利效应,首次提出技术外溢效应是跨国公司对东道国经济产生影响的一个重要方面。Caves(1974)在自身的研究中首次较全面地将FDI技术溢出效应分为:打破原有市场垄断、东道国企业的模仿、对东道国企业产生的竞争压力及示范效应三类。Kokko(1992)对技术溢出的定义为:由于跨国公司在东道国设立子公司或分支机构而引起当地生产力或技术的进步,但跨国公司却无法获取全部收益的情形。Dunning(2007)将技术溢出定义为与跨国公司接触的国内企业所获得的直接收益。国内学者李平(1999)认为技术溢出是一种技术的非自愿扩散,是经济外在性的一种表现,其有利于当地生产力和技术水平的提高。何洁(2000)认为FDI是对东道国经济效益的提高和经济增长产生无意识影响的间接作用,且该作用可以发生在同一产业内部也可发生在不同产业之间。魏守华、姜宁和吴贵生(2010)认为技术溢出问题属于跨国公司技术转移范畴。跨国公司技术转移是指跨国公司通过有偿或无偿方式对东道国进行技术输入或输出的过程。

综合国内外学者对技术溢出的研究,本书认为技术溢出是指技术领先者在日常经营活动中有意或无意地对同行企业及其他企业的技术进步产生积极影响,而技术领先者又无法获取相应回报的现象。技术溢出是技术的非自愿扩散,是经济外在性的一种表现。在开放的经济条件下,技术溢出的形式多种多样,但主要表现为对外直接投资中,作为技术领先者的跨国公司对东道国企业的技术溢出,即FDI中的技术溢出,这也是当今理论界研究的焦点。

2. FDI技术溢出的途径

通过对国内外关于FDI技术溢出研究内容的研读和分析,作者发现,在一定程度上,理论界对于FDI技术溢出途径的研究已达成基本共识。相关学者一般认为FDI主要通过示范效应、竞争效应、人力资本流动效应和关联效应四种途径对东道国企业产生技术溢出。本文借鉴理论界已有的研究成果,对FDI技术溢出途径进行阐述。

(1)示范效应

示范效应也称传染效应,指跨国公司与东道国企业之间存在一定的技术差距,东道国企业通过对跨国公司在本国所使用的新技术、生产流程及新产品等进行模仿和学习,从而提高自身的技术水平的现象(Findlay,1978)。跨国公司不仅将新设备、新产品或新的生产加工方法引入到当地市场,还带来了产品选择、销售策略及管理理念等非物化的技术,从而对东道国当地企业产生示范作用。在某些情况下,当地企业仅通过观察学习本地的跨国公司分支机构就可以提高自己的生产率。跨国公司用先进技术生产的产品,如果适应了市场需要,有较好的获利表现,示范效应将刺激当地企业以各种方法获取该产品的生产工艺和技术。通常情况下,跨国公司采用先进技术生产新产品面临相当大的一次性成本和未来收益的不确定性,但东道国企业进行技术模仿或复制的成本很低,这就使得东道国企业在承担较小风险的条件下,获得了较大收益。

示范效应发生的条件及机理简单而又直接,即使在技术封锁的情况下也会或多或少地发生。其一般通过两种途径产生:一是单纯技术复制,即东道国企业直接采用和仿照跨国公司的生产技术、产品特征、先进管理及营销理念和方法,以达到提高自身技术水平的目的,也就是"看中学"或"干中学";二是逆向工程,即东道国企业将跨国公司已有的产品模型或实物模型转化为工程设计模型或概念模型,在此基础上对已有产品进行解剖、深化和再制造。东道国企业通过逆向工程将跨国公司的先进技术转化成自身的可得技术,这也成为其进行进一步技术创新的基础(沈能、刘凤朝,2007)。

示范效应的程度一般受FDI比重,东道国企业的吸收能力,东道国企业与跨国公司技术差距、空间距离等因素的影响。一般地,FDI比重越大,东道国企业与跨国公司接触的机会就越大,示范效应发生的可能性就越大;东道国企业吸收能力越强,示范效应作用越明显;东道国企业与跨国公司空间距离越近,越容易产生示范效应;在一定程度内,双方企业技术差距越大,东道国企业学习和模仿的空间就越大,但双方技术差距太大却不利于示范效应的发生(刘和东、施建军,2009)。

(2) 竞争效应

跨国公司的进入加剧了东道国国内市场的竞争程度,为维护自身的市场地位,当地企业被迫加大研发力度,加速生产设备及生产技术的更新升级,从而提高生产技术水平,增强自身的竞争优势,这就是FDI通过竞争效应影响东道国企业技术创新能力的机理。竞争效应理论认为,当众多的跨国公司采用先进生产技术或工艺,生产了附加值更高的产品或降低了原有产品的成本时,其他企业的产品就会受到威胁。为了生存,本国企业就必须提高研发力度,借以增强产品的科技含量或降低产品的成本。

竞争效应是一种间接的技术溢出途径,多发生在同行业的企业之间,其作用通常体现在两方面:一方面指跨国公司与东道国企业争夺有限的市场资源,加剧市场竞争,刺激当地企业更有效地使用现有资源,从而推动当地技术效率的提高。在此过程中,一部分生产效率低下、竞争力不强的企业将被淘汰,最终使行业资源得以流向效率较高的企业,从而提升整个行业的竞争力。另一方面指在本来具有强大壁垒的行业,由于跨国公司的进入,在一定程度上消除了行业垄断,使得社会福利水平得以提高。由于技术溢出推动了当地企业的技术进步,从而缩小了跨国公司与东道国企业之间的技术差距,跨国公司为了在竞争中维持其技术比较优势,被迫开发或引进新技术,从而导致新一轮的技术溢出(白露,王向阳,2009)。

当然,以上竞争效应并非对所有东道国企业均产生积极影响。如果本土企业由于市场压力加大,市场份额减小,平均生产成本上升,那么通过竞争效应产生的技术外溢的结果为负,即产生了技术挤出效应。因此,FDI通过竞争效应对当地企业产生技术溢出的可能性及程度的大小,取决于东道国企业能否化市场压力为动力,提高资源利用率,加大新技术、新产品的开发力度,同时也与其现有的技术基础、经济实力等因素有关。

(3) 人力资本流出效应

跨国公司的经验表明,国外资本所具有的竞争优势是无法脱离其人力资本而完全物化在设备和技术上的。跨国公司要保证海外投资项目的顺利运转,实现投资目的,必然要依靠当地的人力资本,这就为跨国公司在东道国的人力资本培训创造了条件。随着跨国公司在东道国生产规模的扩大和战略地位的提高,其从技术到管理的本地化趋势就越来越明显,因此跨国公司会对其子公司的员工进行培训。此类培训涉及各层次的员工,从一线操作工人到高级技术专业人员和高层管理人员,几乎都有培训的机会(李有,2008)。

人员流动在企业之间是经常发生的,当暂时受雇于外资企业的人员日后被当地企业聘用或者自主创企业时,其在跨国公司中所学的各种技术会自然地运用在当地企业中,技术溢出随之发生。另外,跨国公司中的本土人才必然有着广泛的本土社会联系,在与当地企业人员进行日常非正式交流时,也会在一定范围内促进跨国公司的技术溢出。特别像生产中的技能、市场前景的判断、企业内部的秘密和诀窍等隐性经验类知识的传播(王艳丽,刘传哲,2006)。

因此,跨国公司对本土员工所培训的相关技术,通过人力资源的流动或交流直接或间接地溢出到当地企业,对当地企业技术水平的提升起到积极作用。当然,该途径所发生的技术溢出程度与当地人力资源流动速率和数量有着直接的关系。通常情况下,在不同的行业或不同的国家,技术溢出的程度不同。

(4) 关联效应

FDI的技术溢出可通过跨国公司分支机构与东道国企业的关联关系产生。关联是指跨国公司分支机构与当地企业之间通过市场关系所长期形成的一种供给方面的契约,有前向关联和后向关联两种形式。前向关联指跨国公司分支机构与东道国客户之间的联系。随着产业技术复杂程度的不断加深,跨国公司不断加强与当地客户的联系,比如为当地企业提供相关设备的使用与维修技术,对相关人员进行技术培训与指导,帮助当地销售商培育销售渠道等。跨国公司的这些活动都会产生技术外溢效应,从而带动当地企业技术水平的提升。后向关联指跨国公司分支机构与东道国供应商之间的联系。跨国公司在东道国投资生产,必然要考虑能源、原材料及相关零部件等中间投入品的供给条件。为了保证公司产品质量和产品创新性,跨国公司通常对当地原材料、机械设备、零部件等供应商提供各种信息支持、技术援助及人员培训,并在生产技术和管理经验等方面提供帮助。同样跨国公司对当地供应商的这些行为将产生一定的技术溢出效应(王苍峰,2008)。

研究表明,跨国公司通过产业关联对东道国企业产生的技术溢出程度与其产品、技术的复杂程度及生产的独立性有关。跨国公司产品、技术越复杂,产业链越长,生产的依赖程度越高,其与当地企业的关联度就越高,由此跨国公司生产、技术的本土化倾向就越明显,对东道国企业的技术溢出效应就越明显。

5.1.2 智力资本的内涵与构成

1. 智力资本的内涵

"智力资本"英文表述为 Intellectual Capital,国内也有人将其译成"知识资本"或"智慧资本"。智力资本这一概念,最早是由美国经济学家 John Keneth Galbraith 于 1969 年首先提出来的。其认为智力资本中的智力不仅是作为纯粹智力的含义,而应体现为一种相应的智力性活动,智力资本在本质上不仅仅是一种静态的无形资产,更是一种思想形态的过程,是一种达到目的的方法。此后,许多学者从不同视角对智力资本进行研究,并提出自身观点。通过对已有研究分析,本书发现有关智力资本的定义主要体现在以下几方面(如表 5.1 所示)。

表 5.1 智力资本的典型定义

定义类型	代表人物	定义
从竞争优势的角度	Thomas A. Stewart	智力资本是企业中所有成员所知晓的,能为企业在市场上获得竞争优势的事物之和
	Edvinsson & Malone	智力资本是能为组织带来竞争优势的知识、经验、技术及用户关系等
	李平、刘希宋	智力资本是企业拥有的能够为企业创造价值,形成竞争优势的无形资产
从知识和无形资产的角度	Karl, Erik, Sveiby	智力资本是企业一种以相对无限的知识为基础的无形资产
	Bell	智力资本是组织中的知识资源,包括组织用以创造竞争、理解以及解决问题的模块、策略、特殊方法及心智模式定义
	Rondvir	智力资本为组织所能获得的所有无形资源,它包括组织中员工的能力、组织的内外部关系、组织的结构和过程资产

续表

定义类型	代表人物	定义
从知识和无形资产的角度	芮明杰	智力资本是企业内所有因知识和智力积累而形成的资源
	徐笑君	智力资本是一种以员工和组织的技能与知识为基础的资产,是相对于有形资产的,主要是指组织的无形资产
从价值增加的角度	世界经济合作组织(OECD)	智力资本是组织(结构)资本与人力资本的经济价值
	Booth,Knight	智力资本是无形资产或因人的智能使用所组成的元素与创新所增加的财富
	Stewart	智力资本指能被组织用来创造财富、实现价值增值的智力原料,其包括员工的技能和知识、顾客忠诚以及组织的文化、制度等
	袁庆宏	智力资本是组织中一种潜在的应用知识和技能创造价值、实现价值增值的能力

资料来源:根据李冬琴等(2003)文献修改整理。

通过对已有研究成果的分析,结合文章研究目的,本书认为智力资本是组织或其成员所拥有的、能够促进技术创新,从而形成组织自身竞争优势,为组织创造价值的技能、关系、知识等资源的总和。

2. 智力资本的构成

智力资本构成要素研究是智力资本理论的重要部分,相关研究使得智力资本概念更为清晰。众多学者通过研究给出了不同的智力资本组成结构,其中包括二元结构、三元结构和多元结构。具体内容如表5.2、表5.3、表5.4所示。

表5.2 智力资本构成的二元结构

序号	代表人物	二元结构	定义
1	Edvinsso,Malone	人力资本	员工个人能力、知识、技能和经验、信息技术、用户数据库
		结构资本	经营流程、战略计划、企业文化、动态学习能力

续表

2	Marr, Schiuma	利益相关者资源	公司外部和内部客户能力与价值等
		结构性资源	技术、数据、操作流程及知识产权等
3	赵静杰	隐性智力资本	指别人难以实现共享的、个人或组织经过长期积累而拥有的智力资本
		显性智力资本	指易于外显化、个人或企业通过具体劳动创造的智力资本

资料来源：季成，跨国并购的智力资本整合研究[D]. 上海：上海交通大学，2007.

表5.3 智力资本构成的三元结构

序号	代表人物	三元结构	定义
1	Petrash, Ross, Thomas A. Steward	人力资本	指企业员工所拥有的技能和知识
		结构资本	指企业的组织结构、制度规范、组织文化等
		顾客资本	指市场营销渠道、顾客忠诚、企业信誉等
2	Sveiby	员工胜任力	指员工的受教育水平、经验、技能等
		内部结构	指组织管理能力、治理结构、管理系统、研发模式等
		外部结构	指品牌影响力、与客户及供应商关系等
3	Frizenz, Bonds, Seeman	人力资本	指员工态度、知觉、能力和承诺动机及适应性
		结构资本	指知识产权，包括品牌、商标、专利、公司文化和流程等
		关系资本	指与公司相关的供应商、客户、竞争对手、社区和政府的资源能力
4	景莉	管理型智力资本	指在给定资源状况条件下，加工生产某种产品或服务，使其具有某种特殊效用的能力
		经营型智力资本	指具有制定远景目标，把握公司外部环境变化，及时提供外部信息，具有外部视野和宏观远见的能力
		技术型智力资本	指具有在既定的资源条件下进行最优整合、协调各种资源的能力

资料来源：季成，跨国并购的智力资本整合研究[D]. 上海：上海交通大学，2007.

表 5.4 智力资本构成的多元结构

序号	代表人物	多元结构	定义
1	Annie Brooking, 郭俊华	人才资本	包括群体技能、创造力、领导能力、解决问题的能力、企业管理技能等
		知识产权资本	包括技能、商业秘密、版权、专利及贸易和服务的商标
		基础结构资本	指企业采用的技术、生产工艺、流程及管理方法等
		市场资本	指公司所拥有的、与市场相关的无形资产,包括品牌、客户及其信赖、专利专营合同协议、销售渠道等
2	Jin Chen, Zhao hui Zhu	人力资本	指企业员工所拥有的专业知识、技能及经验等
		结构资本	指企业的组织结构、规章制度、组织文化等
		创新资本	包括创新结果、创新机制和创新文化等
		客户资本	指市场营销渠道、顾客及其忠诚、企业信誉等

资料来源:季成,跨国并购的智力资本整合研究[D].上海:上海交通大学,2007.

不同学者从不同角度对智力资本的构成要素进行研究,理论界虽未达成完全统一,但智力资本的三元结构被大多数学者所认同。综合已有研究成果,结合文章研究内容,本书采用智力资本三元结构,认为其由人力资本、结构资本和关系资本三种元素构成。人力资本是指企业员工所具有的各种专业素质、技能、知识和能力的集合,是企业智力资本的重要基础;结构资本是指为保证企业目标实现所需的组织机构、制度规范和企业文化等;关系资本(亦称社会资本)是指企业发展过程中逐渐形成或拥有的商业信誉、营销渠道、客户及客户忠诚、与竞争对手及社会团体的关系等资源的总和。

在智力资本的三个构成要素中,人力资本是核心,是企业价值实现和增值的重要基础;结构资本是为人力资本获取知识、创造知识及实现知识增值的基础平台;关系资本的作用是有效保证人力资本和结构资本互动创造出的知识价值的实现。没有强有力的关系资本,没有必要的营销网络和相应的顾客忠诚,具有价值的知识难以走向市场并实现价值。人力资本、结构资本和关系资本三者协调统一和相互作用,共同构成企业智力资本,推动企业的发展。

5.1.3 已有研究的文献综述

1. FDI 技术溢出对创新能力的影响研究

FDI 对东道国企业创新能力的影响主要通过技术溢出来实现。Globerman 等(1979)运用加拿大制造业数据对 FDI 技术溢出效应进行研究后发现,FDI 对东道国企业的技术创新能力具有显著的正向影响。Borensztein 和 De Gregorio(1998)对 OECD 国家流向 69 个发展中国家的对外直接投资数据的分析结果表明,如果发展中国家有足够的人力资本,FDI 是向发展中国家技术扩散的有效途径,对其技术进步有着积极作用。Hu 和 Jefferson(2001)使用大中型企业的数据研究了 FDI 的技术溢出效应对我国企业创新能力的影响,FDI 在新产品开发方面具有显著的溢出效应,对我国企业技术创新能力的提高有积极作用。徐涛(2003)通过 FDI 增长率对专利增长率的回归分析后指出,引进 FDI 可以增强我国的技术创新能力。王红领、李稻葵和冯俊新(2006)的研究也证实,FDI 的大量进入对于内资企业的研发和创新能力有着显著的促进作用。

2. 智力资本对技术创新能力的影响研究

智力资本是能够为企业带来利润的有价值的知识,美国经济学家 Calbraith 首次提出智力资本这一概念,他认为可用智力资本解释公司市场价值与账面价值的差距,随后智力资本研究日益得到重视。Stewart(1992)将智力资本定义为公司中所有成员所知晓的、能为企业在市场上获得竞争优势的一切知识和能力的总和,凡是能用来创造财富的信息、技术、知识、智力财产、经验、组织学习能力、团队沟通机制、客户关系、品牌声誉等都是企业智力资本的组成部分,并提出了智力资本的"H—S—C"结构,即企业智力资本的价值体现在企业的人力资本、结构资本和客户资本三者之中,后来的学者将其中的客户资本衍生为关系资本。Sumantra Ghoshal 和 Harry Korine(1994)从知识创造的社会性角度,分析了智力资本对企业知识交流和创造的影响,通过实证研究后指出,自主、灵活的组织结构和丰富的网络关系对企业的知识交流和创新有着积极的影响。Grant(1996)从知识专业化个体性角度入手,通过比较组织的制度等安排与市场契约安排整合专业性知识的优越性程度,发现企业组织相对于市场更能创造一种有利于知识交流和合作创新的环境,而相应的组织因素包括层级关系、团队工作方式、组织管理等。Teece(2001)从知识和创新的角度入手,研究了智力资本的不同要素与技术创新的方向和速率的因果关系。Mohan Subramaniam 和 Mark A.Youndt(2005)通过研究发现,智力资本对企业创新绩效有显著影响作用。其中,人力资本与关系资本的交互作用对突破创新能力具有显著正效应,而社会资本对渐进创新和突破创新能力都有显著的积极效应,结构资本对渐进创新能力具有显著正效应。

3. FDI 技术溢出、智力资本与技术创新能力的关系研究

随着跨国公司国际化进程的加快,外资企业先进的管理和技术所产生的示范作用有效地推动了东道国的技术进步,改善其人力资本状况以及促进了产业结构的升级和产业组织的优化(江小涓,1999)。外资企业通过引进先进的技术、设备和管理经验不仅推动了我国产品结构、技术结构和产业结构的转型,还促进了我国劳动力市场的发展以及人力资本的积累(蔡昉、王德文,2004)。马衍军(2005)从理论上分析了FDI与人力资本的相互关系和作用机制,并认为FDI与人力资本的相互作用有效地增大了外资企业对东道国的技术溢出程度,提高了东道国企业对先进技术的消化吸收能力,最终有利于东道国技术创新能力的提升。在FDI技术溢出效应中,技术转让、员工培训等显性技术溢出与东道国智力资本不存在显著的正相关,但管理经验和技能的示范、产业关联等隐性技术溢出与东道国智力资本存在显著正相关;FDI技术溢出对东道国企业的吸收能力存在显著正相关,企业智力资本及吸收能力对其技术创新能力有一定的正效应(王向阳,2009)。

综上,国内外学者采用不同的研究对象及方法对FDI技术溢出对东道国技术创新能力的影响进行了研究。然而,已有文献在研究视角、内容及方法等方面也存在不足。从研究视角上看,大多数的研究主要从国家、区域或行业等宏观或产业层面构建FDI影响东道国技术创新能力的宏观模型,缺乏以微观企业为研究对象的技术溢出模型;从研究内容上看,多数研究仅着眼于FDI技术溢出对东道国技术创新能力影响的结果分析,而对技术溢出效应的发生机理及影响东道国创新能力的机制等内容涉及较少;从研究方法上看,多数研究采用国家、区域或行业层面的宏观数据进行分析,较少利用企业层面的微观数据进行分析。因此,本研究将充分借鉴已有的研究成果,以企业智力资本为中间变量,通过理论和实证分析对FDI技术溢出对我国企业技术创新能力的影响机理进行探索性研究,并在此基础上为本土企业如何有效利用FDI的技术溢出效应提高创新能力提出相应的对策建议。

5.2　FDI技术溢出影响创新能力的概念模型与理论假设

5.2.1　概念模型

本书通过对已有文献的梳理,根据企业创新能力的各种内外部的影响因素,有效整合FDI技术溢出、智力资本与创新绩效方面的研究成果,从FDI技术溢出的不同方式,构建出FDI技术溢出效应通过对不同组织智力资本的作用,并进而影响创新能力的概念模型(如图5.1所示),它们之间的相互影响关系通过以下各种理论假设进行进一步的阐述。

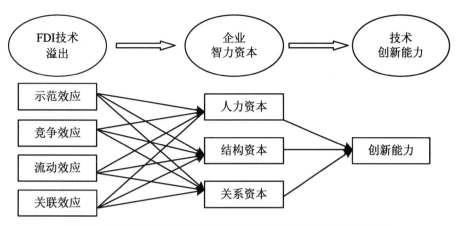

图 5.1　FDI 技术溢出、智力资本与创新能力之间关系的概念模型

5.2.2　FDI 技术溢出、智力资本与创新能力之间的关系以及理论假设

1. 示范效应与智力资本

示范效应指跨国公司与当地企业之间存在一定的技术差距，当地企业通过对跨国公司在本国所使用的新技术、生产流程及新产品等进行模仿和学习，从而提高自身技术水平的现象。FDI 带来的不仅是新设备、新产品或新的加工方法，由于技术差距的存在，他们同时将科学的产品选择模式、先进的管理理念、营销理念及策略等非物化技术带入东道国(Das,1987)。国内企业在对 FDI 带来的新产品、新方法、先进的管理及营销策略进行模仿学习的过程中，势必会对企业员工在相关方面的知识及技能水平提出新的要求，通过企业内部的探索、消化和学习，国内企业智力资本水平会有一定程度的提升。因此，本书提出以下假设：

H1：在 FDI 技术溢出中，企业获取示范效应的强弱与其智力资本的高低正相关。

H1a：企业获取示范效应的强弱与其人力资本的高低正相关。

H1b：企业获取示范效应的强弱与其结构资本的高低正相关。

H1c：企业获取示范效应的强弱与其关系资本的高低正相关。

2. 竞争效应与企业智力资本的关系

FDI 引起的竞争效应主要体现在两方面：一方面是 FDI 的进入打破了当地原有的市场垄断结构，促使市场优胜劣汰，优势资源逐渐聚集到效率较高的企业，提高了当地行业竞争力及整体的福利水平；另一方面是加大了市场竞争，刺激当地企业更加有效地使用现有资源，推动当地企业技术效率的提高。FDI 进入后的市场竞争压力促使当地企业投资学习过程，学习过程的投资越大，当地企业的技术能力及知识存量就会越高(Wang 和 Blomstrom,1992)。知识、技能是人力资本的重要形式。FDI 进入东道国产生的竞争压力会对当地企业的人力资本产生影响,进而对其结构资本和关系资本产生影响,从而在一定程度上增加当地企业智力资本的存量。基于此,本书提出如下假设:

H2：在 FDI 技术溢出中,企业获取竞争效应的强弱与其智力资本的高低正相关。

H2a：企业获取竞争效应的强弱与其人力资本的高低正相关。

H2b：企业获取竞争效应的强弱与其结构资本的高低正相关。

H2c：企业获取竞争效应的强弱与其关系资本的高低正相关。

3. 人力资本流动效应与企业智力资本的关系

FDI 要保证其在东道国投资项目的顺利进行,必须要依靠当地人力资源。为使当地人力资源能更好地满足项目运转的要求,外商投资企业势必会对相关人员进行培训。另外,大多数外商投资企业往往具有成熟的内部管理制度,十分重视员工培训。他们对员工的培训涉及各层次的雇员,包括基层操作人员、技术人员、中高层管理人员等。而这些曾受雇于外商投资企业的各类本地员工由于人员流动进入当地企业后,会直接提高当地企业人力资本质量。跨国公司更擅长培养和发展管理人员,使其具有较好的管理、营销理念及策略。而当这些管理人员通过人员流动进入当地企业时,势必会将其在跨国公司学习的先进管理、营销技能运用到当地企业,进而对当地企业的结构资本和关系资本产生积极影响(Gershenberg,1987)。基于以上分析,本书提出如下假设:

H3：在 FDI 技术溢出中,企业获取人力资本流动效应的强弱与其智力资本的高低正相关。

H3a：企业获取人力资本流动效应的强弱与其人力资本的高低正相关。

H3b：企业获取人力资本流动效应的强弱与其结构资本的高低正相关。

H3c：企业获取人力资本流动效应的强弱与其关系资本的高低正相关。

4. 关联效应与企业智力资本的关系

关联是指跨国公司分支机构与当地企业之间通过市场关系所长期形成的一种供给方面的契约。FDI 带来的关联效应通过跨国公司与当地供应商和客户之间的前向、后向联系表现出来。为保证自身利益,跨国公司对上游中间产品的当地供应商在产品质量和交货及时率等方面会提出较高的要求,促使当地企业加大相关投入,努力提高自身生产管理能力和技术水平;同时跨国公司还会向当地供应商提供相关技术支持或信息服务,帮助它们进行生产流程、质量控制等方面的改善和组织相关的培训工作。同样,跨国公司将高质量的产品出售给当地客户,一方面提升后者的生产效率及产品质量;另一方面跨国公司还会对当地客户进行技术培训或信息服务,以使他们更有效地使用其提供的产品。这在一定程度上提高了当地企业的技术和智力资本水平(Saggi,2002)。基于以上分析,本书提出如下假设:

H4：在FDI技术溢出中，企业获取关联效应的强弱与其智力资本的高低正相关。

H4a：企业获取关联效应的强弱与其人力资本的高低正相关。

H4b：企业获取关联效应的强弱与其结构资本的高低正相关。

H4c：企业获取关联效应的强弱与其关系资本的高低正相关。

5.2.3 企业智力资本与技术创新能力之间的关系及假设

1. 企业人力资本与创新能力的关系

人力资本是指企业员工所具有的各种专业素质、技能、知识和能力的集合，是企业智力资本的重要基础。在智力资本的要素中，人力资本是决定技术创新的关键因素。知识、技术能力、管理经验和能力等人力资本属性，尤其是高层管理者的特性显著影响企业的产品创新能力，企业拥有高超技能的员工和管理经验丰富的人才的数量与其新产品开发绩效正相关（Rhyne，et al，2002）。技术创新能否成功很大程度上依赖于相关人员的技术能力和水平。从技术创新的整个过程来看，企业人力资本对创新能力产生直接影响。基于此，本书提出如下假设：

H5：在技术创新过程中，企业人力资本对创新能力产生正效应。

2. 企业结构资本与创新能力的关系

结构资本是指为保证企业目标实现所需的组织机构、制度规范和企业文化等，是人力资本得以发挥的平台和基本保证。良好的结构资本不仅能不断地更新员工的知识和技能，提高企业人力资本的质量，还可以激发员工学习和创新的积极性，进一步增加企业人力资本存量。企业结构资本中通过建立知识共享机制，能提高组织对知识的消化吸收能力，对创新能力的提高起到显著的推动作用。优秀的结构资本能通过企业战略、组织结构与企业文化的协调作用，优化配置企业的各种资源，把企业资源调动到实现企业技术创新的方向上来，并通过技术创新提高经济效益（Marr & Roos，2005）。基于以上分析，本书提出如下假设：

H6：在技术创新过程中，企业结构资本对技术创新能力产生正效应。

3. 企业关系资本与创新能力之间的关系

关系资本是指企业发展过程中逐渐形成或拥有的商业信誉、营销渠道、客户及客户忠诚、与竞争对手及社会团体的关系等资源的总和。它是企业获取信息并建立各种关系的重要资源，企业通过与其利益相关者共同搭建的知识交流平台，能与信息拥有者交流、分享和获取有价值的信息，为提高创新绩效服务。人力资本与社会资本的交互作用对突破创新能力具有显著正效应，而关系资本对创新能力具有积极作用（Moham Subram Aniam，Mark A Youadt，2005）。企业关系（或社会）资本通过影响信息、知识及资金的获取程度，进而影响技术创新绩效（张方华，2006）。基于以上分析，本书提出如下假设：

H7:在技术创新过程中,企业关系资本对技术创新能力产生正效应。

5.3 FDI 技术溢出影响创新能力的实证分析

5.3.1 变量的度量

本量表采用的是李克特(Likert-type)5 级度量方法,针对不同的题项根据企业的实际情况分别从 1～5 选择打分,从 1 到 5 分别代表"非常低""较低""一般""较高"和"非常高"等数量或程度上的差异,要求受访者根据被调查企业的实际情况对每个题项分别打分。各个变量的度量指标分述如下:

1. FDI 技术溢出

本书从 Blomstrom 和 Kokko(1998)有关 FDI 技术溢出四个维度入手,从示范效应、竞争效应、人力资本流动效应及关联效应四个维度对 FDI 技术溢出进行度量。其中:① 示范效应。用同地区外资企业数量、外资企业技术保密性、外资企业技术的可模仿性三个指标来度量示范效应。② 竞争效应。用行业内外资企业数量、外资企业产品市场占有率及行业产品更新速度三个指标进行衡量。③ 人力资本流动效应。采用有外企工作经历的生产人员比例、有外企工作经历的技术人员比例、有外企工作经历的管理人员比例等三个指标对 FDI 中的人力资本流动效应进行度量。④ 关联效应。采用购入外资供应商的中间品比例、外资供应商的支持程度、售给外资客户的产品比例及外资客户的支持程度四个指标来衡量当地企业获取 FDI 关联效应的强弱。

2. 智力资本

本书采用 Stewart(1997)提出的智力资本的三要素模型,将企业智力资本划分为人力资本、结构资本和关系资本三个维度,其中:① 人力资本。采用高学历员工比例、员工学习能力、员工知识多样性、企业员工培训投入四个指标来度量企业人力资本。② 结构资本。采用知识管理的合理性、组织结构的合理性、组织制度规范的合理性、组织整体协调性、企业文化五个指标衡量企业的结构资本。③ 关系资本。采用企业与供应商的关系强度、企业与客户的关系强度、企业与政府的关系强度、企业与其他利益相关者的关系强度四个指标对关系资本进行度量。

3. 创新能力

根据已有文献(Ya-Hui Hsu,Wenchang,2009),本书采用新产品研发速度、新产品研发成功率、工程制造水平、新产品销售额占总销售额的比重以及新产品对企业盈利率的贡献五个指标来度量企业技术创新能力。

5.3.2 问卷设计与回收

本研究问卷调查对象主要集中在 FDI 投资比较集中的长三角地区(包括上海、苏州、无锡、南京等地)的本土企业。主要通过苏州大学已毕业或在校的 MBA 学生、电子邮件和典型案例调研相结合的方式进行问卷调查(见附录 2)和回收。本次共发放问卷 300 份,回收问卷 280 份,其中有效问卷 240 份,有效问卷比例为 80.0%。其中,IT 行业 65 份,机械电子行业 50 份,新材料行业 35 份,节能环保行业 30 份,光电行业 25 份,生物医药行业 19 份,其他行业 16 份,分别占总数的 27.1%、20.8%、14.6%、12.5%、10.4%、7.9%和 6.7%。为了保证所获信息能准确地反映被调查企业的实际情况,问卷基本上都是由企业负责产品研发的项目主管或部门经理等以上职务的中高层管理人员填写。

5.3.3 问卷的信度与效度分析

问卷的信度是指测量所得结果的内部一致性程度。本研究采用 Cronbach's α 系数来分析项目的内部一致性,通常采用 Cronbach's α 最小为 0.70 的标准;效度的检验是通过内容效度的检验,即在运用主成分分析的过程中,分别检验所选题项是否能代表所要测量的内容。一般而言,当 KMO 的值≥0.5,巴特莱特(Bartlett)统计值≤α,各题项的载荷系数均大于 0.50 时,可以通过主成分分析将同一变量的各测试项合并为一个因子并进行后续研究。根据表 5.5 可看出,Cronbach's α 值均满足不小于 0.70 的要求,样本的信度通过内部一致性检验,并具有较高的效度,适合进行结构方程模型分析。

表 5.5 问卷的信度与效度分析

潜变量	变量度量	描述性统计		因子载荷系数	主成分方差贡献率	Cronbach's α(值)
		均值	标准差			
示范效应	同地区外资企业数量	4.2	1.08	0.825	81.052%	0.826
	外资企业技术保密性	4.0	0.96	0.905		
	外资企业技术的可模仿性	4.5	0.85	0.882		

续表

潜变量	变量度量	描述性统计		因子载荷系数	主成分方差贡献率	Cronbach's α(值)
		均值	标准差			
竞争效应	行业内外资企业数量	3.6	1.02	0.785	76.250%	0.816
	外资企业产品市场占有率	3.2	0.75	0.802		
	行业产品更新速度	4.1	1.21	0.810		
流动效应	有外企工作经历的生产人员比例	3.4	0.83	0.795	81.628%	0.783
	有外企工作经历的技术人员比例	3.5	1.43	0.785		
	有外企工作经历的管理人员比例	3.8	1.08	0.832		
关联效应	购入外资供应商的中间品比例	4.1	1.87	0.850	79.362%	0.814
	外资供应商的支持程度	3.6	0.95	0.785		
	售给外资客户的产品比例	3.8	1.23	0.852		
	外资客户的支持程度	3.2	0.97	0.836		
人力资本	高学历员工比例	4.2	2.35	0.854	82.324%	0.789
	员工学习能力	4.1	1.87	0.726		
	员工知识多样性	3.8	2.02	0.784		
	企业员工培训投入	3.2	0.94	0.872		
结构资本	知识管理的合理性	4.5	2.34	0.836	80.540%	0.812
	组织结构的合理性	3.8	1.08	0.782		
	组织制度规范的合理性	4.1	1.25	0.756		
	企业文化	3.6	3.14	0.832		

续表

潜变量	变量度量	描述性统计		因子载荷系数	主成分方差贡献率	Cronbach's α(值)
		均值	标准差			
关系资本	与供应商的关系强度	4.3	2.51	0.805	79.862%	0.825
	与客户的关系强度	4.5	0.79	0.782		
	与政府的关系强度	3.8	0.89	0.846		
	与其他利益相关者的关系强度	4.0	2.08	0.827		
创新能力	新产品研发速度	4.5	0.98	0.756	75.864%	0.796
	新产品研发成功率	4.2	0.89	0.782		
	工程制造水平	4.1	1.03	0.820		
	新产品销售额占总销售额的比重	3.8	1.22	0.786		
	新产品对企业盈利率的贡献	3.6	0.97	0.725		

5.3.4 假设检验

本书采用结构方程模型来进行假设检验,运用 LISREL 软件进行数据分析。结构方程模型评价的核心是模型的拟合性,主要内容是论文所提出的变量间的关联模式是否与实际数据拟合以及拟合的程度如何。模型对观测数据拟合良好,表明研究者对问题的结构分析,即模型的有效性得到验证,估计的参数才是有效的。

首先对模型进行拟合,得到的各项指标:$\chi^2=158.65, RMSEA=0.075, GFI=0.923, NFI=0.912, TLI=0.924, CFI=0.957, Standardized\ RMR=0.08, P$ 值 $=0.00001$,拟合指数均在参考值以内,达到统计显著性要求,并符合结构方程模型的拟合要求,因此该模型可以接受,各变量之间的影响系数如图5.2所示。

对于以上结构模型中的各路径系数,本书采用 T 值检验,表5.6中列出结构方程模型的路径系数以及相应的 T 值。在结构方程模型分析中,当路径系数的 T 值大于2.0的参考值时,说明该路径系数具有统计显著性,因此,本研究的结构方程模型中除路径竞争效应—人力资本、竞争效应—结构资本、竞争效应—关系资本、关联效应—结构资本外,其他路径都具有显著的统计意义。

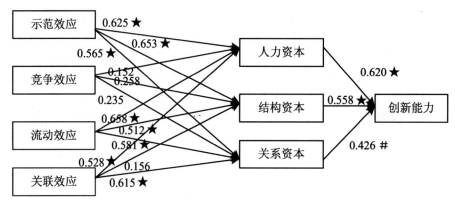

图 5.2 FDI 技术溢出效应影响创新能力的路径吸收

★表示在 0.01 水平内显著；♯表示在 0.05 水平内显著。

表 5.6 问卷的信度与效度分析

路径	系数	T 值	是否通过检验
示范效应—人力资本	0.625	3.682	通过
示范效应—结构资本	0.653	4.584	通过
示范效应—关系资本	0.565	3.082	通过
竞争效应—人力资本	0.152	0.829	未通过
竞争效应—结构资本	0.258	1.145	未通过
竞争效应—关系资本	0.235	0.952	未通过
人力资本流动效应—人力资本	0.658	5.128	通过
人力资本流动效应—结构资本	0.512	2.851	通过
人力资本流动效应—关系资本	0.581	4.256	通过
关联效应—人力资本	0.528	3.835	通过
关联效应—结构资本	0.156	1.098	未通过
关联效应—关系资本	0.615	4.652	通过
人力资本—创新绩效	0.620	5.182	通过
结构资本—创新绩效	0.558	3.625	通过
关系资本—创新绩效	0.426	2.241	通过

5.3.5　结果讨论

假设 1a、1b 和 1c 均通过检验,影响系数分别为 0.625、0.653 和 0.565,结果表明在我国引进 FDI 过程中,外资企业对同行业企业在管理、技术等方面的示范作用,促进了我国相关企业智力资本的提升。因为外资企业进入我国后,为了获取竞争优势,其必将一部分新产品、新的生产制造方法等硬技术及先进的管理、营销理念及策略等软技术和资本一起带到国内。我国企业可以经过模仿、学习或采用逆向工程,通过"看中学"和"干中学"的方式改善自身产品结构、生产制造及管理方面的能力,从而有助于智力资本及各方面能力的培育。

假设 2a、2b 和 2c 均未通过检验(各影响系数的 T 值都小于 2),结果表明:FDI 的进入加剧了行业竞争,由此产生的市场竞争压力对我国本土企业智力资本方面并没有显著影响。这主要是因为,外资企业进入加剧了国内市场的竞争程度。本土企业要重新获取市场优势、增加市场份额就必须增大研发投入。然而,产品研发具有很高的风险,从而影响了本土企业创新的积极性。这就使得一些企业选择其他方式维持生存,比如只做简单的加工制造,为外资企业进行贴牌或将经营方向转向其他竞争程度较低的行业等,外资的大量进入将本土企业"锁定"在产业链的低端部分,因而部分企业的智力资本并没有明显提高。

假设 3a、3b 和 3c 均通过检验,影响系数分别为 0.658、0.512 和 0.581,结果表明:为满足本土化发展的需要,外资企业必将雇佣大量本土员工,而在外资企业与本土企业之间发生的人力资本流动,是有利于我国企业智力资本提高的。虽然,外资企业和本土企业人力资本流动的方向是双向的,但是,由外资企业向本土企业进行的人力资本流动给本土企业带来的正向效益大于由本土企业向外资企业的人力资本流动给企业造成的负向效益,总体上对本土企业是有利的。本土员工由外资企业进入本土企业以后,必将其拥有的技能和理念运用到本土企业中,特别是中高层管理者的流入,给本土企业带来的正向效应不仅局限于员工水平的提高,更重要的是企业素质的整体提升。

假设 4a 和 4c 通过检验,而 4b 未通过检验(T 值小于 2),结果表明:本土企业通过与外资企业的前后向关联,有利于人力资本和关系资本的改善,而对其结构资本的影响则不显著。这主要是因为外资企业为保证其产品质量及竞争优势,将会通过各种方式对本土供应商及客户提供相应的技术支持或信息服务。同时,本土企业通过对外资企业的支持使自身技术水平得到提高,能生产出更高质量的产品。然而,与外资企业的关联却对本土企业结构资本没有显著影响,可能是由于本土企业在与外资企业发生业务联系时,为获得外资企业的相关支持及为满足其相应要求,本土企业往往设定专门的部门或组织单位与外资企业进行对接,并未从整体上对企业的组织结构、制度规范进行相应改善。因此,在企业内部往往是一些特设的专业部门或项目组运作效率较高,各项制度规范为其提供便利,而企业整体结构及制度规范并未得到相应改善。

假设 5 通过检验,影响系数为 0.620,表明企业人力资本对技术创新能力产生正效应。企业技术创新必须以一定的知识存量为前提,而人力资本是知识的载体,其承担着获取知识、转化知识、创造知识的职能。企业员工从外部获取知识属于个人行为，而企业通过自身的制度建设，将员工的个体知识在组织内部交流和共享，使其转化为组织的知识。而在此过程中，企业的人力资本质量得到提升，从而通过更好层次的知识获取或创造来不断提高创新能力。

假设6通过检验，影响系数为0.558，表明企业结构资本对技术创新能力产生正效应。结构资本是使人力资本转化为企业价值的机制，是支持人力资本发挥自身价值及创造新价值的基础平台。企业完善的组织结构、明确的制度规范及职权划分能保证内部知识和信息的充分流动，使人力资本更好地发挥作用。另外，优秀的企业文化不仅可以增强员工凝聚力和使命感，还可以激发员工创新的积极性。以上各种条件综合作用，必将有助于企业创新能力的提高。

假设7通过检验，影响系数为0.426，表明关系资本对技术创新能力产生正效应。关系资本是企业获取信息及建立相关网络的主要资源。企业可以从各种外部关系资本主体获取大量的知识、资本和信息，从而实现企业的知识积累，获取所需的资本。知识积累有利于提升其人力资本存量，而获取的资本可以作为技术创新的投入。因此，关系资本对技术创新能力产生显著影响。

5.4 本章小结

本研究把FDI技术溢出、企业智力资本和技术创新能力作为研究要素纳入到统一的研究框架中，构建了FDI技术溢出对我国企业技术创新能力的影响模型，分析了各要素之间的相互关系和作用机理。通过研究，本章的主要结论总结如下：

在FDI技术溢出影响我国企业技术创新能力的过程中，示范效应、人力资本流动效应与企业人力资本、结构资本和关系资本存在显著的正相关，并通过它们对企业创新能力产生正向影响；竞争效应与企业人力资本、结构资本和关系资本的关系不显著；关联效应与企业人力资本、关系资本存在显著的正相关，并通过它们对企业技术创新能力产生正向影响，而与企业结构资本的关系不显著；企业人力资本、结构资本和关系资本对技术创新能力有显著的正效应。

因此，我国企业欲充分利用FDI的技术溢出效应来促进创新能力的提高，必须从以下方面入手：

第一，积极培育企业的智力资本。企业智力资本作为中间变量，在FDI技术溢出和企业技术创新能力之间起到非常重要的中介作用。智力资本的高低影响着FDI技术溢出对企业技术创新能力的作用效果。国内企业应加大员工培训力度，提高员工的专业技术水平，使其掌握更多的专业知识，从而提升企业人力资本存量。同时，企业应与供应商、客户、政府以及其他利益相关者培育良好的关系，积极从外部关系中获取新知识,加强知识积累。另外,企业应构建组织内部学习机制,建立知识共享平台,优化组织结构和管理流程,以使企业获取的知识能在内部有效地消化吸收,不断提高知识创造水平。

第二,在重视企业内部的人才培养的同时,要积极努力吸收外部高素质人才的加入,特别是有外企工作经验的人才。在 FDI 技术溢出各途径中,人力资本流动通过企业智力资本对创新能力的提高存在显著的推动作用。国内企业应通过制定具有竞争力的薪资条件、创造良好的工作环境等方式努力从外资企业中吸收自身急需的高素质人才,以提升人力资本水平。

第三,积极参加国内外各种新产品展示会或技术交流会,获取更多技术学习的机会。FDI 示范效应对我国企业技术创新能力产生正向影响。国内企业应通过各种方式增加与外资企业的接触机会,积极与其进行沟通交流,学习其先进的生产、管理和营销方面的经验,以提升自身技术水平。通过对外资企业相关方面的模仿学习,国内企业能为自身技术方面的改进和创新找到较准确的方向,能有效减少技术创新过程的盲目性,从而不断提高技术创新绩效。

总之,我国企业应努力提高自身的能动性,在相关政策的支持下,利用一切可以利用的内、外部资源,尤其是要充分利用 FDI 技术溢出效应,通过智力资本的培育和提高,不断提高自主创新能力。

参 考 文 献

[1] BLOMSTROM M, KOKKKO A. 1998. Multinational corporations and spillovers[J]. Journal of Economic Surveys,12:247-277.

[2] BORENSZTEIN J, DE GREGORIO, LEE J. 1998. How does investment affect economic growth [J]. Journal of International Economics,45(1):115-135.

[3] CAVES R. 1974. Multinational frims, competition and productivity in host country market [J]. Economica, 41.

[4] DAS S. 1987. Externalities and technology transfers through multinational corporations: a theoretical analysis[J]. Journal of International Economics, 22:171-182.

[5] DAVID J TEECE. 2001. Managing intellectual capital[M]. Oxford: Oxford University Publish:23-30.

[6] FINDLAY R. 1978. Relative backwardness, direct foreign investment and the transfer of technology: a simpled dynamic model[J]. Econ,2.

[7] GERSHENBERG. 1987. The training and spread of managerial know-how, a comparative analysis of multinational and other firms in Kenya[J]. World Development,15:931-939.

[8] GLOBERMAN, STEVEN. 1979. Foreign direct investment and Spillover efficiency benefits in Canadian manufacturing industries[J]. Canadian Journal of Economics. 12(1):42-56.

[9] HU JEFFERSON G. 2001. FDI,technological innovation and spillover:evidence from large and medium size Chinese enterprises[R]. Waltham. MA:Brandeis University:326-375.

[10] JOHN H DUNNING, YONG SUHK PAK, SAM BELDONA. 2007. Foreign ownership strategies of UK and US international franchisors: an exploratory application of dunning's envelope paradigm[J]. International Business Review,16.

[11] KOKKO A. 1992. Productivity spilloverss from competition between local firms and foreign affiliates[J]. Journal of International Development,8.

[12] RHYNE L C, TEAGARDEN M B, VANDENPANHUYEN W. 2002. Technology- based competitive strategies-the relationship of culture dimension to new product innovation[J]. High Technology Management Review, 13(2):249-277.

[13] MARR B, ROOS G. 2005. A strategy perspective on intellectual capital in perspectives on intellectual capital-multidisciplinary insights into management[J]. Measurement and Reporting,2:28-41.

[14] MAC DOUGALL G D A. 1960. The benefits and costs of private investment from abroad: a Theoretical Approach[J]. Economic Record.

[15] MOHAM SUBRAM ANIAM, MARK A YOUADT. 2005. The influence of intellectual capital on the types of innovative capabilities[J]. Academy of Management Journal,48(3):450-463.

[16] ROMER P M. 1986. Increasing return and long-run growth[J]. Journal of Political Economy,95(5).

[17] ROBERT M GRANT. 1996. Toward a knowledge-based theory of the firm[J]. Strategic Management Journal, 17(11):109-122.

[18] STEWART T A. 1992. The search for the organization of tomorrow[J]. Fortune,125(10):92-8.

[19] SUMANTRA GHOSHAL, HARRY KORINE. 1994. Interknit communication in multinational corporations[J]. Management Science,40(1):96-110.

[20] SAGGI K. 2002. Trade, foreign direct investment, and international technology transfer: a survey[J]. Word Bank Research Observer,(17):191-235.

[21] STEWART T. 1997. Intellectual capital: the new wealth of nations[M]. New York: Doubleday Dell Publishing Group.

[22] WANG J Y, BLOMSTROM M. 1992. Foreign investment and technology transfer:a simple model[J]. European Economic Review, 36(1):137-155.

[23] YA-HUI HSU,WENCHANG FANG. 2009. Intellectual capital and new product development performance: the mediating role of organizational learning capability[J]. Technological Forecasting & Social Change, 76:664-677.

[24] 白露,王向阳. 2009. 技术溢出机理及对策研究[J]. 工业技术经济.

[25] 蔡昉,王德文. 2004. 外商直接投资与就业:一个人力资本分析框架[J]. 财经论丛,(1):1-14.

[26] 何洁. 2000. 外国直接投资对中国工业部门外溢效应的进一步精确量化[J]. 世界经济,(12).

[27] 江小涓. 1999. 利用外资对产业发展的促进作用:以发展中国家为背景的理论分析[J]. 中国工业经济,(2):5-16.

[28] 刘和东,施建军.2009.FDI技术溢出的渠道、影响因素分析[J].科学管理研究,(6).
[29] 李有.2008.国际技术溢出效应的人力资本机制分析[J].科技进步与对策,(9).
[30] 李冬琴,黄晓春.2003.智力资本:概念、结构和计量述评[J].科学学研究,(12).
[31] 李平.1999.技术扩散理论及实证研究[M],太原:山西经济出版社.
[32] 衍军.2005.人力资本与外国直接投资的逻辑与互动研究[J].财经问题研究,(1):82-86.
[33] 沈能,刘凤朝.2007.FDI对中国制造业技术溢出的渠道研究[J].科学学研究,(4).
[34] 王艳丽,刘传哲.2006.人力资本对FDI技术溢出效应影响的实证研究[J].科学管理研究,(6).
[35] 王苍峰.2008.FDI,行业间联系与溢出效应:基于我国制造业行业面板数据的实证分析[J].世界经济研究,(3).
[36] 王向阳.2009.FDI技术溢出对高技术企业技术创新的影响研究[D].长春:吉林大学:115-123.
[37] 王红领,等.2006.FDI与自主研发:基于行业数据的经验研究[J].经济研究,(2):44-56.
[38] 魏守华,姜宁,吴贵生.2010.本土技术溢出与国际技术溢出效应:来自中国高技术产业创新的检验[J].财经研究,(1).
[39] 徐涛.2003.引进FDI与中国技术进步[J].世界经济,(10):35-38.
[40] 约翰·肯尼思·加尔布雷思.1988.权力的分析[M].石家庄:河北人民出版社.
[41] 张方华.2006.企业社会资本与技术创新绩效:概念模型与实证分析[J].研究与发展管理,(3):47-53.

第6章 网络嵌入、知识获取与创新能力关系的概念模型与实证分析[①]

本章基于已有文献,构建网络嵌入—知识获取—创新绩效的概念模型,通过问卷调查和结构方程模型分析,探索网络嵌入影响创新绩效的微观作用机理,深入阐述网络嵌入、知识获取与创新绩效三者之间的关系,为企业如何通过网络嵌入提高知识获取能力和技术创新能力提供对策建议。

6.1 相关概念与已有研究的文献综述

6.1.1 网络嵌入的内涵

新经济社会学认为网络嵌入这个概念对于理解人类经济行为具有重要意义。由于人类的经济行为具有有限理性的特点,并受到市场不完备和社会的价值观等一系列因素的影响,因而企业的经济行为并不是孤立的,而是要受制于社会关系网络的。

嵌入性的概念源于Polanyi(1944)《大变革》一书。根据Polanyi的观点,各种经济交易形式总是嵌入于各种非经济的联系之中,被特定的社会结构和制度条件所束缚,例如:文化或者政治网络、宗教网络、道德标准和人际关系等。新经济社会学的"嵌入"是指各类经济交易都受到所处的社会结构的限制,即经济行为不能脱离社会网络而存在,而是嵌入其中并受其影响的。

1985年,Granovetter发表《经济行为与社会结构:嵌入性问题》一文,提出经济行为嵌入于社会结构,而社会结构的核心是人们生活中的各种社会网络,嵌入网络的基础是信任。在Granovetter看来,现实中的行动者既不是脱离社会关系背景孤立的行动,也不是完全受社会限制、按社会外在的规范行事,而是在具体、动态的社会关系中追求自身多重目标的实现。Granovetter(1985)对嵌入性进行了进一步的

[①] 本章主要内容发表于《中国工业经济》2010年4月。

研究,他把嵌入分为了关系性嵌入和结构性嵌入两类,关系性嵌入指的是由经济行为者嵌入自身所处的关系网络中;结构性嵌入指的是由经济行为者所构成的关系网络嵌入到宏观的社会网络中,受到宏观社会中文化习俗、价值观等一系列因素的影响。关系性嵌入指的是关系的强度、亲密程度、持续性、方向等,结构性嵌入则更多地从系统结构的要素说明网络关系,表现为行为者在网络中的结构、位置等因素对其行为及结果的影响。Uzzi(1996,1997)将嵌入性概念应用到了企业理论研究中,他把企业理论和社会网络理论相结合,从嵌入性视角对企业网络理论进行了相关研究。Uzzi 的研究结果表明,企业相互间的社会联系会影响企业之间的经济行为,并且企业嵌入到何种社会网络中决定了企业拥有的经济机会的多少。

6.1.2 知识获取的内涵

传统的资源基础理论(RBV,Resourse-based View)认为企业内的资源或能力是"有价值的、独特的、难以模仿的和不可替代的",因而难以被复制和转移。David J. Teece 等人在 RBV 基础上,提出了核心能力理论(又称动力能力理论),核心能力理论研究企业如何在路径依赖和市场优势等资源给定条件下,通过获取和使用市场中其他企业的公共资源和部分战略资源等外部能力,不断获取新的竞争优势,增强企业对市场环境的应变能力。这些从动态角度研究知识的理论被称为知识基础理论(KBV)。KBV 理论认为企业核心竞争能力的提高不仅取决于企业所拥有的资源,还取决于企业所获取的知识,企业只有通过不断获取新知识才能提高自身的创新能力,从而提高其核心竞争优势能力。

知识获取是知识被其他个体和组织重新占有的过程(Huber,1991),获取知识并不一定是创造新知识,而是获取对于该组织而言的新知识。隐性知识的概念最早是由 Polanyi 在 1958 年提出的,他从哲学领域考察人类知识的哪些方面依赖于信仰的过程中,偶然地发现这样一个事实:这种信仰的因素是知识的隐性部分所固有的。Polanyi 进而进行了深入研究,1969 年他从知识能否用语言直接表达和有效转移的属性,将知识分为两类:显性知识(Explicit Knowledge)和隐性知识(Tacit Knowledge)。Polanyi 认为:"人类的知识有两种:通常被描述为知识的,即以书面文字、图表和数学公式加以表述的,只是一种类型的知识;而未被表述的知识,像我们在做某事的行动中所拥有的知识,是另一种知识。"按照 Polanyi 的理解,显性知识指的是数学公式、各类图表、盲文、手势语、旗语等能以一定符码系统完整表述的知识。而隐性知识指的是无法直接用语言来表示的知识,隐性知识一般与个人的直觉、技能、观念、洞察力和经验等联系在一起。

朱方伟(2004)认为技术转移中的隐性知识与显性知识相比,比较难以表达和转移。因为技术转移中,例如作业指导书、图纸等显性知识是可以编码化的,因而比较容易表达和转移;而有关技术成果的构思、设计、试制方面的知识,生产方面的技术诀窍、技术成果、文化层面知识以及内化在员工头脑中的管理知识等隐性知识因为不能用语言文字表达出来,无法编码,所以较难转移。同时,知识获取不是企业孤立的行为,而是需要借助其与其他组织间的社会联结才能进行,也就是企业需要借助与客户、供应商、竞争者、大学、科研机构以及其他合作伙伴等外部关系的联结来获取知识。吴晓波、刘雪锋和胡松翠(2007)在借鉴 Lyles 和 Salk(1996)等学者的基础上,从技术知识、市场营销知识、产品开发相关知识、生产流程相关知识、企业管理相关知识五个方面来度量企业从外部获取知识的程度。李玲等(2008)认为企业间知识获取可以分为搜寻、辨识、接收、创新四个阶段,企业处于某一特定阶段面临的任务不同,使得不同网络嵌入性的作用也存在较大差异。

6.1.3 网络嵌入、知识获取与创新能力之间关系的文献综述

Granovetter(1973)将网络间的关系分为强联系和弱联系,强联系通过频繁紧密的联系获取他人已有的信息资源,弱联系可以提供异质性的信息和知识等资源;Hansen(1999)从社会网络和社会关系角度研究了知识共享和知识转移问题后指出,弱联系在跨组织信息传播上具有渠道优势,它能为行为人带来更多不重复的外部信息,因而在信息搜寻和共享上具有特殊价值;Dyer 和 Nobeoka(2000)通过对日本和美国汽车制造公司的知识转移过程进行比较分析后指出,丰田公司生产网络知识的转移效率最高,原因是网络内成员之间的强联系不断促进共享生产与信息,并能够及时应对市场变化;Chesbrough(2003)提出的开放式创新为创新管理提供了一种全新的思维模式,开放的本质就是有效获取和利用外部的信息和知识等创新资源,企业可以通过内外部创新资源的整合来提高创新绩效。许多文献资料表明,企业在网络中的嵌入性决定了它的经济性和创新绩效(Owen-Smith 和 Powell,2004)。网络的嵌入性是组织间联系的重要特征,深刻影响全球制造网络中知识转移的绩效,对吸收能力与本地企业知识获取之间的关系起调节作用(Echols A. 和 Tsai W.,2005)。

吴晓波、刘雪峰和胡松翠(2007)探讨了跨国公司全球制造网络中我国企业知识获取的影响因素,并通过实证分析后指出,网络嵌入性对获取外部知识的能力与本地企业知识获取的正相关关系具有调节作用;高春亮、李善同和周晓艳(2008)利用社会网络理论对企业获取外部知识的方式和效果进行实证分析后指出,网络嵌入性对获取外部知识的能力与本地企业知识获取具有正相关关系,通过专业化代工模式可以进入多个跨国公司相互作用的产业网络,充分利用其之间的竞争来获取更先进的技术和知识;陈钰芬和陈劲(2008)从开放式创新理论出发研究了企业开放度对创新绩效的影响后指出,企业可以通过开放式创新来有效利用外部创新资源来弥补内部资源尤其是创新知识的不足;内外资源的整合和交换过程影响到

企业的创新绩效(蔡莉、柳青,2008)。

综上所述,国内外学者从不同角度对网络嵌入、知识获取和创新绩效之间关系的研究比较多,但将这三者进行有效整合来深入分析企业的网络嵌入影响其创新绩效的研究并不多,而且角度不尽相同。因此,本研究试图在已有研究的基础上,将企业从外部的知识获取作为中间变量,通过对这些理论的有效整合来构建网络嵌入—知识获取—创新绩效的概念模型,进而通过问卷调查和结构方程模型来深入分析网络嵌入影响企业创新绩效的微观机理,为我国企业进一步提高创新能力提供理论指导和对策建议。

6.2 网络嵌入影响创新能力的概念模型与理论假设

6.2.1 概念模型

无论对个人、企业、区域还是国家而言,知识都是竞争力的一个关键来源。根据内生经济增长理论,一个国家或地区,都会从新知识的投入中受益。其中隐含的一个假设就是认为,知识是公共物品,新创造的知识会自动地溢出到经济活动过程的所有经济主体那里。但实际上,知识(尤其是隐性知识)通常都具有较强的隐性与社会复杂性,因而难以被其他企业获取或模仿(Barney,1991),也不会自动地、无约束地产生溢出效应,这需要组织之间通过建立各种网络和渠道来促进知识的流动和获取。企业之间的网络可以作为技术知识和社会知识转移的有效渠道,同时反过来影响到企业的创新绩效。社会交流越多,信息和知识交流的频率和广度就越大,这种知识共享机制不断得到强化,并进而推动企业不仅可以获取和内部化那些显性知识,同时也可以吸收对创新非常重要的隐性知识,从而推动企业的技术创新(Julia L. Lin,2009)。

企业之间的关系网络可以作为知识转移的有效渠道而影响到企业的创新绩效(Lynn, G. S., et al., 2000)。综合已有的理论研究,沿着网络嵌入—知识获取—创新绩效的路径,本书从网络的结构型嵌入和关系型嵌入两个维度出发,以知识获取为中间变量,构建了企业的网络嵌入影响创新绩效的概念模型,即企业通过与外部各种组织网络的结构型嵌入和关系型嵌入来有效获取显性和隐性知识,从而有效提高企业的创新绩效(如图6.1所示)。

6.2.2 理论假设

企业的技术创新是一个互动的社会过程,创新的主体已从以单一企业为主的

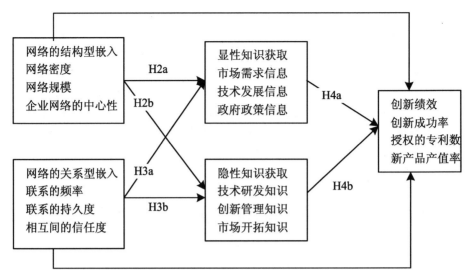

图 6.1 网络嵌入通过知识获取影响企业创新绩效的概念模型

一元主体向以创新企业为主、其他外部组织为辅的多元主体模式演进,如何通过网络嵌入来有效整合组织内外部的知识资源则成为企业提高创新能力的一个非常关键的路径。

1. 网络嵌入与创新绩效

许多文献资料表明,企业在网络中的嵌入性决定了它的经济性和创新绩效。很多人从实证的角度研究了嵌入性与创新之间的关系,例如,Stuart(1998)从合作伙伴的创新程度、Wuyts 等(2005)从重复接触的作用分析嵌入性是以何种方式影响企业的创新绩效的。无论是企业之间的直接关系,还是非直接关系,或者是这些关系的重叠都会影响到企业的创新绩效(Owen-Smith J.,Powell W.,2004)。通过网络关系,主体之间可以通过对异质性互补性知识的组合和融合来提高创新能力;杨虹和陈莉平(2008)从网络嵌入的视角指出,企业间的知识学习过程更多是借助关系链接或网络结构以共同创造知识价值,并且各行为主体间的关系品质及其关系结构直接决定了企业间知识学习活动的协同性以及知识创新能力的提高。因此,本书认为,企业的网络嵌入对创新绩效存在显著的推动作用:

假设 H1a:企业可以通过网络的结构型嵌入来提高创新绩效。
假设 H1b:企业可以通过网络的关系型嵌入来提高创新绩效。

2. 网络嵌入与知识获取

虽然知识是一个非常有价值的竞争资源,但它通常都具有较强的隐性与社会复杂性,因而难以被其他企业获取或模仿(Barney,1991)。网络的结构型嵌入能有效地影响到企业从外部获取知识的效果。如果组织内部开展研发活动的企业能够在其所处的各种网络中处于理想的位置,他们就能获取更多和更丰富的信息和知识(Koka B. R.,Prescott J. E.,2002)。企业也就能够通过促进知识流动、转移和组织学习来改善技术创新的绩效。根据 Inkpen 和 Tsang（2005）的研究,可以用网络联系来表示企业结构嵌入的程度。企业的网络联系越多,也就预示着这个企业的战略决策和行动受到嵌入的网络结构的影响也就越大,企业的创新也就会受到外部组织的影响。因此,通过建立各种网络联系,企业可以获得更多的关键信息、最新的技术和市场开发知识。

网络的关系型嵌入对创新所需的隐形知识的获取至关重要。与低质量的社会互动会导致低效甚至冲突相比,网络成员可以通过熟知和信任来建立相互之间的合作基础,并通过相互间的信任和集体的互动来获取共同的收益。更进一步,通过高频率和高质量的互动而产生的合作经历能提高网络成员理解其他成员的能力,从而提高这种以知识为基础的信任,这种信任建立在足够的信息和相互的理解上,更加有效地提高知识转移的动机和能力(Julia L.，et al, 2009)。通过这种网络渠道,那些黏滞性的、无法用语言精确表达的隐性知识可以在企业之间进行传递和转移。总之,网络的结构型嵌入和关系型嵌入可以从搜寻、辨识、接收、创新等四个阶段对企业的知识获取产生不同的影响(李玲、党兴华、贾卫峰,2008)。

根据以上分析,本书提出以下假设：

假设 H2a：企业可以通过对各种网络的结构型嵌入来获取创新所需的显性知识,并且两者之间存在显著的正相关关系。

假设 H2b：企业可以通过对各种网络的结构型嵌入来获取创新所需的隐性知识,并且两者之间存在显著的正相关关系。

假设 H3a：企业可以通过对各种网络的关系型嵌入来获取创新所需的显性知识,并且两者之间存在显著的正相关关系。

假设 H3b：企业可以通过对各种网络的关系型嵌入来获取创新所需的隐性知识,并且两者之间存在显著的正相关关系。

3. 知识获取与创新绩效

从资源基础理论(RBV)到知识基础理论(KBV)的演进过程中我们知道,知识已成为企业提高创新能力和获取竞争优势最重要和最关键的资源(O'hagan 和 Green,2004)。企业的技术创新不仅需要内部积累新知识,而且需要从外部获取新的市场和技术知识(Ikujiro Nonaka 和 Hirotaka Takeuehi,1995)。不断学习和知识获取决定了企业的创新绩效(Autio E.，et al, 2000)。总之,在这个动态、不断变化的竞争环境中,知识获取以及以此为基础的创新能力的学习对企业创新和发展的推动作用越来越显著,也就是说,企业的技术创新活动越来越依赖于内部或外部创造的新知识的作用(Mei-Chich Hu,2008)。

现阶段企业之间的竞争实际上就是企业创新能力的竞争,而创新能力的竞争归根到底则是企业在知识的生产、占有和有效利用方面的竞争。企业的技术创新就是企业利用已有的知识去生产更新的知识,因此,更好地利用现存的知识和更有效地获取和吸收外部知识是企业提高创新能力的关键(Drucker,1993)。无论是渐进型创新还是突破型创新,企业必须进行不断的知识积累。随着知识存量的增加和工业研发的不断发展,知识的生产、转移和使用对技术创新的作用日益显现出来。对企业的创新而言,不仅显性知识起着非常重要的作用,而且隐性知识也是一个不可或缺的重要变量。科学和技术本身的发展过程中必然包含着知识的生产和转移。企业要获得竞争优势,则更多地依赖于其无形资产的积累,而这些无形资产由于其技术实践的隐性特点,因而变得比有形资产的转移更加困难,它更需要各方的信任和合作。

基于以上分析,本书提出以下假设:

假设 H4a:企业可以通过各种网络获取创新所需的显性知识来提高创新绩效,并且两者之间存在显著的正相关关系。

假设 H4b:企业可以通过各种网络获取创新所需的隐性知识来提高创新绩效,并且两者之间存在显著的正相关关系。

6.3　网络嵌入影响创新能力的实证分析

6.3.1　样本与数据

与传统行业相比,高科技行业更注重企业的研发与技术创新。因此,为了提高研究的有效性与准确性,本研究将本土中小型高科技企业作为研究对象,原因有三:第一,瞬息万变的市场竞争环境对企业的适应性、应变能力和创新速度提出了更高的要求和挑战,技术创新已成为高科技企业获取竞争优势的主要手段之一;第二,只有通过持续的技术创新,企业才能够更深入地洞察和获取那些具有潜在价值的外部资源,从而在企业内部建立起一些难以被竞争对手所模仿的异质能力,因此,高科技企业对技术创新非常重视,并将其视为持续发展的动力源泉;第三,中小高科技企业受内部资源和研发能力有限的约束,他们都非常重视通过与外部组织建立各种网络来获取创新资源,通过对企业内、外部资源的有效整合来不断提高技术创新能力。

为了验证理论假设,本研究采用问卷调查(见附录 3)的方式收集数据。样本来自处于我国经济发展前沿的长三角地区,其中以上海、苏州、无锡、常州、南京和宁波等 6 个地区的本土高新技术企业为主。本次采用随机抽样,主要通过苏州大学已毕业或在校的 MBA 学生、电子邮件和典型案例调研相结合的方式,时间从 2009 年 3 月至 9 月,共发放问卷 500 份,回收 295 份,其中有效问卷 270 份,有效回收率为 54.0%。通过对回收的有效问卷的初步分析,其中苏州 68 份、宁波 47 份、无锡 45 份、上海 42 份、常州 37 份和南京 31 份,各占总数的 25.2%、17.4%、

16.7%、15.6%、13.7%和11.5%;涉及行业主要包括IT、汽车及零部件制造、新材料、生物医药和机械电子等行业。其中,IT行业77份,汽车及零部件制造企业40份,新材料行业45份,生物医药行业38份,机械电子行业62份,其他行业8份,分别占总数的28.5%、14.8%、16.7%、14.1%、23.0%和0.3%;企业规模则以中小企业为主。为了保证所获信息能准确地反映被调查企业的实际情况,问卷基本上都是由企业负责产品研发的项目主管或部门经理等以上职务的人员填写。

6.3.2 变量与测度

本量表采用的是李克特(Likert-type)7级度量方法,针对不同的题项根据企业的实际情况分别从1~7选择打分,例如:7分表示非常好或非常满意,6分表示好或满意,5分表示比较好或比较满意,4分表示一般,3分表示较差或较不满意,2分表示不好或不满意,1分则表示极差或极不满意。本研究的各个变量的度量分述如下:

1. 网络嵌入

网络嵌入是指一个组织或共同体内部的成员之间由于过去的交往和联系而逐渐形成的日常化和稳定的联系。根据各种联系的不同特点,通常将网络嵌入分为结构型嵌入和关系型嵌入两类(Granovetter M,1992)。参考上述文献,结构型嵌入是指一个企业的行动受到其所嵌入的宏观网络结构的影响程度,一般用网络的密度、网络的规模和企业在网络中的中心性三个指标表示;关系型嵌入是指组织共同体的网络成员之间的高质量的、有着凝聚力的社会互动关系,从而推动参与主体通过不同范围的多个网络成员的互动来产生有益的效果,可以用联系的频率、联系的持久度和相互间的信任度等三个指标来表示。

2. 知识获取

从知识能否用语言直接表达和有效转移的属性来看,可以将知识分为显性和隐性两类(Polanyi M,1969)。显性知识指的是可以通过规范和系统的语言来明确表达的知识,可以通过对信息编码化以文字、数据、公式、图表、图案和报告等形式出现,比较容易获取、转移和储存。隐性知识主要是指无法直接用语言来表示出来的知识,它与个人的直觉、技能、观念、洞察力和经验等联系在一起。人们只能通过实际应用而得以观察,通过实践和经验而获得隐性知识,因此,它的转移和模仿比较困难。

企业的知识获取可以分为显性知识的获取和隐性知识的获取两个方面。其中,显性知识的获取由对市场需求信息、技术发展信息和政府政策信息的获取三个分指标组成;隐性知识的获取由对技术研发知识、创新管理知识和市场开拓知识的获取等三个分指标组成。

3. 创新绩效

技术创新是指一项技术或产品从创新思路的产生,到研究开发、试制和实现首次商业化的整个过程。它既包括工艺创新,也包括产品创新。按照是采用已有的技术还是开发出一个全新的技术,可以将创新分为渐进型创新和突破型创新型两种类型。综合已有的研究成果(马宁、官建成,2000),本书将企业的技术创新绩效用创新产品的成功率、年申请的专利数和新产品占销售额的比重(新产品产值率)三个分指标表示。

6.3.3 问卷的信度与效度分析

在对问卷进行数据分析前,必须考察样本的信度和效度,以确保研究的有效性。问卷的信度是指测量所得结果的内部一致性程度。本研究采用 Cronbach's α 系数来分析项目的内部一致性,通常采用 Cronbach's α 最小为 0.70 的标准(Nunnally,1978);效度的检验是通过内容效度的检验,即在运用主成分分析的过程中,分别检验所选题项是否能代表所要测量的内容。一般而言,当 KMO 的值 $\geqslant 0.5$,巴特莱特(Bartlett)统计值 $\leqslant \alpha$,各题项的载荷系数均大于 0.50 时,可以通过主成分分析将同一变量的各测试项合并为一个因子并进行后续研究(马庆国,2007)。根据表 6.1 可看出,Cronbach's α 值均满足不小于 0.70 的要求,样本的信度通过内部一致性检验,并具有较高的效度,适合进行结构方程模型分析。

表 6.1　变量的信度与效度分析

潜变量	变量度量	描述性统计		因子载荷系数	主成分方差贡献率	Cronbach's α(值)
		均值	标准差			
结构型嵌入	1. 企业各种关系网络的密度	4.18	1.25	0.765	65.78%	0.865
	2. 企业各种关系网络的规模	4.50	1.08	0.752		
	3. 企业在关系网络中的位置	4.28	1.29	0.786		
关系型嵌入	1. 企业与外部联系的频率	5.01	0.96	0.822	75.86%	0.725
	2. 企业与外部联系的持久度	4.02	1.37	0.806		
	3. 企业与外部组织间的信任度	3.96	1.48	0.788		
显性知识获取	1. 企业获取市场需求信息的能力	5.20	1.35	0.765	78.05%	0.802
	2. 企业获取技术发展信息的能力	5.42	1.82	0.810		
	3. 企业获取政府政策信息的能力	4.98	1.69	0.786		

续表

潜变量	变量度量	描述性统计		因子载荷系数	主成分方差贡献率	Cronbach's α(值)
		均值	标准差			
隐性知识获取	1. 企业获取技术研发知识的能力	4.52	1.24	0.685	68.58%	0.758
	2. 企业获取创新管理知识的能力	5.08	1.75	0.696		
	3. 企业获取市场开拓知识的能力	4.68	1.56	0.678		
创新绩效	1. 企业技术创新的成功率	5.75	1.50	0.885	80.25%	0.826
	2. 企业获得授权的专利数	4.25	1.82	0.854		
	3. 企业新产品产值占销售总额的比重	4.69	1.58	0.825		

6.3.4 假设检验

本书采用结构方程模型来进行假设检验,运用 AMOS5.0 软件进行数据分析。结构方程模型评价的核心是模型的拟合性,包含的主要内容是研究者所提出的变量间关联的模式是否与实际数据拟合以及拟合的程度如何。模型对观测数据拟合良好,表明研究者对问题的结构分析,即模型的有效性得到验证,估计的参数才是有效的。本研究各项指标值如表 6.2 所示,$\chi^2(268)=302.882$,$RMSEA=0.068$,$GFI=0.920$,$NFI=0.946$,$TLI=0.932$,$CFI=0.914$,$Standardized\ RMR=0.075$,拟合指数均在参考值以内,达到统计显著性要求,并符合结构方程模型的拟合要求,因此该模型可以接受。

表 6.2 结构方程模型的拟合指数

模型拟合指数	统计值	参考值
拟合优度卡方检验 χ^2	302.882	/
自由度(df)	268	/
$\chi^2/\mathrm{d}f$	1.130	1~3
P 值	0.000	<0.05
拟合优度指数(GFI)	0.920	≥0.90
标准拟合指数(NFI)	0.946	≥0.90
非正态拟合指数(TLI,NNFI)	0.932	≥0.90
比较拟合指数(CFI)	0.914	≥0.90
近似误差均方根(RMSEA)	0.068	≤0.08
标准化均方根残余(Standardized RMR)	0.075	<0.080

表 6.3 中列出结构方程模型的路径系数以及相应的 $C.R.$(临界)值。在结构方程模型分析中,当路径的 $C.R.$ 值大于 1.96 的参考值时,说明该路径系数在 $p=0.05$ 的水平上具有统计显著性,因此,本研究的结构方程模型中除路径 γ_{14} 外($p=0.526$)其他路径都具有显著的统计意义,而 H2b 则没有通过假设检验。

表 6.3 结构方程模型中的路径系数及假设检验

路径	变量之间的关系	标准化路径系数	路径系数	$C.R.$	p	对应假设	检验结果
γ_{12}	结构型嵌入→显性知识获取	0.82**	0.78	2.314	0.001	H2a	支持
γ_{14}	结构型嵌入→隐性知识获取	0.25	0.39	3.452	0.526	H2b	不支持
γ_{23}	关系型嵌入→显性知识获取	0.76**	0.12	2.028	0.001	H3a	支持
γ_{24}	关系型嵌入→隐性知识获取	0.78**	0.81	4.254	0.000	H3b	支持
β_{35}	显性知识获取→创新绩效	0.81*	0.85	3.182	0.013	H4a	支持
β_{45}	隐性知识获取→创新绩效	0.45*	0.52	2.896	0.016	H4b	支持
α_{15}	结构型嵌入→创新绩效	0.46**	0.45	3.520	0.000	H1a	支持
α_{25}	关系型嵌入→创新绩效	0.58**	0.61	2.865	0.000	H1b	支持

注:* 表示 $p<0.1$;** 表示 $p<0.01$(双侧检验)。

6.3.5 结果讨论

模型的结果显示,假设 H1a(路径 α_{15} 的系数=0.46,$p=0.000$)和 H1b(路径 α_{25} 的系数=0.58,$p=0.000$)通过验证。也就是说,企业的网络嵌入对创新绩效有着显著的推动作用。由于知识本身是公共产品,具有公共性,不可避免地会产生知识溢出现象,但并不意味着每个企业都能无阻碍、无成本地从外部获取到创新所需的新知识。而网络则是知识转移和流动的基础,可以通过关系型网络嵌入和结构型网络嵌入在不同的组织间转移知识,从而不断提高企业的创新绩效。

H2a(路径 γ_{13} 的系数=0.82,$p=0.001$)通过模型的检验,表明企业通过增加各种关系网络(其中包括与供应商、客户等之间的网络)的规模和密度、加强企业在网络中的中心地位,可以有效地获取创新所需的市场需求信息、技术发展信息和政府政策信息等方面的显性知识,从而提高企业创新的成功率;而 H2b(路径 γ_{14} 的系数=0.25,$p=0.526>0.05$)则没有通过模型的检验,即网络的结构型嵌入对外部隐性知识获取则没有显著的促进影响,一方面表明各类组织为了保持自己的竞争优势则加强了对核心资源的保护;另一方面也表明,由于隐性知识的隐性和"黏着性"等特点,其在组织间的转移则比较困难。事实上,如果一个企业的知识资产很容易就被外部的竞争对手模仿和获取,这个企业就很难保持其长期的竞争优势。

通常,只有通过长时间的研发实践,并通过"干中学"(learn by doing)和"用中学"(learn by using),企业才能成功地通过各种组织网络从外部获取有益于提高创新绩效的隐性知识。

H3a(路径 γ_{23} 的系数=0.76,p=0.001)和 H3b(路径 γ_{24} 的系数=0.78,p=0.000)通过模型检验,表明企业的关系型嵌入无论对显性知识还是隐性知识的获取都有着显著的影响作用。企业可以通过增加与其他组织联系的频率和持久性,尤其是通过相互间信任度的提高,从而及时、有效地获取各种显性和隐性知识,并进而进一步推动企业创新绩效的改善。

H4a(路径 β_{35} 的系数=0.81,p=0.013)和 H4b(路径 β_{45} 的系数=0.45,p=0.016)通过模型检验,本研究证实,知识的生产、转移和使用对企业创新非常关键。对企业的创新绩效而言,不仅显性知识起着非常大的作用,而且隐性知识也是一个不可或缺的重要变量。因此,企业创新绩效的提高有赖于企业对外部知识的搜寻、获取和不断的创新,凡是能给企业带来创新绩效提高的重要资源,都应将其纳入企业自身的能力体系之中加以充分利用。

从以上结构方程模型中得到如下结论:企业的结构型嵌入和关系嵌入对创新的绩效起着显著的正向作用(如路径 γ_{15} 的系数=0.46 和路径 γ_{25} 的系数=0.58);企业可以通过网络的结构型嵌入来获取外部的显性知识资源,从而有效地提高创新绩效(如路径 $\gamma_{13}\beta_{35}$ 的系数=0.82×0.81=0.66);网络的关系型嵌入则可以通过对外部显性和隐性知识的共同获取来提高企业的创新绩效(如路径 $\gamma_{23}\beta_{35}$ 的系数=0.76×0.81=0.62 和路径 $\gamma_{24}\beta_{45}$ 的系数=0.78×0.45=0.35)。

6.4 本章小结

在网络竞争环境下,越来越多的企业认识到,任何单一的企业都已不可能完全孤立地长期开展生产经营和技术创新活动,企业要想保持持续的竞争优势就必须建立不同的外部组织网络,并通过这些网络有效获取包括知识在内的各种创新资源,以实现资源共享和优势互补,从而不断提高企业的技术创新能力和国际竞争力。

本书在综合国内外已有文献的基础上,以企业的知识获取为中间变量,构建了企业的网络嵌入影响其创新绩效的概念模型,并从关系型嵌入和结构型嵌入两个维度对其如何影响企业外部知识获取以及创新绩效的微观机理进行了深入的阐述,最后通过对长三角地区 270 家高科技企业的问卷调查和结构方程模型的分析对所提理论假设进行检验。本书的研究结果表明,企业通过与外部网络的关系型嵌入和结构型嵌入能有效地获取创新所需的外部知识,从而不断提高企业的创新绩效。同时本书通过实证分析也发现,在目前的竞争环境下,企业利用网络的关系型嵌入对有效获取外部知识存在显著的积极影响,而网络的结构型嵌入只对企业获取外部的显性知识存在正向影响,但与企业隐性知识的获取之间并不存在显著的正向关系,其中一方面与隐性知识比较难以转移和模仿相关,另一方面也与各企业加强对关键的核心资源的保护有关。

实践证明,在开放条件下,传统的企业内部的封闭创新模式已朝着合作、网络和动态整合的方向发展,企业与外部建立的各种复杂、动态的关系网络已成为企业技术创新所需资源的重要来源之一。由于企业的经济行为具有社会嵌入性的特点,任何企业都处在不同的网络之中,如何通过网络嵌入来获取外部资源,尤其是创新所需的新知识已成为企业提高创新绩效的一个关键因素。因此,企业不仅要重视内部的研发活动,更要重视与外部知识源(例如大学、科研机构、供应商、客户甚至竞争对手等等)之间建立各种关系网络,通过网络嵌入来不断获取和利用外部的显性知识和隐性知识,从而不断提高自身的创新绩效和国际竞争力。企业(尤其是高科技型企业)要通过持续的技术创新获取竞争优势和核心竞争力,就必须从以下几个方面入手:

第一,企业在重视通过内部研发创造新知识的同时,也要充分认识到外部知识获取对提高企业技术创新绩效的重要性。企业的技术创新活动,本质上就是各种要素的重新组合和发展。它不仅是一个在企业内部创造新知识的过程,同时也是一个不断从外部获取和吸收新知识的过程。因此,在充分利用企业内部开发的知识基础上,更要认识到有效地获取和吸收外部的新知识也是企业提高创新能力的一个关键路径。企业通过与外部组织建立各种网络关系的一个重要目的,就是在这种网络学习的过程中,不断发现、获取、吸收和整合外部知识,创造和开发新知识,从而提高自身的技术创新能力。

第二,企业要有效地提高创新绩效,显性知识不可缺少,隐性知识则更加重要,但隐性知识比显性知识的获取困难得多。实际上,很多知识都是以隐性和未编码的形态存在的,也可能是公司专有的并在商业上是非常敏感的,而这些知识很难在不同的主体之间实现转移。要实现顺利转移,它们之间必须建立一种通过长期互动而建立起来的信任关系,只有通过紧密的、值得信赖的和持续的交流和互动才能实现。企业在创新的过程中,要加强与领先用户、供应商、销售商、中介组织、大学和科研机构等外部组织的交往。通过频繁的沟通与交往有助于合作的双方较快地建立共同语言和相互信任关系,从而极大地提高隐性知识搜寻和获取的效率。因此,企业在构建各种网络关系的过程中,要注重网络的结构型嵌入与关系型嵌入的整合,通过对外部显性知识和隐性知识的有效获取来不断提高创新绩效。

第三,企业在有效整合内、外部知识资源的同时,要深刻地认识到知识的流动、转移和溢出都不会无约束地自动产生。由于企业在产业链中所处地位的差异,企业各种网络的规模、密度以及企业在网络中的中心性不尽相同,企业获取外部知识等资源的能力相差也很大。因此,在企业所处的产业链条中,用户和供应商是企业技术创新所需知识的非常重要的来源,特别是领先用户对企业技术创新的重要性更是不可或缺。企业要从网络的结构型嵌入入手,重新考量企业在所处产业链中的地位。高绩效的公司在动态和复杂的市场环境中总能积极地从外部获取有用的创新知识并使企业内部各部门或员工能及时地共享这些知识,从而不断地改善企业的创新绩效。

最后,企业间的知识转移是供应商、客户、竞争对手、相关企业和其他互补性的外部组织间的价值转移网络,企业能否有效地从外部获取知识不仅与其在网络中的地位有关,而且依赖于企业与外部建立的各种网络之间的信任关系。为了减少知识转移和获取中的不确定性,相互间的信任和遵守共同的行为准则必不可少。广泛的社会网络给企业提供了大量获取外部知识的潜在机会,通过企业间长期建立和培育起来的关系网络,如信任、熟悉和共识等,使交往的各方都愿意向对方提供有价值的知识,从而实现共赢的局面。企业要从网络的关系型嵌入入手,重视与外部组织的交往并不断提高相互间的信任度。企业通过网络关系与外部组织持续的互动不仅可以推动显性知识的转移,而且可以加速隐性知识和技能的扩散与吸收。因此,通过各种关系型网络与外部组织的合作、交流和互动,将外部资源内部化,共享技能和知识,从而减少不确定性,已发展成为企业提高创新能力和国际竞争力的一个重要机制。

当然,本书也存在一些不足之处:本研究只是从网络嵌入对知识获取的角度分析其对企业创新绩效的影响作用,实际上影响企业创新绩效的因素是多方面的,如企业战略、组织管理、吸收能力、资源投入等等;未对企业的关系型嵌入网络和结构型嵌入网络进行深入的分析;本研究的问卷调查只涉及长三角地区的部分企业,并没有考虑到不同的行业背景、企业性质等方面的特质,有待于未来进一步的研究。

参 考 文 献

[1] AUTIO E, SAPIENZA H J, ALMEIDA J G. 2002. Effects of age at entry, knowledge intensity, and imitability on international growth[J]. Academy of Management Journal, 43(5).

[2] BAMEY, FIRM J. 1991. Resources and sustained competitive advantage[J]. Journal of Management,17(1).

[3] CHESBROUGH H. 2003. Open innovation: the new imperative for creating and profiting from technology[M]. Harvard Business School Press.

[4] DRUCKER P F. 1993. Post-capitalist society[M]. New York: Butterworth Heineman.

[5] DYER J H, NOBEOKA K. 2000. Creating and managing a high-performance knowledge-sharing network: the Toyota case[J]. Strategic Management Journal, 21(3).

[6] ECHOLS A, TSAI W. 2005. Niche and performance: the moderating role of network embed-

dedness[J]. Strategic Management Journal,26(3).

[7] GRANOVETTER M. 1973. The strength of weak ties[J]. American Journal of Sociology,(78).

[8] GRANOVETTER M. 1985. Economic action and social structure: the problem of embeddedness[J]. American Journal of Sociology,91(3).

[9] GRANOVETTER M. 1992. Problems of explanation in economic sociology[M]// Networks and organizations: structure, form and action. Harvard Business School Press.

[10] HANSEN T. 1999. The search-transfer problem: the role of weak ties in sharing knowledge across Organization Subunits[J]. Adminstrative Science Quarterly,44(1).

[11] IKUJIRO NONAKA, HIROTAKA TAKEUEHI. 1995. The knowledge-creating company: how Japanese create the dynamics of innovation[M]. Oxford:Oxford University Press.

[12] INKPEN A C,TSANG E W K. 2005. Social Capital, Networks and Knowledge Transfer[J]. Academy of Management Review,30(1).

[13] JULIA L LIN. 2009. Network embeddedness and technology transfer performance in R&D Consortia in Taiwan[J]. Technovation,(29).

[14] KOKA B R, PRESCOTT J E. 2002. Strategic alliances as social capital: a multi-dimensional view[J]. Strategic Management Journal,23(9).

[15] LYNN G S, REILLY R R, AKGUN A E. 2000. Knowledge management in new product teams: practices and outcomes[J]. IEEE Transactions on Engineering and Management,47(2).

[16] MEI-CHICH HU. 2008. Knowledge flows and innovation capability[J]. Technological Forecasting & Social Change,(75).

[17] NUNNALY J C. 1978. Psychonetric theory[M]. New York: McGraw-Hill Book Company.

[18] O'HAGAN S B, GREEN M B. 2004. Corporate knowledge transfer via interlocking directorates: a network analysis approach[J]. Geoforum,(35).

[19] OWEN-SMITH J, POWELL W W. 2004. Knowledge networks as channels and conduits: the effects of spillovers in the Boston Biotechnology Ccommunity[J]. Organization Science,(15).

[20] POLANYI M. 1969. The logic of tacit inference, knowing and being[M]. London: Routledge and Kegan Paul.

[21] STUART T E. 1998. Network positions and propensities to collaborate:an investigation of strategic alliance formation in a high-technology industry[J]. Administrative Science Quarterly,43(3).

[22] WUYTS S, COLOMBO M G,DUTTA S, et al. 2005. Empirical test of optimal cognitive distance[J]. Journal of Economic Behavior and Organization,(28).

[23] 蔡莉,柳青. 2008. 科技型创业企业集群共享性资源与创新绩效关系的实证研究[J]. 管理工程学报,(2).

[24] 陈钰芬,陈劲. 2008. 开放式创新:机理与模式[M]. 北京:科学出版社.

[25] 高春亮,李善同,周晓艳. 2008. 专业化代工、网络结构与我国制造业升级[J]. 南京大学学

报:哲学人文社科版,(2).
- [26] 李玲,党兴华,贾卫峰.2008.网络嵌入性对知识有效获取的影响研究[J].科学学与科学技术管理,(12).
- [27] 马宁,官建成.2000.影响我国工业企业技术创新绩效的关键因素[J].科学学与科学技术管理,(3).
- [28] 马庆国.2007.管理统计:数据获取、统计原理、SPSS工具与应用研究[M].北京:科学出版社.
- [29] 吴晓波,刘雪峰,胡松翠.2007.全球制造网络中本地企业知识获取实证研究[J].科学学研究,(3).
- [30] 杨虹,陈莉平.2008.社会网络嵌入视角下企业间的知识学习[J].东南学术,(4).

第7章 市场导向、组织学习与创新能力关系的概念模型与实证分析[①]

市场营销和创新是企业的两项基本职能(德鲁克,1954)。影响企业创新能否成功的因素是多方面的,但创新和新产品的成功大多源于良好的市场导向(Narver,Slater,MacLachlan,2004)。自20世纪90年代以来,随着市场导向可操作性定义的提出,企业试图通过建立市场导向去搜集顾客以及竞争者的信息,并在企业内部扩散和转移并对此作出及时的反应,从而获取持续的竞争优势。然而随着竞争环境的日益复杂化,人们发现仅仅依靠市场导向这种反应性的经营导向并不能完全应对环境的变化,于是转而向组织内部寻求能够支撑企业不断获取竞争优势的资源。为了将内部资源与外部资源有效地进行整合,组织学习理论引起了学者们的重视。

组织学习被视为产生创新的一个主要程序,且组织学习的速度将成为企业唯一可持续的竞争优势。实际上所有的组织都是一个学习系统,都在不断地进行知识获取、共享和利用,这种知识的共享、交流成为创新成功的重要条件。本研究从市场导向理论出发,将组织学习作为中介变量,在构建市场导向影响创新能力概念模型的基础上,通过实证分析,为企业如何通过市场导向模型的构建来提高创新能力提供相应的对策建议。

7.1 相关概念与已有研究的文献综述

7.1.1 市场导向的内涵、测度与研究模型

1. 市场导向的内涵

随着外部环境的不断变化,市场导向观念已进入理论化的发展阶段,并被视为

[①] 本章主要内容发表于《江海学刊》,2011年第4期

当代营销管理及营销战略背后的中心概念(Wood 等,2000)。一般认为,市场导向理论起源于市场营销理论中的营销观念。市场导向理论就是在营销领域的生产观念向营销观念转变过程中形成的,它主要是对在组织行为或者活动中的这种商业哲学的执行的一种反映。但直到20世纪80年代,市场导向与营销观念仍然是相互混用的。一部分学者认为组织营销观念的执行即为市场导向,也有人将其称为营销导向。但营销导向的说法过于狭隘,市场导向更能够诱导企业将注意力聚焦于市场,协同各部门的力量对市场做出有效反应,更能反映营销的真谛(Kohli 和 Jaworski,1990),得到了学者们的认同。

目前对于市场导向仍然缺乏的一个统一的定义,很多学者从不同的角度提出了市场导向的定义。Gririths 和 Grover(1998)认为市场导向理论结构基本可分成行为观(Behavioral Perspective)和文化观(Cultural Perspective)两类。

(1) 组织文化观

组织文化是组织成员共享的价值与规范,市场导向需融入组织文化才会发挥其应有的功效(Hurley 等,1998)。Narver 和 Slater(1990)就指出,市场导向是一种组织文化,"以最有效率和效果的方式进行必要的行为,为顾客创造优越价值,为企业取得不断的优越绩效"。它包含顾客导向(Customer Orientation)、竞争者导向(Competitor Orientation)及部门协作(Interfunctional Coordination)三个行为要素,及两个决策准则:长期目标(Longterm Horizon)、利润导向(Profit Emphasis)。

Slater 和 Narver(1994)提出,企业在不同的时期对不同市场导向行为要素的强调会有所不同,但无论奉行哪一种导向,都会对企业业绩产生重要影响。徐岚(2005)的研究结果证实在实践中存在以顾客为中心和以竞争为中心的两种市场路径。但总的来说,企业仍要注意保持顾客和竞争两种导向之间的平衡(Day 等,1994),同时关注顾客和竞争方面的信息,并以此作为决策的依据。

(2) 行为观

市场导向行为观(Behavior Perspective)侧重于对与市场导向相联系的特定行为的研究。Kohli 和 Jaworski(1990)从行为和过程的角度定义市场导向,认为市场导向是"一组具体企业行为,是企业的市场智慧的产生、分布及对其进行反应的过程"或者"某种特定的业务组合",其本质就是对市场信息的处理,其中顾客的需求信息是最主要的内容。它包括三个构面:信息产生(Intelligence Generation)、信息传播(Intelligence Dissemination)和对信息的反应(Responsiveness)。其他有关市场导向的定义如表7.1所示。

表 7.1　市场导向的定义

学者	类型	市场导向定义
Ruekert(1992)	行为观	获取和应用来自于顾客的信息,发展并实施为顾客创造优异价值的战略的一个经验单元

续表

学者	类型	市场导向定义
Deng 等(1994)	综合	既是业务哲学,为组织活动提供文化理念;又关注市场信息的产生、传播与反应,共同计划并实施企业战略的行动过程
Day(1994)	行为观	提出市场驱动理论,将市场信息的内容从消费者和竞争者信息扩展到产业和经济等外部环境,支持绩效优良的企业培养市场感应能力,以建立竞争优势
Slater 等(1995)	行为观	市场导向只有同学习导向结合起来,并运用创新的产品及服务来满足顾客需求,才能提高绩效
Deshpande 等(1998)	文化观	跨部门流程及活动,目的是通过持续的需求评估,创造并满足顾客。认为文化观的市场导向中心价值是全体员工对持续创造优越顾客价值承诺
朱丽君(2009)	文化观	将市场导向看作是一个由市场导向型组织文化、支持系统和市场导向行为组成的系统,市场导向型组织文化通过支持系统、市场导向行为影响企业的市场绩效及财务绩效

值得注意的是,组织文化观的市场导向,其执行也包含了信息产生、信息传播和对信息反应这三种活动(Narver 和 Slater,1994)。因此,对市场导向的这两种不同理解,主要是由于理论基础的不同,其本质还是一致的。

2. 市场导向的测度

学者们根据市场导向的不同定义提出了相应的度量量表,其中影响最大的就是 MKTOR 量表和 MARKOR 量表。MKTOR 量表是由 Narver 和 Slater(1990)根据其对市场导向的组织文化观定义设计而成的,包括顾客导向、竞争导向和跨部门协调三个构面。而 MARKOR 量表则是由 Kohli 等(1993)根据市场导向的行为观定义提出的,包括市场信息的产生、市场信息的传播和对市场信息的反应三个构面。相对而言,MKTOR 量表不但包含了 MARKOR 量表的三个构面,同时还考虑了文化因素,且量表信度较高,对于绩效的解释也较高(Oczkowski 等,1998),具有更普遍的说服力和稳定性。

此后,Deng 和 Dart(1994)、Deshpande 和 Farley(1998)等又相继提出了一些新的量表,但基本上都是对 MKTOR 量表与 MARKOR 量表的综合、扩展与精炼,其影响力都不及 MKTOR 量表与 MARKOR 量表。MKTOR 量表与 MARKOR 量表为进一步深入研究市场导向提供了较为理想的工具。

3. 市场导向的研究模型

在研究之初,学者们认为作为一种企业资源和能力的市场导向可以显著提高企业经营绩效,但研究结果却出现了很大分歧,于是学者们开始考虑各种可能的影响因素,并将其纳入市场导向的模型之中。主要有以下几种形式:

(1)线性模型

研究早期,学者们一般是运用开发出来的量表研究市场导向与企业绩效之间的直接线性关系的,其结果却大相径庭。大多数学者认为市场导向与企业绩效正相关,如 Deng 等(1994)、Wood 等(2000)、Alan C. B. Tse 等(2003)、孙永风等(2003)、朱宏杰等(2004)和 Leo Y. M. Sin 等(2005)。但有些学者则发现在不同的市场环境和文化背景下市场导向的表现和作用存在很大的差异,如 Greenley(1995)对英国企业研究后发现,只有在低市场变动的环境下,市场导向才对企业绩效有正面影响。Langerak(2003)对 1990~2002 年间的 51 篇研究进行总结后认为,市场导向是否以及何时对组织绩效产生正面影响仍然没有一个统一的结论。

(2) 调节变量模型

由于上述研究结果的巨大差异,学者们开始对市场导向与企业绩效之间是否存在调节变量进行研究。对市场导向与企业绩效关系存在重要调节作用的调节变量,主要分为环境特征和样本特性两个方面(周熙等,2007)。环境特征主要包括:市场变化度、技术变化度、竞争强度等。样本特性主要包括行业类型(服务业还是制造业)、文化背景、战略类型、规模及所有制特性等。本书对市场导向与企业绩效之间的调节变量研究状况进行了汇总,如表 7.2 所示。

表 7.2 市场导向与企业绩效之间的调节变量

学 者	调节变量	研究结果
Jaworski 等(1993)	市场变化度、竞争强度和技术变化度	无调节效应
Slater 等(1994)	市场成长、公司集中度、进入障碍、买方力量、卖方力量、技术变革	无调节效应
Greenley(1995)	市场变化度、技术变化度	有调节效应
Pitt 等(1996)	文化背景、经济发展水平及研究数据的获得方式	无调节效应
Pelham(1997)	行业环境因素(产品差异度、顾客差异度)	有调节效应
Kumar 等(1998)	竞争强度、市场变化度	有调节效应
Matsuno 等(2000)	战略形态(防御者、探索性、分析性、反应者)	有调节效应
谢洪明(2005)	市场变化度、竞争强度、技术变化度	有调节效应
Wong 等(2007)	产品生命周期(成长期、成熟期、引入期和衰退期)	有调节效应
孙振良(2008)	市场震荡	无调节效应
	技术变化	有调节效应

有关调节变量的研究结果仍然没能达成一致,即市场导向与企业绩效之间是否受到环境特征及样本特征的调节作用无法确定。但这一结果至少能够表明,市场导向并非是万能的,并不是在任何环境状态下都能够提升组织绩效,其执行必须结合企业所处的市场环境(Kohli 和 Jaworski,1990)。

(3) 中介变量模型

有关调节变量是否存在的研究没有得到统一的结论,学者就市场导向与企业绩效之间是否存在中介变量的问题展开了广泛的探讨。

在解释企业绩效差异来源时,有学者认为某种形式的优异资源将导致企业的位置优势或差异化的竞争优势(Day 和 Wensley,1988),Day(1994)则又添加了"活动"作为中介建构,形成了"资源-活动-优势-绩效"的理论框架,以便能更好地解释比较优势向竞争优势的转化。在此基础上,众多学者将各种能够为顾客交付独特价值的活动引入了市场导向与企业绩效的研究框架之中(具体见表 7.3)。

表 7.3 市场导向与企业绩效之间的中介变量

学 者	中介变量	中介作用
Slater 和 Narver(1995)	组织学习	存在
Han 等(1998)	组织创新	存在
谢洪明(2005)	组织学习	存在
张雪兰(2005)	竞争优势	存在
张婧(2005)	组织学习、组织创新	存在
徐忠伟(2005)	学习导向	存在
杨智等(2006)	组织学习、营销创新	存在
谢洪明等(2006)	组织学习、组织创新	存在
于洪彦等(2006)	组织创新	存在
刘石兰(2008)	产品创新方式	存在
区毅勇等(2008)	组织创新	存在
张韬(2009)	组织学习、组织创新	存在

有关中介变量的研究没有取得一致,但从中可以得出一个结论:市场导向作为企业的一种独特资源,必须依赖于顾客创造优异价值的活动来实现其价值。

Fred Langerak(2003)对 1990~2002 年的有关市场导向与企业绩效关系的 51 篇研究进行分析发现,只有一半的研究认为市场导向与企业绩效间存在直接正向影响;在其余研究中,在考虑了市场变动、技术变动及企业特性因素等调节变量或产品质量、创新等中介变量后,支持市场导向与企业绩效间存在正向影响研究则大幅减少。

Cynthia Rodriguez Cano 等(2004)利用 meta 分析法对有关市场导向与企业绩效关系的研究进行汇总,这些研究分别针对不同的国家和地区,涵盖了 23 个国家,结果发现:① 环境调节变量的影响。市场导向的作用在不同的社会经济发展水平的国家没有显著差异;营利性企业为了获取更多的资源,其市场导向与企业绩效之间的关系相对于非营利性企业更为紧密;服务性企业总是需要与顾客维持更为亲密的关系,市场导向成为其获取成功的主导要素。② 度量方法的影响:在市场导向的度量方面,MARKOR量表对企业绩效差异的解释性更好;在企业绩效的度量方面,与客观性指标相比,采用主观性指标时市场导向与企业绩效间的相关性更强。

根据以上分析可知,市场导向与企业绩效之间的关系会受到环境因素、中介活动及企业自身特质等因素的影响,目前的研究无法综合考虑所有的因素,所以市场导向与企业绩效之间的关系有待于进一步地验证。这对我国企业的启示是:在采用市场导向时应该综合考虑环境影响和企业的自身条件。

7.1.2 组织学习的内涵、分类与测度

在环境日益复杂多变的情况下,仅依靠市场导向这种反应性的经营方式难以完全应对外部环境的变化。Slater 和 Narver(1990)推测:"市场导向也许并不鼓励积极地承担风险……结果是将注意力集中于当前市场上的消费者和竞争者,因而忽视了正在出现的消费者和竞争者",于是人们逐渐意识到组织适应能力的提高来自于组织自身,而且这种能力可以通过不断学习的方式加以提高,组织学习被视为组织最重要的核心能力之一,是组织获取竞争优势的源泉。

1. 组织学习的内涵

对组织学习的研究最早可追溯到 March 和 Simon(1953),Agryris 和 Schon(1978)正式提出组织学习的概念,认为组织学习是"发现错误,并通过重新建构组织的'使用理论'(theories-in-use)(人们行为背后的假设,却常常不被意识到)而加以改正的过程",Agryris 也因此被誉为"组织学习"之父。此后,Agryris 及其他学者也不断对组织学习的概念进行修正,从不同的视角来定义组织学习,使得组织学习的定义一直以来差异很大(见表7.4)。

7.4 组织学习的定义

学 者	组织学习的定义
March 等(1953)	在有限理性下,组织意识到环境的不确定性和风险而调整决策规划,这种改变会引发信息处理方式的改变,整个循环过程即为组织学习
Argyris 等(1978)	组织学习意指错误的侦测与矫正之程序
Senge(1990)	组织学习是寻求并提高组织成员理解组织及其环境的能力,从而使其决策不断适应组织发展需要的过程
McGill 等(1992)	组织学习的过程是借改变信息被处理的方式,以求能反应新的信息,并比较不同的学习方式所造成的影响
Dodgeson(1993)	组织学习为关于公司活动的知识与常规,建立、提供、组织在其文化之内,并借改善其人力技能来调整与发展组织之效率

续表

学　者	组织学习的定义
张钢等(1995)	组织学习是一个带有控制反馈机制的不断改正错误的过程,最大特点是以一个共享的知识基础为中心。
陈国权(2000)	组织学习是企业在特定的行为和文化下建立和完善组织的知识和运作方式,应用相关的方法和工具增强企业适应性与竞争力的方式
王伟(2005)	组织学习指的是组织为了形成核心竞争力,围绕信息和知识的获取而开展的包括个人、团体和全组织的持续创新过程

2. 组织学习的分类

在对组织学习的研究过程中,不同学者根据不同的研究方向与重点,如是否涉及改变现有价值观与规范、技术的生命周期的阶段、学习的连续程度等,将组织学习区分为各种不同的类型,以说明不同组织的学习方式(见表 7.5)。

Slater 和 Narver(1995)依据 Seng(1990)的组织学习分类,将市场导向界定为适应性学习。谢竹云等(2008)则采用 March(1991)的分类方法,按照学习的策略将组织学习划分为利用式学习(Exploitation Learning)与开发式学习(Exploration Learning),发现适应型社会资本与开发式组织学习方式相匹配,促进企业当前价值的提升;而创新型社会资本有助于组织开发式学习,促进组织未来的价值创造。

表 7.5　各学者对组织学习的分类

学　者	组织学习的类型
March 等(1975)	完整的组织学习循环与不完整的组织学习循环
Hedberg(1981)	适应型学习、转换型学习及改变型学习
Argyris 等(1982)	单环学习、双环学习与再学习
Lyles(1988)	低阶学习与高阶学习
Senge(1990)	适应性学习与创造性学习
March(1991)	开发式学习与利用式学习
Lyles(1992)	经由经验学习、经由模仿学习与经由创造学习
Fulmer(1994)	维持性学习、震撼性学习与预期性学习

3. 组织学习的测度

对于组织学习如何进行,学者们也提出了不同观点。Argyris 和 Schon(1978)认为组织学习包括发现、发展、执行及概化等四个阶段;Huber(1991)将组织学习建构为四大程序:知识撷取、信息散布、信息翻译及组织记忆等;Nevis 等(1995)则在 Huber 基础上,将组织学习整合成知识取得、知识分享与使用三大阶段;Sinkula(1994)则提出组织学习是由信息取得、信息扩散及分享解释所构成的。学者们的观点存在一些差异，但总的来说，组织学习的程序主要包括了信息的获取、传播、消化和吸收以及储存等阶段。

由于组织学习没有统一的可操作性定义，对组织学习的度量也都是由研究者依据实际研究的具体情况来加以诠释的。Hult 和 Ferrell(1997)根据组织学习的特性，分别从团队(Team)导向、系统(System)导向、学习(Learning)导向及记忆(Memory)导向四个因素来衡量组织学习。

Baker 和 Sinkula(1999)提出了学习导向(Learning Orientation)，并以市场信息流动过程(Market Information Processing)为基础，用对学习的承诺、分享愿景及开放心智三个维度来衡量组织学习。该量表受到了学者们的认可，在后续的研究中应用比较广泛，例如，彭说龙等(2005)就利用该量表对组织学习进行度量，探讨了环境变动、组织学习与组织绩效的关系；谢洪明(2005,2006)等在相关研究中也采用了该量表。

7.1.3 市场导向、组织学习与创新能力关系研究的文献综述

有关市场导向与创新之间关系的研究仍存在分歧。大多数学者认为市场导向对企业的管理创新和技术创新均有着显著的积极影响，可以导致更高的组织绩效。Baker & Sinkula(1997)通过实证分析验证了"市场导向—创新—企业绩效"这一连锁关系的存在，企业的市场导向促进了不同类型的技术创新(渐进型或突破型创新)，对新产品开发的绩效存在显著的正向影响。Han 等(1998)及 Baker 等(1999)更是通过实证研究验证了"市场导向—创新—企业绩效"这一连锁关系的存在。张婧(2005)则进一步指出，顾客导向、竞争者导向和职能间协调分别促进了产品线延伸、仿制产品和全新产品这三种不同类型的产品创新。孙爱英(2008)指出顾客导向、竞争者导向和职能间协调将促进不同类型的技术创新(渐进性或突破性创新)。但也有学者指出，市场导向与技术创新之间不存在直接的相关关系，而是通过组织学习这一中介变量发生作用。

国内外已有大量研究表明，组织学习对组织的技术创新绩效存在显著作用。组织学习是一个渐进与累积的过程，它能够增加组织的知识基础，推动组织行为发生变化，进而促使企业的组织创新。谢洪明等(2005,2006)通过对我国珠三角地区企业的大量调查研究，认为组织学习对组织技术创新和管理创新都有显著的直接影响。周玉泉、李垣(2005)指出不同的学习方式(内部和外部学习)会对不同的组织能力(运作能力、动态能力)产生影响，进而影响不同形式的技术创新(突变创新、渐进创新)。蒋天颖等(2009)发现智力资本(人力资本、结构资本、关系资本)对组织学习均有显著的正向影响，并通过组织学习影响创新绩效。致力于学习的组织将可能比竞争对手获得更大的创新能力，组织学习对技术创新和管理创新都有显

著的直接影响;不同的学习方式(内部和外部学习)会对组织能力产生影响,进而影响不同形式的技术创新(突破型创新和渐进型创新)绩效(周玉泉、李垣,2005)。

尽管已有研究证实了"市场导向—组织学习—创新"这一链条的存在,但以往的研究中将技术创新绩效作为因变量,针对市场导向与技术创新绩效关系的研究并不多见。虽然史江涛和杨金风(2007)将组织学习作为中介变量,构建了"市场导向—组织学习—技术创新"理论模型,从顾客导向、竞争者导向和部门间协调等三个不同构面分析了市场导向通过驱动单环学习和双环学习,并进而影响企业创新绩效的微观机理,但却没有考虑不同的市场导向及不同的组织学习方式在整个链条中的影响,也缺乏相应的实证分析。有鉴于此,本研究希望通过理论研究与实证分析,一方面将组织学习作为中介变量来更为深入地揭示市场导向影响技术创新绩效的微观机理,以弥补现有理论研究的不足;另一方面通过长三角地区企业的问卷调查以及结构方程模型分析,从而为企业如何通过建立市场导向来提高创新绩效的管理实践提供对策建议。

7.2 市场导向影响创新能力的概念模型与理论假设

7.2.1 概念模型

对一个企业来说,要适应环境的动态变化,企业必须建立市场导向以提高其对环境的感知能力。市场导向是一种组织文化,也是企业的独特资源,能够为组织学习提供良好的氛围,激发组织成员为创造更为优异的顾客价值而努力的学习热情,否则仅仅依靠市场导向这种组织文化很难直接提高组织绩效。而且市场导向经营方式的组织往往更关注短期的、可衡量的绩效;学习导向经营方式的组织更关注长期且不易衡量的绩效。因而市场导向必须要结合学习导向,为组织积累更多的知识以推动创新的产生,进而提高组织的经营绩效。

目前,"市场导向—组织学习—创新"这一锁链关系已经被很多学者证实,市场导向能够促进企业的组织学习,并借助组织学习影响创新绩效。由此,本研究通过对已有文献的梳理,有效整合市场导向、组织学习和创新绩效方面的研究成果,从市场导向的不同类型出发,构建出企业市场导向通过对不同组织学习方式的作用,并进而影响技术创新绩效的理论模型(如图7.1所示)。

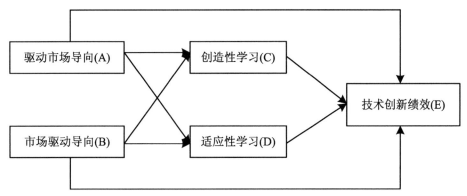

图 7.1 市场导向、组织学习与技术创新绩效关系的理论模型

7.2.2 研究假设

1. 市场导向与组织学习

一般地,可以将市场导向分为市场驱动导向和驱动市场导向两种类型。市场驱动导向是指获取、扩散和使用与当前顾客和产品领域相关的市场信息,重点关注明确表达的顾客需求;驱动市场导向是指通过观察市场上消费者的行为、与领先消费者密切合作、进行市场试验、对现有产品的替代销售等方法发现并满足潜在的没有明确表达的顾客需求。在市场驱动导向下,对市场信息的收集往往会被局限在其传统边界内,在不改变企业原有规范的情况下进行知识积累,因而,市场驱动导向可以促进适应性学习。但市场驱动导向是对市场导向的一种相对狭隘的构建,可能会忽视诸如供应商、咨询顾问、政府机构及对组织有价值的学习源,一方面缺乏对顾客隐性需求的关注,无法把握顾客需求变化的趋势,容易错过那些重大的学习机会;另一方面还会导致原有组织规范的不断强化,使组织更加僵化和守旧,阻碍创造性学习的开展,降低企业的灵活性和反应性(Slater 和 Narver,1995)。由此,本书提出以下假设:

H1:市场驱动导向对适应性学习产生正面影响。

H2:市场驱动导向对创造性学习产生负面影响。

驱动市场导向能够引导和鼓励管理者对目前并不存在的市场进行想象,思考企业当前业务边界以外的东西,通过识别顾客的潜在需求,从中预测市场未来的变化趋势,及早调整企业的战略经营方向,突破原有的技术范式,通过改变产业标准或者改变现有产品与市场标准来建立企业的竞争优势,不仅为创新提供更大的空间,还能创造新的竞争市场或形成新的市场结构和行为来推动企业的创造性学习(Prahalad Gary 和 Hamel,1994)。由此,本书提出以下假设:

H3:驱动市场导向对适应性学习产生正面影响。

H4：驱动市场导向对创造性学习产生正面影响。

2. 组织学习与技术创新绩效

企业通过组织学习来分享和创造知识，并通过新知识的学习改变原有的行为方式来提升组织的创新绩效，也可以通过组织学习，将外部知识与内部已有的知识进行有效整合，从而不断提高技术创新绩效。学习导向可以促进知识的积累和知识的应用，而知识积累和知识应用这两个子过程的协同发展可以实现技术能力和创新能力的提升，并最终转化为竞争优势。企业组织学习导向越强，组织创新程度越高，技术创新的绩效就越好(Prahalad 和 Gary Hamel,1995)。重视适应性学习的企业更注重对顾客需求的满足，通过搜集到的各种市场信息对产品和服务不断加以改进，从而促进企业的渐进性创新。进行创造性学习的企业则在对市场信息进行消化和吸收的基础上进行综合和创造，以此推断市场发展的趋势，加快新产品的开发速度，通过促进全新产品的开发来引导顾客需求。由此，本书提出以下假设：

H5：适应性学习对技术创新绩效产生正面影响。

H6：创造性学习对技术创新绩效产生正面影响。

3. 市场导向与技术创新绩效

市场导向本质上是对市场情况做出某些不同或新的响应，可以视为一种创新性行为。它可以诱导企业对顾客需求做出有效反应，有助于企业通过实施差异化战略来获取竞争优势，增加企业提高市场和财务绩效的机遇，因此，应将创新纳入市场导向的模型中，并通过与领先用户、主流用户等进行合作提高创新绩效(Calantone 等,2003)。驱动市场导向的企业往往可以成为市场的领先者。而市场驱动导向则通过对顾客需求的关注，从而通过一些渐进性的产品或技术创新来推动企业的发展。由此，提出以下假设：

H7：市场驱动导向对技术创新绩效存在正面影响。

H8：驱动市场导向对技术创新绩效产生正面影响。

7.3 市场导向影响创新能力的实证分析

7.3.1 样本与数据

本书的研究对象以长三角地区的高新技术企业(含制造和服务业)为主。问卷调查(见附录4)首先在企业访谈的基础上，对部分MBA学员进行试调查，共发放问卷20份(不计入最终数据)，在此基础上对问卷的部分问题进行修正；在正式调查阶段，通过MBA学生填写、电子问卷与企业现场调查三种渠道进行问卷的发放

第 7 章 市场导向、组织学习与创新能力关系的概念模型与实证分析

与回收,时间从 2009 年 12 月至 2010 年 12 月,共发放问卷 300 份,回收 195 份,其中有效问卷 170 份,有效问卷回收率为 56.7%。问卷涉及行业主要包括 IT 制造、精密机械、生物技术、软件产业、新材料和新能源、服务业等;企业性质包含国有、民营和外资企业,其中国有企业占 12%,民营企业占 52%,外资企业占 36%。为了保证所获信息能准确地反映被调查企业的实际情况,问卷基本上都是由企业负责产品研发的项目主管或部门经理等以上职务、在企业工作时间均在 3 年以上的人员填写。

7.3.2 变量与测度

本量表采用的是李克特(Likert-type)5 级度量方法,针对不同的题项根据企业的实际情况分别从 1~5 选择打分,从 1 到 5 分别代表"不同意""不太同意""不确定""比较同意"和"同意",要求受访者根据自己的同意程度对每个题项进行打分。本研究的各个变量的度量分述如下:

1. 市场导向

本书对市场导向的界定采用 Kohi 和 Jaworski(1990)的行为观定义,认为市场导向是"一组具体企业行为,是企业的市场智慧的产生、分布及其进行反应的过程"或者"某种特定的业务组合",其中包含市场驱动导向(Market-driven Orientation)与驱动市场导向(Market-driving Orientation)这两种不同但又相互补充的行为。两种市场导向的分指标如表 7.6 所示。

2. 组织学习

本书沿用 Senge 的分类方法将其分为适应性学习(Adaptive Learning)和创造性学习(Generative Learning)两种类型。适应性学习主要是指经由侦测组织行动结果,设法修改对于组织策略、假设的认知,使组织的表现能够符合原来组织的既定规范的一种学习活动,其目标是使企业能够更有效率地做事,这是组织的基本学习模式;而创造性学习则是指企业要对其长期持有的使命、顾客以及战略等假设提出疑问,并根据对企业经营环境变化的认识形成新的见解,系统思考方法替代线性思维模式的一种学习活动。当组织拥有创造性学习时,具有更高的学习能力,这种学习不仅能够促使组织中各种创新性思想和产品的产生,而且能够提升组织绩效。这两种学习方式的量表是在 Sinkula,Baker 和 Noordewier(1997)的研究基础上归纳和补充而成的,共 10 个题项(具体指标见表 7.6)。

3. 技术创新绩效

本书沿用国内外所广泛认可的技术创新的定义,即一项技术或产品从创新思路的产生,到研究开发、试制和实现首次商业化的整个过程。技术创新系统在投入一定的资源要素之后所取得的效果和表现出的生产效率的提高即为技术创新绩效。本书采用陈钰芬和陈劲(2009)对技术创新绩效的评价指标(见表 7.6)。

表 7.6 变量的信度与效度分析

潜变量	变量度量	描述性统计		因子载荷系数	主成分方差贡献率	Cronbach's α(值)
		均值	标准差			
驱动市场导向	致力于不断发现客户自己未意识到的需求(a1)	3.65	0.98	0.80	67.97%	0.808
	将隐性客户需求的解决方案整合进新产品和服务项目中(a2)	3.62	0.98	0.67		
	冒着以淘汰现有产品的风险进行创新(a3)	2.86	1.02	0.65		
	与领先用户合作以期在比大多数竞争对手数月甚至数年前就意识到客户需求(a4)	3.52	1.03	0.81		
	推断主流趋势,以帮助客户预测未来市场发展(a5)	3.73	0.95	0.73		
市场驱动导向	持续监测对满足客户需求的投入水平(b1)	3.71	0.95	0.64	60.95%	0.806
	比竞争对手更加关注顾客(b2)	3.75	0.92	0.82		
	基于客户需求制定竞争优势战略(b3)	3.85	0.94	0.61		
	自由交流成功或失败的客户服务经验(b4)	3.55	1.01	0.71		
	系统并经常性地测量客户满意度(b5)	3.69	0.95	0.76		
创造性学习	鼓励员工超越成规创意思考(c1)	3.44	0.97	0.79	71.03%	0.867
	不怕去质疑公司对于企业营运的各种假定(c2)	3.19	0.91	0.82		
	本公司非常重视对未来信息和趋势的学习(c3)	3.65	0.99	0.81		
	非常重视原创性(c4)	3.36	1.04	0.67		
	管理者乐于为保持其领先地位而进行革新(c5)	3.61	1.05	0.62		
适应性学习	主管不喜欢公司经营策略受到质疑(d1)	3.35	0.91	0.52	62.04%	0.714
	组织文化非常强调适应环境(d2)	3.47	0.86	0.78		
	循序渐进地改进工作程序和方法(d3)	3.48	0.91	0.68		
	在熟悉的产业寻求机会(d4)	3.64	0.96	0.83		
	更注重保持发展战略的稳定性(d5)	3.74	0.91	0.80		

潜变量	变量度量	描述性统计		因子载荷系数	主成分方差贡献率	Cronbach's α(值)
		均值	标准差			
技术创新绩效	新产品开发速度(e1)	3.26	0.95	0.80	71.62%	0.851
	创新成功率(e2)	3.33	0.97	0.78		
	新产品产值率(e3)	3.28	0.93	0.79		
	专利数量(e4)	3.27	1.01	0.63		
	制定行业标准(e5)	3.32	0.93	0.67		

7.3.3 问卷的信度与效度分析

为提高研究的有效性,在对问卷进行数据分析前,首先考察样本的信度和效度。问卷的信度是指测量所得结果的内部一致性程度。本研究采用 Cronbach's α 系数来分析项目的内部一致性,通常采用 Cronbach's α 最小为 0.70 的标准;效度的检验是通过内容效度的检验,即在运用主成分分析的过程中,分别检验所选题项是否能代表所要测量的内容。一般而言,当 KMO 的值≥0.5,巴特莱特(Bartlett)统计值≤α,各题项的载荷系数均大于 0.50 时,可以通过主成分分析将同一变量的各测试项合并为一个因子并进行后续研究。根据表 7.6 可看出,Cronbach's α 值均满足不小于 0.70 的要求,样本的信度通过内部一致性检验,并具有较高的效度,适合进行结构方程模型分析。

7.3.4 假设检验

本书采用结构方程模型来进行假设检验,运用 LISREL 软件进行数据分析。首先对模型进行拟合,得到的各项指标:$\chi^2(81)=582.57, RMSEA=0.099, GFI=0.77, NFI=0.92, TLI=0.95, CFI=0.94, Standardized\ RMR=0.07, P$ 值$=0.00001$。由于近似误差均方根 $RMSEA=0.099$,其值超过参考值≤0.08 的标准范围,说明原来模型的拟合效果不佳。因此,为了提高模型的拟合效果,本书将各变量中因子载荷系数小于 0.7 的题项删掉后重新拟合,即驱动市场导向的 5 个题项中删掉 a2 和 a3,市场驱动导向的 5 个题项中删掉 b1 和 b3,创造性学习的 5 个题项中删掉 c4 和 c5,适应性学习的 5 个题项中删掉 d1 和 d3,创新绩效的 5 个题项中删掉 e4 和 e5 题项,拟合指数均在参考值以内,其中:$\chi^2(81)=148.75, RMSEA=0.07, GFI=0.90, NFI=0.95, TLI=0.97, CFI=0.98, Standardized\ RMR=0.054, P$ 值$=0.00001$,达到统计显著性要求,并符合结构方程模型的拟合要求,因此该模型可以接受,各变量之间的影响系数如图 7.2 所示。

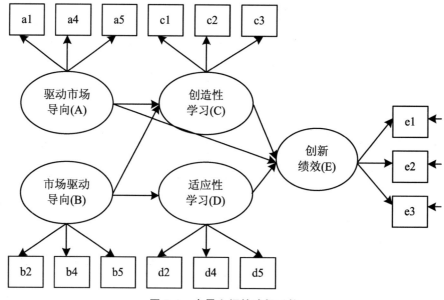

图 7.2　变量之间的路径系数

在结构方程模型分析中,当路径系数的 T 值大于 2.0 的参考值时,说明该路径系数具有统计显著性,因此,本研究的结构方程模型中除路径 A→D 和 B→E 外(其 T 值分别为 1.23 和 −0.27),其他路径的 T 值都大于 2.0,因此,其他变量之间的影响关系都具有显著的统计意义。

7.3.5　结果讨论

模型的结果显示,驱动市场导向对创造性学习具有显著的正面影响,标准化的路径系数为 0.30,T 值=2.26>2.0,假设 1 通过研究,即驱动市场导向对创造性学习产生正面影响;驱动市场与适应性学习之间的影响系数是 0.19,T 值=1.23<2.0,假设 2 没有通过模型的验证,也就是说驱动市场对适应性学习的影响并不显著。市场驱动导向对创造性学习的影响系数为 0.58,T 值=3.01>2.0,对适应性学习的影响系数为 0.37,T 值=3.23>2.0,假设 3 和假设 4 均通过模型的验证,也就是说,市场驱动导向对创造性学习和适应性学习均存在显著的影响作用。

创造性学习对技术创新绩效的影响系数为 0.37,T 值=2.40>2.0,假设 5 通过模型验证,说明创造性学习对企业的创新绩效有着显著的推动作用;适应性学习对技术创新绩效的影响系数为 0.20, T 值=1.98(接近 2.0),假设 6 基本通过模型验证,说明适应性学习对技术创新绩效存在影响。但比较两种方式对创新绩效的影响效果,创造性学习的影响作用则更大。

驱动市场导向对技术创新绩效的影响系数为 0.39,T 值=3.01>2.0,假设 7

通过模型验证,说明驱动市场导向对技术创新绩效既存在直接的影响,同时也存在间接的影响(即通过学习方式这一中介变量);市场驱动导向对技术创新绩效的影响系数为-0.05,T值$=-0.27<2.0$,假设8没有通过模型验证,说明市场驱动导向对技术创新绩效并不存在直接的影响作用,而是通过组织学习对技术创新绩效产生间接作用。

7.4 本章小结

7.4.1 研究结论

本研究在国内外文献研究的基础上构建了市场导向影响创新绩效的理论模型,以长三角地区的高新技术企业为研究对象,通过问卷调查与结构方程模型分析,得到以下结论:

(1) 企业的市场驱动导向和驱动市场导向对创造性学习都存在显著的正向影响;对适应性学习而言,驱动市场导向有着显著的积极影响,而市场驱动导向的作用并不显著。

(2) 两种学习方式对提高技术创新绩效都存在积极的推动作用,但是相比较而言,创新性学习对技术创新绩效的影响要比适应性学习更大。这也说明,企业技术创新绩效的提升,更多地依赖于创造性学习。

(3) 驱动市场导向对企业的技术创新绩效有着显著的直接推动作用,而市场驱动导向对创新绩效的影响是通过不同的学习方式而实现的,并不存在直接的影响。

总之,市场导向对企业创新绩效的影响主要是通过不同的组织学习方式这一中介变量产生作用的。

7.4.2 对策建议

1. 在竞争日益激烈的环境下企业应该加强市场导向

市场驱动导向可以对创造性学习和适应性学习均有促进作用,而驱动市场导向对创造性学习及技术创新绩效均存在显著的正向影响。对企业而言,市场导向是一个"度"的问题,而不是"有或者没有"的问题。但事实上,随着经济的全球化,产业的开放程度越来越高,企业之间的竞争越来越具有国际化的色彩。对国内企业而言,越来越多的蓝海演变为红海,各个产业内的竞争都日趋激烈。在高度竞争的环境下,企业就应该树立较高程度的市场导向,提高企业对信息搜集、传播和反应的管理能力。这也意味着企业都应该树立市场导向,只是根据环境竞争的激烈程度而略有不同。因此,为了提高企业对环境的感知能力和适应能力以及对信息搜集、传播和反应的管理能力,企业需要加强市场导向。

2. 重视驱动市场导向的培育

研究发现,驱动市场导向对创造性学习及技术创新绩效均存在显著的正向影响。驱动市场导向能够帮助企业摆脱"零和游戏"的怪圈,开辟新的市场。领先企业要想保持自己的领先地位,必须对顾客需求更敏感,比竞争对手的战略行动反应更快,在重要资源的配置上也更有弹性,领先企业更需要通过实施驱动市场导向,识别顾客的潜在需求,以尽早发现市场的发展趋势,并能够更快地推出新产品以满足顾客需求,维持自己的市场地位。但对于那些效益比较低的企业,抗风险能力较差,一般采用跟随战略,实施市场驱动导向即可满足其提升创新绩效的目的。因此,企业不应该盲目跟风,而应该根据经营绩效选择市场导向类型,在企业达到一定程度后再实施驱动市场导向。

3. 市场导向的实施需要各种组织因素的协调和配合

市场导向是"无形的、不能从市场上买到的,在结构上呈现复杂性,具有高度相关联的构建",建立市场导向意味着必须对企业文化、战略、结构、组织、领导、行为规范等一系列因素进行调整和重构,它是一个持久的过程。高层管理者的重视、部门间的合作以及奖励机制被视作市场导向最为重要的前因变量。为了成功实施市场导向,企业应做到:① 高层经理必须支持顾客导向的价值观和经营理念,真正以顾客为中心,为顾客提供更为优异的顾客价值而努力;② 重视市场和顾客,并将其纳入战略规划的过程,凡是策略性的决策都应由跨职能部门人员制定;③ 促进所有影响消费者决策的信息在企业范围内的流通,部门间要相互沟通和协调,提高公司全体成员对顾客一致性的承诺;④ 建立以市场表现为基础的绩效度量指标,促进员工市场导向型行为的产生。企业只有在这些关键因素上作出相应的努力和改变才能真正建立市场导向。因此,只有把市场导向根植在企业文化之中,并将之内化为组织成员共同遵循的价值观和行为,它才能发挥更大的效用。

4. 加强组织学习,尤其是创造性学习,打造学习型组织

组织学习的目的是为了提高组织的适应性和效率,环境越趋于动态,企业对于组织学习的需求就越强烈,组织学习的程度就越应该提高。这意味着,在当前这种快速变化的环境中,企业更应该重视组织学习,努力提高组织学习的程度和水平。研究发现,在驱动市场导向与技术创新绩效之间,真正起到中介作用的是创造性学习,它可以显著地提高创新绩效。学习型组织让人们持续拓展他们的能力,以创造所想要的结果,以使人们可以不断地共同学习如何学习。构建学习型组织,提升组织学习能力,是提高组织创新绩效的重要途径。圣吉所说的学习型组织,其真谛就在于创造性地学习,从某种意义上说,创新就是学习型组织的核心与标志。企业必须通过五项修炼构建学习型组织,系统思考是五项修炼的核心,组织必须首先进行系统思考,以动态的、整体的思考代替传统的线性思考,从对现状做出被动反应转变为创造未来,掌握动态的整体均衡;通过自我超越和建立共同愿景是要形成组织向上的创造性张力;改善心智模式,鼓励员工突破常规,进行创意思考;不断进行团队学习,突破个人能力的局限,形成信息和知识共享的风气,改善团队和组织的学习效果。通过打造学习型组织,可以促进组织的持续学习,增强企业的学习能力,以推动企业创新绩效的提升。

5. 重视组织学习与市场导向的有效结合

市场导向作为一种组织文化,是组织学习的前因变量和原动力,它们之间的关系是相辅相成的。市场导向是营销概念的发展,它是由外界推动的,通过对外部市场信息的搜集来增强组织的适应性,是一种由外向内的创新驱动力;组织学习则是内部发动的,重视内部知识与信息的整合与创造,透过外在市场信息的刺激与组织本身学习与反省的能力来促使组织产生创新,是一种由内而外的创新驱动力。市场导向在本质上就是一种学习导向,它为组织学习创造一种开放式的学习氛围,能够提高组织学习的效果。因此,组织学习应该与市场导向的实施结合在一起,这样才能更有效地提升创新绩效。

本书对市场导向、组织学习与技术创新绩效的关系作了较为深入的研究,但是目前的研究并没有相关的成熟量表,本研究利用已有的组织学习量表进行归纳和总结,形成了有关创造性学习和适应性学习的量表,其科学性有待进一步验证;影响企业创新绩效的因素是多方面的,本书并没有考虑其他中介变量的影响,未来研究应该将这些变量也纳入分析框架中,以深化对市场导向与技术创新绩效关系的认识。

参 考 文 献

[1] BAKER W E, SINKULA J M. 1999. The synergistic effect of market orientation and learning orientation on organizational performance[J]. Academy of Marketing Science Journal, 27(4):411-428.

[2] CALANTONE ROGER, ROSANNA GARCIA, CORNELIA DRÖ GE. 2003. The effects of environmental turbulence on new product development strategy planning[J]. Journal of Product Innovation Management, 20(2):245-262.

[3] PRAHALAD C K, GARY HAMEL. 1994. Strategy as a field of study: why search for a new paradigm[J]. Strategy Management Journal, (15):5-16.

[4] DAY, GEORGE S. 1994. Continuous Learning about Markets[J]. California Management Review:9-31.

[5] KOHI, AJAY K, BERMARD J, JAWORSKI. 1990. Market orientation: the construct, research propositions, and managerial implications[J]. Journal of Marketing, 54 (2).

[6] NARVER J C, SLATER S F, MACLACHLAN D L. 2004. Responsive and proactive market orientation and new-product success[J]. Journal of Product Innovation Management, (21):334-347.

[7] NONAKA I, TAKEUCHI H. 1995. The knowledge-creating company: how Japanese companies create the dynamics of innovation[M]. London: Oxford University Press.

[8] SINKULA W E. BAKER, THOMAS N. 1997. A framework for market-based organizational learning:linking values, knowledge, and behavior[J]. Journal of the Academy of Marketing Science,25(4).

[9] SLATER S F, NARVER J C. 1995. Market orientation and the learning organization[J]. Journal of Marketing,59:63-74.

[10] WOOD V R, BHUIAN S, Kiecker P. 2000. Market orientation and organizational performance in not-for-profit hospitals[J]. Journal of Business Research:213-216.

[11] 陈钰芬,陈劲. 2009. 开放式创新促进创新绩效的机理研究[J]. 科研管理,(7):1-9.

[12] 官建成. 2004. 中欧工业创新的比较分析[J]. 中国创新管理前沿,(5):215-230.

[13] 蒋天颖,白俊江. 2009. 智力资本、组织学习与企业创新绩效的关系研究[J]. 科研管理,(7):44-50.

[14] 马庆国. 2007. 管理统计:数据获取、统计原理、SPSS工具与应用研究[M]. 北京:科学出版社.

[15] 史江涛,杨金凤. 2007. 市场导向对技术创新的影响机理研究[J]. 研究与发展管理,(4).

[16] 孙爱英,周竺. 2008. 不同市场导向类型对技术创新的影响研究[J]. 工业技术经济,(6):61-64.

[17] 孙永风,张睿,李垣. 2003. 转型经济时期国有企业市场导向型战略与绩效的实证研究[J]. 中国软科学,(7):80-83.

[18] 谢洪明,刘常勇,陈春晖. 2006. 市场导向与组织绩效的关系:组织学习与创新的影响:珠三角地区企业的实证研究[J]. 管理世界,(2):80-97.

[19] 谢洪明. 2005. 市场导向、组织学习与组织绩效的关系研究[J]. 科学学研究,(8):47-53.

[20] 余志. 2007. 市场导向、组织学习与新产品开发绩效的影响关系研究[D]. 杭州:浙江大学.

[21] 张婧,段艳玲. 2010. 我国制造型企业市场导向和创新导向对新产品绩效影响的实证研究[J]. 南开管理评论.

[22] 周玉泉,李垣. 2005. 组织学习、能力与创新方式选择关系研究[J]. 科学学研究,(8):525-530.

[23] 朱丽君. 2005. 市场导向型组织文化对企业绩效影响的实证研究[D]. 长沙:湖南大学.

第8章 集成能力与创新绩效关系的概念模型与实证分析[①]

本章以集成创新为视角,探讨中小企业集成能力对创新绩效的影响,尤其是通过对苏南中小企业集成能力影响创新绩效的问卷调查和统计分析,深入分析各种集成能力对创新绩效的影响程度,为中小企业如何通过提高集成能力改善创新绩效和获取国际竞争优势提供对策建议。

8.1 相关概念与已有研究的文献综述

8.1.1 集成能力的内涵

集成作为一种社会现象早已存在并且应用越来越广泛。企业机器设备等都是集成的产品,集成现象无处不在,随时可见,集成思想体现了系统理论的指导。在计算机领域,系统集成是指计算机厂商将各个厂家生产的不同的零部件(硬件和软件),根据用户的要求组合在一起,形成完整的解决方案(黄杰、江陵、李必强,2003);龚建桥(1996)认为集成是指将独立的若干部分加在一起或者结合在一起成为一个整体的过程,他通过研究集成管理在现代科技型企业中的应用,认为集成管理以先进的计算机系统和信息技术为工具,以高度集成的管理信息为中介,以高效的企业经营活动为目标,表现为全面、全员、全程的密集性管理;李文博和郑文哲(2004)认为集成是一种创造性的融合过程,即在各要素的结合过程中,注入了创造性思维。

根据集成在人类社会活动中的应用实践,基于众多学者对集成化现象的深入研究,原科技部部长徐冠华(2004)认为系统集成是实现知识更新,促进新技术、新产品产生的有效途径。总结上述从不同角度关于集成的理解和描述,集成的内涵可以概括为:集成是指为实现特定的目标,集成主体创造性地对集成单元进行优化

[①] 本章主要内容发表于《预测》2011年第5期。

并按照一定的集成模式(关系)构造成为一个有机的整体系统,从而更大程度地提升集成体的整体性能,适应环境的变化,更加有效地实现特定的功能目标的过程。也就是说,各个集成单元的简单组合并不能称之为集成,只有当各个集成单元经过主动选择搭配,优化配置,以最合理的结构结合在一起,形成一个最佳的并且相互优势互补、匹配的集成体,这样的过程才能称之为集成。

8.1.2 集成能力的测度

由于现代企业尤其是中小企业越来越受到自身资源、能力的限制而不能进一步发展壮大,所以中小企业迫切要求整合内外资源,打破自身拥有资源量少的限制。而要解决这些限制条件,就需要中小企业提高自身的集成能力。理论界对此进行了深入的研究,国内外在这方面也涌现了大量的研究成果。

王娟茹和杨瑾(2005)认为知识集成能力是反映知识动态效率的有效指标,它能够帮助企业增强创造、获取和利用知识的能力,提高自身竞争力。她们提出和界定了知识集成能力的概念,认为知识集成能力就是在知识管理过程中,整合和应用现有的知识和获取外部知识的动态能力,是保证知识资产有效整合、发挥作用的一种关键能力。另外,她们结合知识管理理论和我国知识管理的现状,通过实证分析,确定了知识集成能力主要分为关系资本、知识共享水平和吸收能力,而且每个构成都设计了相应的考量指标。

Markus C. Becker 和 Morten Lillemark(2006)两位法国学者从制药行业入手,分析市场和研发这两个企业的基本部门相互合作、相互集成所产生的效应,将市场和研发集成起来作为一个整体进行研究,提出了市场在产品集成创新开发中的五个内容——理解客户需求、市场应作为研发创新的源泉、将客户需求转化为可生产的商品、测试商品概念的技术可行性、预测市场销量和评估投资回报。提出市场和研发的结合是集成创新成功的必要条件,并通过案例加以说明。

赵建华和焦晗(2007)等以装备制造业为主要对象,研究企业技术集成能力的特点及其构成要素,分析技术集成能力在集成创新过程中的具体表现。他认为技术集成是集成创新的核心,技术集成能力对于产品的创新绩效起着关键的作用,并且在产品不同的发展阶段表现形式不同。最后通过实证分析的方法确定技术集成能力的衡量因素,主要包括:产品建构能力、技术知识获取能力、技术整合能力、实验能力、技术监测能力,而每个因素又确定了相应的衡量指标。

江辉和陈劲(2007)在汲取众多企业管理理论精华的基础上,提出了企业集成创新的战略模式。他们以企业内部运转的三个组成部分构成整个分析框架,分别对技术集成、知识集成和组织集成进行研究。他们描述了技术集成的过程,提出了技术集成能力的几项指标;知识集成的研究,描绘了知识库建立模型和知识集成能力七项指标;最后对组织集成的研究,形成了企业建立网络组织的概念,总结了七个指标。他们通过对这三个集成进行系统的研究,为创新提供了一类新的模式。

张方华(2008)整合了技术创新的过程模式与集成思想,提出了集成创新的过程模式,主要是指从信息集成、知识集成、技术集成到其他要素集成的整个集成创新过程中,无论是信息的收集和获取,还是知识与技术的获取,都需要企业内外部的组织集成。他同时指出企业的集成创新过程是一个不断反馈和调整的过程,每一个特定的阶段都要根据前后阶段的变化做相应的调整来适应各种变化。

孙金梅、秦江波和高日善(2008)结合硅谷和剑桥的案例,建立企业集成创新能力的基本评价模型,将集成能力分为了战略集成能力、知识集成能力、技术集成能力、组织集成能力四个方面,每个方面又研究了相应的指标,并通过专家打分法对每个指标进行了重要程度判定。

综合以上国内外各方面对集成能力的研究探讨和本研究的现实需要,本书认为集成能力是一种重要的组织能力,是集体组合、配置资源的能力,这个能力是以企业的人力资本开发和共享、技术转送、信息交换、战略协作等为基础的,而且是一个动态的过程。本章在集成创新理论基础上,结合众多学者的观点和本书的研究需要,将集成能力分为信息集成能力、知识集成能力、技术集成能力、组织集成能力和战略集成能力五个维度,并通过这五个维度来衡量中小企业集成能力的大小。

8.1.3　已有研究的文献综述

随着知识全球化的日益发展和产品复杂程度的不断增加,单个中小企业仅仅依赖自身拥有的有限资源进行复杂的产品或技术创新越来越显得力不从心。为突破这一现实困境,以便更好地指导企业的创新实践,学术界对集成创新的研究成果不断涌现。Gomes等(2003)人从功能集成的角度,通过对英国和荷兰的40家不同工业企业的问卷调查和分析,得出以下结论:集成能力和绩效之间的联系主要取决于该项目的阶段和产品的新颖程度,不同产品项目阶段创新绩效对集成能力的需要有所不同,集成能力与创新程度高的产品之间的联系比微小变化的产品之间的联系更为紧密;Jie Yang(2005)通过对中国高科技企业新产品绩效的研究后发现,知识集成和创新在新产品绩效中发挥了重要的作用,知识集成和创新绩效之间存在固有的联系,这种联系主要受到营销和生产能力、知识获取和知识传播等方面的影响;赵建华和焦晗(2007)认为,技术集成能力在新产品不同开发阶段表现形式虽然不同,但是对于创新绩效都具有积极的影响;郁培丽和范忠宏(2007)研究了集成创新阶段的知识黏性问题,他们通过分析新科电子集团克服知识黏性方面的经验,提出了集成创新三个阶段中知识黏性问题的不同表现,并且针对这些表现提出了相应的解决方案,最后得出结论:提高知识集成能力是解决知识黏性问题的关键,也是提高创新效率和效益的主要方法;王巧樑和王钦(2009)构建了集成创新的三维模式,并将能力作为集成创新的一个方面,通过南京中网通信的个案分析,阐述了企业在集成创新实践过程中,集成能力是改善创新绩效的重要保证。

总结以上文献可以发现,企业集成能力与创新绩效之间存在密切的联系,但是国内外相应的研究还远远不够,而且大多数研究还停留在理论分析阶段,缺乏必要的实证分析。因此,在理论分析的基础上,通过问卷调查和统计分析,研究中小企业集成能力与创新绩效之间的关系对我国量大面广的中小企业而言有着重要的理论意义和实践指导价值。

8.2 集成能力影响创新绩效的概念模型与理论假设

8.2.1 概念模型

根据国内外众多学者的研究成果,不同学者在研究企业的集成能力时都进行了不同维度的划分,其中包括:集成创新的内容主要包括技术集成、知识集成和组织集成(江辉,陈劲,2000);集成的对象主要包括战略、资源、知识、时间和能力(张华胜,薛澜,2002);集成的过程模式包含信息集成、知识集成、技术集成和组织集成,并且是一个不断反馈和调整的过程,每一个特定的阶段都要根据前后阶段的变化做相应的调整来适应各种变化(张方华,2008)。

借助上述理论分析,本研究根据研究的需要,将中小企业集成能力分为信息集成能力、知识集成能力、技术集成能力、组织集成能力和战略集成能力五个维度,创新绩效分为创新效率和创新效益两个维度,构建出中小企业集成能力影响创新能力的概念模型(见图 8.1)。

8.2.2 理论假设

根据已有学者的研究成果,本书从集成能力的五个维度出发,构建其影响创新绩效的关系模型。而在创新绩效的评价指标上,本书采用了创新效益和创新效率两个维度进行衡量。因为,创新效率和创新效益代表了两个不同的评价方式。而中小企业应该追求效率和效益的双丰收,但是各种集成能力对效率和创新效益两者的影响程度是不一样的,为此,本书分别对创新效率和创新效益进行实证分析,以便中小企业可以更好地通过改善各种集成能力来提高创新绩效。

1. 信息集成能力与创新绩效

企业的创新过程是一项高度依赖创新信息的活动,对创新信息的准确了解与把握不仅可以使企业及时掌握市场需求变化和客户的多样性需求,而且还可以及时获取政府有关激励企业技术创新的政策信息,通过信息的交流还可以及时掌握

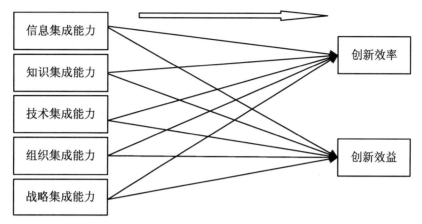

图 8.1　中小企业集成能力影响创新绩效的概念模型

技术发展动态和趋势,从而不断充实、丰富和完善企业技术创新的思路和方法。组织间信息的分享、集成和关系的协调对新产品或新技术的开发绩效存在显著的正向影响(吴家喜,吴贵生,2008)。由此,本书提出以下假设:

H1a:企业信息集成能力对创新效率有显著正向影响。

H1b:企业信息集成能力对创新效益有显著正向影响。

2. 知识集成能力与创新绩效

知识是企业创新中最重要的资源。面对急剧变化的市场竞争环境,在加强企业内部研发的同时,如何将外部知识的获取与内部知识的创造有效结合起来,从而改善企业的创新绩效就显得尤为重要。企业的知识创造与积累是企业内外因素双重影响的结果,所以知识集成能力是企业进行技术创新的前期准备。知识集成是解决知识黏性的有效手段,是提高创新绩效的关键步骤(郁培丽,范忠宏,2007)。由此,本研究提出以下假设:

H2a:企业知识集成能力对创新效率有显著正向影响。

H2b:企业知识集成能力对创新效益有显著正向影响。

3. 技术集成能力与创新绩效

我国高校、科研院所等技术第三方供应源的不断发展,为我国企业整合外部技术资源,实现技术集成提供了良好的外部条件。在技术来源多样化的条件下,通过技术集成提高企业的创新能力是在快速变化的外部环境中获取持续竞争优势的有效途径之一。因此,技术集成能力是企业进行集成创新的一个重要源泉,技术集成能力虽然在产品创新各个阶段表现不同,但对创新绩效具有积极影响(赵建华,焦晗,2007)。将外部技术与自身技术进行有效的整合能极大地提高产品集成创新的绩效(田丹,张米尔,2009)。由此,本研究提出以下假设:

H3a:中小企业技术集成能力对创新效率有显著正向影响。

H3b 中小企业技术集成能力对创新效益有显著正向影响。

4. 组织集成能力与创新绩效

企业的创新是组织内部各部门之间、企业内部与外部组织之间相互影响、互动和作用的结果。因此,组织集成能力是保证集成创新能够顺利完成的重要因素,在企业集成创新能力中主要起保障作用,其高低直接影响企业集成创新的成果。组织集成是产品整个技术创新过程不可或缺的关键因素(张方华,2008)。由此,本书提出以下假设:

H4a:企业组织集成能力对创新效率有显著正向影响。

H4b:企业组织集成能力对创新效益有显著正向影响。

5. 战略集成能力与创新绩效

战略集成能力是企业进行集成创新必须具备的要素之一。战略代表了企业未来发展的方向,而战略集成要求企业内部各种战略必须协调,同时还必须与外部的市场情况保持一致。战略集成能力体现了企业的核心能力和技术创新能力的发展要求。企业战略集成能力一方面要保证企业技术创新战略与企业核心能力发展战略相一致,体现企业核心能力和企业技术创新能力发展的要求,同时也要注意市场范围的选择,实现企业的现实竞争力。企业技术创新能力和竞争优势是企业有意识的创新活动的结果,而有意识的创新活动必须通过战略集成加以实现,所以战略集成能力是企业提高技术创新能力,获取创新绩效和竞争优势的保证(李元,杨薇钰,2008)。由此,本书提出以下假设:

H5a:中小企业战略集成能力对创新效率有显著正向影响。

H5b:中小企业战略集成能力对创新效益有显著正向影响。

8.3 集成能力影响创新绩效的实证分析

8.3.1 样本与数据

本次研究的对象主要是苏南地区的中小企业,本次调查共发放问卷(见附录5)120份,回收103份,删除部分无效问卷,有效问卷87份,有效回收率为84.5%。其中IT业22份,占25.3%;生物制药企业14份,占16.1%;机械设备20份,占23.0%;新能源12份,占13.38%,电器业19份,占21.8%。企业规模绝大多数在200~1000人之间,占总调查对象的比例为60.9%,这也符合苏南中小企业的特点。从调查对象的研发费用占销售额的比重上来看,在3%以上的企业占总数的64.4%。

从被调查者的性质来看,被调查者工作性质的分布也比较均匀,基本涵盖了中小企业中的主要职位,而且大多数职位与企业的研发部门和财务部门比较相关(约占52.9%),这些职位人员对企业创新非常敏感而且对我们的问卷具有良好的理解能力,提高了问卷数据的有效性;从被调查者的学历上看,主要以本科及以上为主(约占66.7%)。

8.3.2 变量与测度

本量表采用的是李克特(Likert-type)7级度量方法,针对不同的题项根据企业的实际情况分别从1~7选择打分,例如:7分表示非常好或非常满意,6分表示好或满意,5分表示比较好或比较满意,4分表示一般,3分表示较差或较不满意,2分表示不好或不满意,1分则表示极差或极不满意。本研究的各个变量的度量分述如下:

1. 信息集成能力

信息集成能力是企业通过掌握市场和客户多样性需求,获取最新的技术发展信息和政府政策变化信息,最后将这些信息与企业自身条件结合起来,整合出对企业有用信息的能力,为企业的创新构思提供依据。本书用是否经常研究市场发展机会、是否经常研究产品的最新发展成果和是否经常研究政府的政策信息三个指标表示。

2. 知识集成能力

知识集成能力是指企业在集成创新过程中对技术创新所需的技术研发等方面知识的收集、使用和共享,实现知识创新,并将知识应用于实际的技术创新项目中,实现企业技术集成创新的能力。本书用"T"型人才充足度、有先期项目经验的项目人员数占项目人员总数比、技术带头人或项目负责人的技术开发项目年限长短、技术文档充足度、技术文档使用程度、项目正式研讨的每月频度高低、非正式研讨的种类多少等指标表示。

3. 技术集成能力

技术集成能力是指企业根据自己掌握的技术和产品的市场信息,引进外部的成熟技术,然后根据产品的特性,使各项分散的技术在产品中高度融合,在短时间内进行集成创新,开发出适合市场需求的新产品,以最快的时间领先进入市场,获取经济效益。本研究的技术集成能力用集成后系统中各个分支技术匹配度、技术系统冗余度、技术系统中自有核心技术、对世界领先水平产品的技术选择水平、与同行业比的成本水平和产品主要功能与辅助功能所占比例等指标表示。

4. 组织集成能力

组织集成能力是指企业通过对组织的研究,实现不同创新主体的沟通和交流,保证各项资源之间的密切配合,提高集成创新的成功率。本研究用个人日常交流程度、企业部门间交流程度和企业与外部交流程度等指标表示企业的组织集成能力。

5. 战略集成能力

战略集成能力是指企业在全面分析外部环境与自身能力的基础上,明确未来的技术发展方向以及与此方向相符合的资源分配方案,并将企业的研发和技术发展战略与总体发展战略相整合的能力。本研究用项目选择与项目方向一致性、技术选择与市场需求一致性和 R&D 费用高低来表示。

6. 创新绩效

技术创新是指一项技术或产品从创新思路的产生,到研究开发、试制和实现首次商业化的整个过程。本研究用创新效率与效益两个指标表示创新绩效,其中创新效率用新产品的开发速度、年新产品数和年申请的专利数三个指标表示;创新效益用创新产品的成功率、新产品销售额占销售总额的比重和新产品利润额占利润总额的比重三个指标表示。

8.3.3 实验结果分析

1. 问卷的信度和效度检验

本研究采用 Cronbach 的一致性系数（α 值）进行信度检验,通常测度变量的 Cronbach'α 值在 0.7 以上就能满足问卷的信度要求;效度检验则通过主成分方差的贡献率进行,一般而言,在进行主成分分析时,各分指标的因子载荷系数在 0.7 以上,主成分方差的贡献率在 50% 以上即通过效度检验。本研究问卷 7 个变量（信息集成能力、知识集成能力、技术集成能力、组织集成能力、战略集成能力、创新效率和创新效益）的 Cronbach 一致性系数分别为 0.810、0.903、0.774、0.897、0.824、0.746 和 0.831,满足问卷的信度要求;各分指标的因子载荷系数均大于 0.7,7 个指标的主成分方差贡献率分别达到 72.56%、63.48%、53.19%、83.31%、74.01%、73.58% 和 73.58%,表明本研究具有较高的效度。

2. 相关性分析

本研究采用 Pearson 相关分析的方法,分析中小企业集成能力各因子和创新绩效各因子之间的相关关系,即对本研究的各个假设进行初步验证。从表 8.1 的分析结果可知,中小企业集成能力的五个维度对创新效益在 0.01 的显著性水平上正相关,假设 H1b、H2b、H3b、H4b 和 H5b 得到了初步的验证;中小企业知识集成能力、技术集成能力和战略集成能力对创新效率在 0.01 显著性水平上正相关,假设 H2a、H3a、H5a 得到了初步的验证。从表 8.1 还可以发现,知识集成能力和技术集成能力与创新效益的相关性较强,而信息、组织和战略集成能力与创新效益的相关性相对要低一点,这说明了中小企业在进行技术创新时,知识和技术集成能力的重要性要高于其他三种集成能力。知识和技术集成能力与创新效率的相关性要小于与创新效益的相关性,这正好说明了中小企业更为关注企业的创新效益,使企业在进行技术创新时,知识和技术集成能力对创新效益的影响要明显大于对创新效率的影响。另外,中小企业信息集成能力和组织集成能力对创新效率在 0.05 水平上相关,但是它们之间的相关系数较小,且显著性水平较低,所以本研究认为其相关性不显著,假设 H1a 和 H4a 不能成立。

表 8.1　集成能力五维度与创新绩效两维度的 Pearson 相关分析

集成能力	创新绩效	创新效率	创新效益
信息集成能力	Pearson 相关系数	0.299	0.434**
	显著性(双侧)	0.018	0.000
知识集成能力	Pearson 相关系数	0.506**	0.599**
	0.000	0.000	
技术集成能力	Pearson 相关系数	0.443**	0.463**
	显著性(双侧)	0.000	0.000
组织集成能力	Pearson 相关系数	0.285	0.427**
	显著性(双侧)	0.025	0.001
战略集成能力	Pearson 相关系数	0.399**	0.368**
	显著性(双侧)	0.007	0.003

注:表中 ** 表示在 0.01 水平(双侧)上显著相关。

3. 回归分析

(1) 知识、技术和战略集成能力与创新效率的关系分析

以创新效率作为因变量,以知识、技术和战略集成能力作为自变量,采用多元线性回归(ANOVA)的方法,集成能力的三个维度全部进入模型。结果显示:F 值为 6.904,该回归模型 F 值的显著性水平为 0.000,表明该模型回归效果非常显著,模型具有很大的统计意义。

由表 8.2 可知,该回归模型 t 值的显著性水平均低于 0.05,说明该回归方程的线性关系显著,具有统计意义;方差膨胀因子(VIF)均在 3 以内,符合管理学中对多重共线性的要求(VIF≤3 表明不存在较强的多重共线性),表明进入该模型的知识集成能力、技术集成能力和战略集成能力和创新效率之间不存在较强的多重共线性问题;该回归方程调整后的 R^2 为 0.225,表明该模型的拟合优度较好,集成能力的三个维度能解释创新效率 22.5% 的变异;最后,该回归模型的 DW 值等于 2.073(2<2.073<3),表明该模型不存在序列相关问题。

表 8.2 回归系数和显著性检验表

模型	非标准化回归系数		标准回归系数	t	Sig	VIF	R^2	调整后 R^2	DW
	B	标准误差	Beta						
常量	−1.48E−16	0.112		0.000	1.000				
知识集成能力	0.486	0.168	0.486	2.174	0.034	2.946	0.263	0.225	2.073
技术集成能力	0.252	0.043	0.252	1.348	0.045	2.419			
战略集成能力	0.140	0.036	0.140	0.960	0.048	1.638			

通过以上分析可以发现,知识集成能力对创新效率的影响是最大的,其次是技术集成能力,最后是战略集成能力,但是三者都对创新效率产生正相关的影响,这与前面相关分析的结果是一致的,进一步验证了假设 H2a、H3a 和 H5a。

(2) 信息、知识、技术、组织和战略集成能力与创新效益的关系分析

以创新效益作为因变量,以信息、知识、技术、组织和战略集成能力作为自变量,采用多元线性回归的方法,集成能力的五个维度全部进入模型,F 值为 4.147,该模型 F 值的显著性水平为 0.003,小于 0.01,表明回归的效果极为显著,模型具有统计意义。

由表 8.3 可知,该回归模型 t 值的显著性水平均低于 0.05,说明该回归方程的线性关系显著,具有统计意义;方差膨胀因子(VIF)均在 3 以内,符合管理学中对多重共线性的判断,表明进入该模型的信息集成能力、知识集成能力、技术集成能力、组织集成能力和战略集成能力和创新效益之间不存在较强的多重共线性问题;该回归方程的调整 R^2 为 0.505,表明该模型的拟合优度较好,集成能力的三个维度能解释创新效率 50.5% 的变异;该回归模型的 DW 值等于 2.326,表明该模型不存在序列相关问题。

表 8.3 回归系数和显著性检验表

模型	非标准化回归系数		标准回归系数	t	Sig	VIF	R^2	调整后 R^2	DW
	B	标准误差	Beta						
常量	−7.31E−17	0.113		0.000	1.000				
信息集成能力	0.156	0.038	0.156	1.167	0.035	2.164			
知识集成能力	0.316	0.076	0.316	2.096	0.015	2.581	0.570	0.505	2.326
技术集成能力	0.276	0.063	0.276	1.300	0.028	2.473			
组织集成能力	0.239	0.040	0.239	1.555	0.022	1.809			
战略集成能力	0.084	0.026	0.084	0.085	0.048	2.111			

通过以上分析研究可以发现,知识集成能力对创新效益的影响是最大的(0.316),第二是技术集成能力(0.276),第三是组织集成能力(0.239),第四是信息集成能力(0.156),最后是战略集成能力(0.084)。这五者都对创新效益产生正相关的影响,这与前面相关分析的结果是一致的,同时进一步验证了假设H1b、H2b、H3b、H4b和H5b。

8.4 本章小结

8.4.1 研究结论

本书在系统研究国内外关于集成能力和创新绩效的基础上,结合苏南企业的实际数据,通过实证分析探讨中小企业集成能力和创新绩效的关系及其影响程度。通过上述的理论研究和实证分析,得出如下结论:

(1) 中小企业知识集成能力、技术集成能力和战略集成能力与创新效率存在显著相关性。中小企业知识集成能力对创新效率影响程度最大,其次是技术集成能力,最后是战略集成能力。

(2) 信息、组织集成能力与创新效率不存在显著的相关性。这说明中小企业的技术创新效率主要是受到知识、技术和创新战略的影响,而与信息、组织关系不大,这主要是受到中小企业规模的限制以及对风险态度的影响。中小企业由于实力较弱,一般处于微笑曲线的中间环节,利润率较低,承受风险的能力较弱,风险意识较强。所以当企业对信息和组织的集成能力更强时,其对创新产品的未来前景会有更明显的思路,使得企业会进一步加强风险控制,而不敢盲目进行技术创新,但是一旦创新则成功率较高。

(3) 中小企业信息、知识、技术、组织和战略集成能力与创新效益有显著相关性。中小企业知识、技术集成能力对创新效益的影响程度最为明显,其次是组织、信息集成能力,最后是战略集成能力。该结论符合苏南中小企业目前迫切需要技术升级,提高自身技术实力和产品知识含量的愿望。

8.4.2 对策建议

从实证分析得知,集成能力与创新绩效存在密切的关系,集成能力的提高对于企业提高技术创新绩效起着重要的作用。因此,本研究为中小企业提高技术创新绩效、获得最佳的投入产出比,提供了新的方法和视角。创新绩效作为产出,与投入息息相关,但是投入如何才能有效地发挥作用,结合苏南中小企业的实证研究,我们可以得到以下启示：

1. 重视人才的引进和培养，加强技术管理，提高知识和技术集成能力

众所周知，知识的来源是人才，人才是企业发展的动力，而人才的获取不单要从外部选人，更要注重在企业内部挖掘和培养。从苏南中小企业的实际情况可以发现，我国企业尤其是中小企业的人才结构都存在许多不足之处。具体表现为：企业的普通员工较多，真正懂经营、会管理，同时掌握技术的人才较为缺乏。对于一些懂技术的人才而言，往往知识面很窄，缺乏懂得多学科知识的复合型人才。另外，目前许多中小企业往往忽视终生教育，只关注一次学历教育，这就导致了引进的人才往往在一段时间之后不能跟上技术发展的步伐，导致企业技术发展止步不前。所以针对这些问题，中小企业要实现技术创新目标，就必须加强企业的人力资源开发，提高企业内部的知识集成能力，建立起人力资源开发的长效机制。

2. 注重研究企业外部信息，加强企业组织内部协调和沟通机制建设

信息和组织集成能力对提高创新效率的影响不明显，而对创新效益影响明显，这说明信息和组织集成能力对帮助企业减少发展失误、提高创新的成功率作用明显，因此，研究企业的内外部信息和加强企业内部的组织集成是企业提高创新绩效的前提。这就要求企业尤其是中小企业要经常关注市场发展的最新信息和技术发展的最新成果，研究国家的有关产业政策，加强员工在工作、生活中的互动，在企业内部形成良好的互动氛围，为外部信息在企业内部的流通提供有利环境。

3. 要重视并实施合作创新，注重吸收内外资源

从理论研究和实证分析中可以发现，集成创新是中小企业突破技术障碍的有效途径。中小企业由于自身资源的有限性，单独完成一项创新的难度较大，所以实施合作创新有着积极的意义。合作创新有三种模式：一是走产学研合作的道路，鼓励中小企业与高校、科研院所加强合作，发挥三方在人才、资金和设备上的优势，开展全方位、多角度的技术创新合作，提高创新产品商业化运作的成功率；二是针对具体项目，成立股份合资公司，用中小企业各自的人才、资源优势入股，开展合作经营，加强自身与其他企业的合作创新；三是引进消化吸收再创新模式，这种模式要求企业必须有良好的技术集成能力，在创新的系统中保持各项技术子系统的匹配，同时要尽量减少系统中各项分技术系统的重复性。所以中小企业必须加强技术集成能力培养，在消化吸收的基础上培育自己的核心技术。

4. 强调与市场结合，提高创新产品商业化的成功率

一项创新是否成功，只有经过市场的检验之后才能确定。因为创新产品只有经过市场之后才能为企业获取经济效益，市场化运作成功了，才能认为真正实现了技术创新，因此开发出创新产品是获得技术创新绩效的前提。

5. 加强战略集成能力建设，实现企业可持续发展

从研究结论可知，战略集成能力对创新绩效的影响程度较小，这也说明目前中小企业对战略集成能力没有足够的重视。但是,战略集成能力是决定企业后续发展的主要因素。所以,在中小企业经营管理中,要强化战略制定,对企业未来五年、十年的发展要有总体的认识和规划,随后再根据现实的情况做出微小的调整,保证企业能够合理地分配各项资源。在技术创新方面,必须要加强技术创新战略和企业经营战略的集成,项目的选择要体现企业战略方向,保证企业的发展按照正确的路径进行。同时,要将项目本身与总体战略结合起来,把握技术研究方向与市场需求统一。另外,研发资源的分配必须配合战略上先后顺序,突出战略重点,优化资源结构,使企业获得可持续发展的动力。

参 考 文 献

[1] GOMES, WEERD-NEDERHOF, PEARON CUNHA. 2003. Is more always better? an exploration of the differential effects of functional integration on performance in new product development[J]. Technovation,(3):185-191.

[2] JIE YANG. 2005. Knowledge integration and innovation:Securing new product advantage in high technology industry[J]. Journal of High Technology Management Research,(35):105-120.

[3] MARKUS C BECKER, MORTEN LILLEMARK. 2006. Marketing/R&D integration in the pharmaceutical industry[J]. Research Policy,(36):105-120.

[4] 陈钰芬,陈劲. 开放式创新:机理与模式[M]. 北京:科学出版社.

[5] 龚建桥,朱睿. 1996. 科技企业集成管理研究论纲[J]. 科研管理,(5):54-58.

[6] 黄杰,熊江陵,李必强. 2003. 集成的内涵与特征初探[J]. 科学学与科学技术管理,(7):20-22.

[7] 江辉,陈劲. 2000. 集成创新:一类新的创新模式[J]. 科研管理,(9):31-36.

[8] 李文博,郑文哲. 2004. 企业集成创新的动因、内涵及层面研究[J]. 科学学与科学技术管理,(9):41-46.

[9] 李元,杨薇钰. 2008. 试论企业技术创新项目管理的战略集成[J]. 科学学与科学技术管理,(12):81-85.

[10] 孙金梅,秦江波,高日善. 2008. 企业集成创新能力评价模型及其指标体系构建[J]. 科技与管理,(5):22-24.

[11] 吴家喜,吴贵生. 2008. 外部组织整合与新产品开发绩效关系实证研究:以产品创新程度为调节变量[J]. 科学学与科学技术管理,(12):58-62.

[12] 田丹,张米尔. 2008. 外部技术对装备产品集成创新绩效的影响[J]. 系统管理学报,(9):644-648.

[13] 王娟茹,杨瑾. 2005. 知识集成能力及其构成因素实证分析[J]. 科学学与科学技术管理,(11):97-101.

[14] 郁培丽,范忠宏. 2007. 集成创新过程中的知识黏性表现及对策分析[J]. 研究与发展管理,(8):75-80.

[15] 赵建华,焦晗.2007.装备制造业企业技术集成能力及其构成因素分析[J].中国软科学,(6):75-80.
[16] 王巧樑,王钦.2009.企业集成创新的三维分析框架及实证研究[J].南京社会科学,(3):130-133.
[17] 张华胜,薛澜.2002.技术创新管理新范式:集成创新[J].中国软科学,(12):6-22.
[18] 张方华.2008.企业集成创新的过程模式与运用研究[J].中国软科学,(10):118-140.

第 9 章 FDI 集群化背景下网络嵌入与创新能力关系的概念模型与实证分析①

自改革开放以来,我国在吸引外商直接投资(FDI)方面取得了显著成绩。根据联合国贸易和发展组织发布的《2010~2012 世界投资前景调查报告》对 236 家全球最大的跨国公司和 116 个国家的投资促进机构的调查表明:世界前 15 个最具吸引力的投资目的地中,中国位居第一,是跨国公司首选的投资目的地。一方面是由于我国的财政分权和 GDP 考核等特殊的经济政治制度,地方政府对引进外资有着强烈的偏好;另一方面是由于廉价的劳动力和庞大的国内市场对跨国公司有着巨大的吸引力,因此,越来越多的跨国公司选择在中国尤其是东部沿海地区建立生产基地,FDI 的集聚导致产业集群的形成,推动了区域经济的快速发展(张晔、梅丽霞,2008)。

本研究在结合国内外文献的基础上,构建了企业的网络嵌入通过知识获取影响创新绩效,并且企业的吸收能力在这一过程中起到调节作用的概念模型。同时,将网络嵌入分为关系性嵌入和结构性嵌入两个维度,将知识获取分为显性知识获取和隐性知识获取两个维度,以长三角地区 267 家本土企业为调查样本,对上述概念模型与理论假设进行了实证检验。

9.1 相关概念与已有文献综述

9.1.1 产业集群

关于产业集群的概念,国内外学者一般采用迈克尔·波特的观点,认为产业集群(Industrial Cluster)是指在某一特定领域内相互联系的、在地理位置上集中的公司和机构的集合。产业集群包括一批对竞争起重要作用的、相互联系的企业和其他实体。例如,集群包括零部件、机器和服务等专业化投入的供应商和企业设施的

---

① 本章主要内容将发表于《研究发展管理》2014 年第 1 期。

供应商。集群还经常向下游延伸至渠道和客户,并从侧面扩展到互补产品的制造商,以及与技能、技术或一般投入相关的产业公司。最后,集群还包括专业化培训、教育、信息研究和技术支持的政府和其他机构——例如大学、标准制定机构、智囊团、职业培训者和贸易协会等(迈克尔·波特,2002)。

伴随着全球经济的一体化及大量跨国公司的出现,跨国公司开始在全球范围内选择最佳投资区域。而发展中国家为了发展自身经济,往往对外商投资提供土地、税收等很多优惠政策。再加上发展中国家廉价的劳动力和原材料等因素,吸引了很多跨国公司在发展中国家进行投资。而一旦跨国公司在东道国的某一领域取得成功,就会对其他同类型的外资企业起到示范作用。跨国公司控制着全球的生产和交换过程,在全世界寻找最佳的投资区位,并以 FDI 的形式,将某些低附加值环节转移到发展中国家生产,从而在东道国形成了以跨国公司子公司为主体的外资主导型产业集群(简称外资集群)(Dunning,1998;Ivarsson,2002)。而这些地理位置临近的,由当地政府部门、相关企业(包括外资企业和本地厂商、金融机构、科研院所、大学和中介结构等主体)及其相互联系所构成的综合体可以被称为外资主导型集群的产业集群网络。刘志彪、张晔(2005)的研究指出,伴随着 FDI 在中国的大量引入,在江苏苏州等地已经形成了 FDI 主导的产业集群。李静(2006)认为长三角地区凭借区位优势和经济实力成为了中国吸引 FDI 的核心区域,形成了大量的 FDI 集群。王雷(2008)认为外资的大量进入产生了明显的集聚效应,使东莞逐步成为以外资为核心的 IT 制造产业集群。赖珊珊、金涛(2009)认为基于 FDI 的产业集群发展模式分为:区域聚集型(以上海外高桥保税区新兴产业集群为例)、资本迁入型以(以江苏昆山自行车集群为例)及互动升级型(以浙江嘉善木业集群为例)。王发明(2009)的研究指出跨国公司是集群形成的重要成员,如我国的东莞、苏州 IT 产业集群。跨国公司主导的外资集群为区域经济发展带来了资金、技术、人才和信息。同时,跨国公司在当地投资的提供了市场需求,吸引了自身的供应商从外部迁入并在当地扎根为营,并同时促成了当地中小企业的产生。

9.1.2 吸收能力

Grant(2004)认为联盟企业的主要动机在于知识利用而非知识获取。企业获取的知识只有真正被企业吸收利用,才有可能转化为企业进行创新的动力。Cohen 和 Levinthal(1990)最早提出吸收能力概念,即企业运用其原有相关知识去识别创新价值、获取新的信息、消化吸收并将其商业化应用的过程。Cohen,Levinthal(1990)和 Lane 等(2006)认为吸收能力包括识别评价(identity and value)、消化(assimilation)和应用(exploitation)三个维度。

Zahra 和 George(2002)提出关于组织吸收能力方面的全新概念,他们认为组织吸收能力内化于组织日常作业程序中,吸收能力是对组织已经拥有和获取的经验和知识进行分析,从而促进企业进行创新,以创造和维持组织竞争力优势的动态能力。Zahra 和 George(2002)的研究首次对吸收能力进行详细划分与界定,他们将吸收能力划分潜在吸收能力(Potential Absorptive Capacity)和现实吸收能力(Realized Absorptive Capacity)两个类别以及四个维度(知识获取、知识消化、知识转换、知识应用)。潜在吸收能力主要是针对企业可能获取并利用的外部知识,包括知识获取和知识消化两方面的能力,其中知识获取能力是对本企业有关键作用的外部知识加以识别和获取的能力,知识消化能力指的是企业内有效地被阐释和理解外部知识的能力,不能被理解的知识是很难被再利用开发的;实际吸收能力主要是针对企业已经获取并利用的外部知识,包括知识转化和知识应用能力,其中知识转化能力指将企业有效整合外部新知识和企业自身知识的能力,知识应用能力指企业通过将获取、消化和吸收的新知识纳入到企业实际生产活动中,从而提升企业现有能力、创造新能力的过程。

Jansen 等(2005)进一步深化了 Zahra 和 George 的研究,提出了对吸收能力的四个维度进行量表开发,使学界对吸收能力的深入研究成为可能(如表9.1所示)。

表9.1 关于吸收能力的概念性分析总结

定义	维度(或构成成分)	主要研究学者
吸收能力是指一个企业评估、消化和应用新知识的能力(Cohen 和 Levinthal,1990)	评估知识的能力 消化能力 应用能力	Cohen 和 Levinthal(1989,1990);Lane 和 Lubatkkin(1998);Mowery Oxley 和 Silverman(1996);Zulanski(1996)
吸收能力是企业处理外部知识中的隐性能力(tacit component),以及对这些知识加以调整所需的技能(Mowery 和 Oxley,1995)	人力资本	Glass 和 Saggi(1998);Keller(1996);Kim 和 Dahlman(1992);Liu 和 White(1997);Mowery 和 Oxley,(1995)
吸收能力包括学习能力和解决问题的技能。学习能力是指消化知识的能力(其目的在于模仿),以及为了创造新知识而所需的问题解决能力(目的在于创新)(Kim,1998)	以前的知识存量;技术投入密度	Kim(1995,1997);Matusik 和 Heeley(2001)
企业获取外部知识,并对获取到的知识加以消化、转化和应用的能力。Zahra 和 George,2002	知识的潜在吸收能力(获取能力和消化能力)、实际吸收能力(转化能力和运用能力)。	Zahra 和 George(2002);Jansen 等(2005)

资料来源:根据王立生、胡隆基(2007)研究整理而来。

关于企业吸收能力的衡量有两种基本观点:一种是以 Cohen 和 Levinthal(1990)为代表,着重以企业 R&D 相关能力来判断吸收能力的强弱。主张这种观点的学者认为,应以企业 R&D 经费投入、研发工程师的教育程度及数量来评判一个企业的吸收能力。另一种视角认为,除了考虑应具备 R&D 相关能力外,企业能够将所获得的知识转换为企业的利益才是判断企业吸收能力强弱的关键。

关于网络嵌入与知识获取等概念在第 6 章已有较详细的阐述,这里不再赘述。

9.1.3 已有研究的文献综述

传统的集群理论主要是集中在关注本地产业集群的发展,暂且认为集群的成长是自发和独立的,即使集群中存在外资企业,本土集群的成长与外资企业也并无关联。传统的集群理论忽略了以跨国公司为代表的外资企业在本土集群成长中发挥的重要作用,难以解释大量由外资驱动成长起来的产业集群。学者们发现仅仅从合作分工的角度,分析产业集群的产生、发展是远远不够的,社会关系网络在产业集群中同样发挥着重要的作用。嵌入性概念正是社会关系网络的重要理论基础,嵌入性视角可以帮助我们分析产业集群发展中的社会、文化等因素。随着越来越多的跨国公司在世界范围进行投资、组织设计、研发、生产和销售,越来越多的学者开始从网络嵌入视角研究 FDI 集群的演化机制、FDI 集群与本土企业的关系。

一部分学者认为,FDI 驱动型产业集群具有"飞地经济""地域嵌入性不足"等问题,使本土企业对低级技术产生严重依赖,出现自我创新动力减弱、衰退等问题,从而沦为跨国公司全球网络中一个丧失自主地位的结点。例如,王益民和宋琰纹(2007)的研究指出了全球生产网络中战略隔绝机制的存在,使得依托跨国公司战略空间集聚效应所形成的产业集群具有内在的封闭性。王雷(2008)以广东东莞 IT 制造业集群为例发现:由于外资企业,本地集群网络获得了学习新技术和模仿创造的大量机会。但是,东莞 IT 制造企业对外资企业形成了过度依赖,造成了本土企业自主创新能力不足,使得本土 IT 企业被锁定在全球价值链的低端。宣烨和高觉民(2009)指出外资主导下的产业集群一般经历"形成"、"成熟"和"分化"三个阶段。广东东莞加工贸易集群在经历了上世纪 90 年代的形成、本世纪初的成熟后,目前正遭遇发展的困境。在外资主导集群内,当主导型企业离开集群,与之配套的外商企业网络随之转移,集群迅速发生移动,原有集群衰退与集群"产业空洞化"随之出现。王莹(2009)通过对苏州地区台资笔记本电脑集群的实证分析发现:台资企业基于信任的关系型治理在集群内部形成一个核心网络,对本土企业形成进入障碍,并将本土企业锁定在集群价值链低端。

另一部分学者通过研究发现,FDI 驱动型产业集群的"飞地经济""地域嵌入性不足"等问题只在短期出现。长期看来,外资集群可以促进本土企业发展。Propris 和 Driffield(2006)的研究表明,本土企业能够在外资集群中获得比分散状态下更多的技术溢出。文嫮、杨友仁、侯俊军(2007)引入了经济地理学家对嵌入性三种维度的分类:"文化嵌入性""网络嵌入性""地域嵌入性",研究发现 FDI 驱动型浦东

IC产业集群的"地域化嵌入性"正逐渐加深。张晔、梅丽霞(2008)通过分析昆山和太仓陆渡镇的FDI主导型汽车产业集群及其演变,认为"飞地效应"只出现在FDI集群形成的初期,但长期来看,FDI集群网络和本土企业集群网络会逐渐融合,从而使得二元结构消失,本土企业从FDI集群中能够获取更多的技术溢出。

对于网络嵌入与创新绩效的关系,不同学者从不同的角度进行了研究。Granovetter(1973)提出了"弱联系的力量"假说,他从互动的频率、感情强度、亲密程度和互惠程度将网络间的关系分为强联系和弱联系,并认为弱联系比强联系更可以提供异质性的信息和知识等资源。Uzzi(1996)提出了"关系嵌入性悖论",认为并不是嵌入性越强,创新绩效就越高,嵌入性关系和创新绩效之间呈现倒"U"型关系,嵌入性关系过强和过弱都会影响创新绩效。Rowely和Krachardt(2000)的实证研究则表明,强网络嵌入性反而对企业创新绩效存在不利影响。许冠南(2008)从组织学习的角度,通过理论分析和实证研究后指出,网络嵌入通过影响企业的探索性学习进而影响创新绩效。刘雪锋(2009)从战略管理的角度分析了网络嵌入与创新绩效的关系,并得出网络嵌入影响企业战略制定并进而影响创新绩效的研究结论。钱锡红等(2010)从企业网络位置的角度探讨了网络嵌入对企业创新绩效的影响机理。任胜刚等(2011)基于网络结构嵌入理论,研究了网络结构不同维度对企业创新行为的影响,利用331份企业有效样本数据进行统计分析并对理论模型进行检验,实证研究结果表明:关系强度、网络位置和网络密度均对渐进式创新产生显著正向影响,而对突变式创新产生显著负向影响;网络异质性对渐进式创新产生显著负向影响,但对突变式创新产生显著正向影响。肖远飞(2012)通过构建网络嵌入影响知识获取的关系资源综合效应模型,认为一个国家的核心企业对国外网络和国内网络的双边嵌入有利于提升该国知识水平。徐磊和向永胜(2012)以集群企业作为研究对象,将企业规模和网络客体对象的差异作为情景变量,通过实证分析后发现,集群内外商业网络和技术网络的关系强度对集群内企业的创新绩效具有显著的影响作用。

进一步,相关学者就网络嵌入影响创新绩效的过程和机理进行了深入的研究。在全球制造网络中,本地企业网络嵌入性的信任、信息共享和共同解决问题三个维度的水平通过促进本地企业从国际旗舰企业获取更多的知识而改善企业的创新绩效(王炯,2006)。吴晓波等(2007)以160家与国际旗舰企业有制造合作行为的本地企业为样本,通过构建概念模型及实证研究后指出:本地企业吸收能力对知识获取及企业绩效有正向的影响,而网络嵌入性对获取外部知识的能力与本地企业知识获取的正相关关系具有调节作用,本地企业知识获取在吸收能力影响企业绩效的关系中起中介作用。张方华(2010)构建了网络嵌入通过知识获取影响企业创新绩效的概念模型,指出企业通过对组织网络的关系型嵌入和结构型嵌入能有效提高外部知识的获取效应,从而对企业的创新绩效有显著的推动作用。黄汉涛(2010)从网络嵌入性的三个维度(信任、信息共享、共同解决问题),探讨了通过吸收能力的中介作用对技术创新绩效的影响机制。Christina Hallin等(2011)构建了创新接收者在跨国公司的外部网络中如何通过网络嵌入来获取创新知识,影响经营绩效的关系模型,结合224个创新案例进行多元回归分析后指出,良好的网络嵌入能有效地提高企业的经营绩效。

综上所述,国内外学者采用不同的研究方法对网络嵌入与企业创新绩效之间的影响机制进行了有益的探索。企业通过网络嵌入能否提高创新绩效,取决于企业能否通过网络嵌入获取更多的知识。但是已有研究存在以下几个方面的问题:首先,以FDI集群化发展为背景,以本土企业为研究对象,深入研究本土企业如何通过对外资企业集群的网络嵌入来提高创新能力的研究还比较匮乏。其次,大部分的已有研究都证明了网络嵌入能影响企业的创新绩效,但就网络嵌入影响创新绩效的路径与机理则分析得较少。特别是把网络嵌入分为关系性嵌入和结构性嵌入,对不同的嵌入途径如何影响知识获取进而促进创新绩效的深入研究则更为缺乏。第三,已有研究往往只是单纯从网络嵌入视角研究对企业创新绩效的影响,忽略了企业自身内部能力(包括知识获取和吸收能力)在这一影响过程中的作用。实际上,企业获取的外部知识只有真正被企业消化、吸收和利用,才能有效提高创新绩效。在深入分析网络嵌入影响创新绩效的作用机理时,要加入对吸收能力这一因素的考量。因此,在借鉴已有研究的基础上,本研究以FDI集群化背景下,本土企业如何嵌入到外资集群网络中去获取知识进而促进创新绩效提出以下概念模型,然后通过问卷调查和结构方程分析对相应的理论假设进行检验,并在此基础上为本土企业如何通过对外资企业的网络嵌入来提高创新能力提供相应的对策建议。

9.2 FDI集群化背景下网络嵌入影响创新能力的概念模型与理论假设

9.2.1 概念模型

伴随着FDI在我国集群化的发展,集群内的外资企业与本土企业或多或少会发生采购、营销、分包等业务联系,员工之间的流动也大大增加他们之间联系与合作的机会。同时,外资企业与本土企业所构成的合作网络又嵌入到更庞大的社会网络中,受社会、政治、经济、文化等一系列因素的影响。从网络嵌入视角研究本土企业与FDI集群的关系显得极为重要。同时,不仅企业外部联系对创新能力有影响,知识获取能力和吸收能力也会影响到企业的创新能力。

因此,在综合已有网络嵌入与创新绩效关系研究的基础上,借鉴Granovetter

(1985)对网络嵌入的分类(将网络嵌入分为关系性嵌入和结构性嵌入两种类型)和 Polanyi(1969)对知识的分类(将知识获取分为显性知识获取和隐性知识获取两种类型),本书有效整合网络嵌入理论、知识获取理论和吸收能力理论构建出网络嵌入影响创新绩效的概念模型(如图 9.1 所示),并提出研究的主要观点:网络嵌入通过影响知识获取进而影响企业创新绩效,同时企业的知识吸收能力在这一过程中起到调节作用。基于这一概念模型,本书提出以下理论假设。

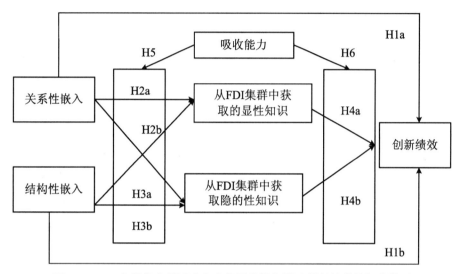

图 9.1　FDI 集群化背景下本土企业网络嵌入影响创新绩效的概念模型

9.2.2　理论假设

1. 网络嵌入与创新绩效之间关系的理论假设

21 世纪是知识经济的时代,企业为克服经济全球化带来的巨大竞争压力,必须突破自身的边界嵌入到集群网络中去获取外部知识,保持自身竞争力和提高创新绩效。Granoveter(1985)将嵌入分为关系性嵌入和结构性嵌入,并于 1992 年进一步界定和解释了关系性嵌入和结构性嵌入。Uzzi(1996)认为嵌入性关系和企业绩效呈现倒"U"分布,嵌入性关系过强反而会影响企业绩效。还有一些学者通过研究发现网络嵌入性越强,创新绩效越好,网络嵌入性与创新绩效之间存在显著的正相关(Dyer,1996;刘雪锋,2009;张方华,2010)。企业通过建立战略联盟的形式,推动对上下游的供应商与客户的网络嵌入,从而促进创新绩效的提高(Hsin-Mei Lin 等,2012)。因此,综合已有文献,本书提出如下假设:

H1:FDI 集群化背景下,本土企业的网络嵌入和创新绩效之间存在直接正相关关系。

H1a:FDI 集群化背景下,本土企业的关系性嵌入和创新绩效直接正相关。

H1b：FDI集群化背景下，本土企业的结构性嵌入和创新绩效直接正相关。

2. 网络嵌入与知识获取之间关系的理论假设

很多学者研究发现，网络作为企业间社会联结的集合，为企业的知识获取提供了良好的平台。网络嵌入对知识获取具有促进作用（李纲，2010）。关系性嵌入可以通过降低企业之间联系的不确定性促进相互间的知识交流与扩散（C. Nell 和 U. Andersson，2012）；结构性嵌入通过与客户、供应商的互动降低知识尤其是隐性知识转移的难度，使得知识接受方更便捷地获取外部知识（Chia-Ying Li，2012）。与低质量的社会互动会导致低效甚至冲突相比，网络成员可以通过高频率和高质量的互动而产生的合作经历提高网络成员理解其他成员的能力，并加深这种以知识为基础的信任，同样，这种信任建立在足够的信息和相互理解的基础上，能更加有效地促进知识转移。因此，本研究借鉴 Granovetter（1985）对网络嵌入的分类和 Polanyi（1969）对知识的分类，提出如下假设：

H2：关系性嵌入与本土企业从 FDI 集群中获取的外部知识正相关。

H2a：本土企业的关系性嵌入与从 FDI 集群中获取的显性知识正相关。

H2b：本土企业的关系性嵌入与从 FDI 集群中获取的隐性知识正相关。

H3：结构性嵌入与本土企业从 FDI 集群中获取的外部知识正相关。

H3a：本土企业的结构性嵌入与从 FDI 集群中获取的显性知识正相关。

H3b：本土企业的结构性嵌入与从 FDI 集群中获取的隐性知识正相关。

3. 知识获取与创新绩效之间关系的理论假设

企业知识获取与创新绩效成正相关已经得到了很多学者的理论与实证研究支持（王炯，2006；吴晓波等，2007）。知识获取分为显性知识获取和隐性知识获取两种，对企业的研发与创新而言，不仅显性知识起着重要的基础与推动作用，而且隐性知识更是一个不可或缺的关键变量。在这个动态变化的环境下，知识获取以及以此为基础的组织学习对企业创新能力提高的作用越来越显著。也就是说，企业的创新活动越来越依赖于内部创造和外部获取的新知识的促进作用（Mei-Chich Hu，2008）。企业通过跨国公司各种外部网络关系获取创新需要的各种新知识，经过吸收、消化和转化，从而提高自身的创新能力（Christina Hallin 等，2011）。因此，本书提出如下假设：

H4：本土企业从 FDI 集群中获取的知识和企业的创新绩效正相关。

H4a：本土企业从 FDI 集群网络中获取的显性知识与企业创新绩效正相关。

H4b：本土企业从 FDI 集群网络中获取的隐性知识与企业创新绩效正相关。

4. 吸收能力的调节作用关系及相关假设

吸收能力是企业识别评价外部有价值的新知识，消化并应用于商业的能力，是一个包含知识获取、消化、转化和利用的复杂过程（Cohen 和 Levinthal，1990）。企业的经营活动嵌入在各种社会网络的相互关系中，企业在一个"开放的系统"中通常需要通过交换知识而与外部环境进行交互作用。企业的吸收能力越高，企业从外部网络中获取的知识就越多,创新能力也就随之提高。

很多学者的研究证明了在企业获取外部知识进而促进创新绩效提高的过程中,吸收能力起了重要的作用。Cohen 和 Levinthal(1989,1990)最先指出,只有企业具备一定的吸收能力才能将外部知识转化为可应用的知识并促进创新,吸收能力对企业最重要的意义是提高了企业的创新能力和创新绩效。知识转移应该包括两部分:第一部分转移给潜在接受者;第二部分是被接受的个人或团体加以吸收。如果知识未被接受者吸收,就不算是成功的知识转移。吸收能力在网络嵌入性影响企业绩效过程中起到了调节作用,其中潜在吸收能力影响本地企业从国际旗舰企业获取知识,现实吸收能力则影响本土企业的创新绩效(王炯,2006)。企业如果拥有较强的吸收能力,它就可以通过网络嵌入加强技术转移和提高知识获取的效果(Julia L. Lin 等,2012)。因此,基于以上理论,本书提出如下假设:

H5:FDI 集群化背景下,企业知识吸收能力的高低对于网络嵌入与知识获取的关系具有调节作用。

H5a:FDI 集群化背景下,企业知识吸收能力的高低对于关系性嵌入与显性知识获取的关系具有调节作用。

H5b:FDI 集群化背景下,企业知识吸收能力的高低对于关系性嵌入与隐性知识获取的关系具有调节作用。

H5c:FDI 集群化背景下,企业知识吸收能力的高低对于结构性嵌入与显性知识获取的关系具有调节作用。

H5d:FDI 集群化背景下,企业知识吸收能力的高低对于结构性嵌入与隐性知识获取的关系具有调节作用。

H6:FDI 集群化背景下,企业知识吸收能力的高低对于知识获取与创新绩效之间的关系具有调节作用。

H6a:FDI 集群化背景下,企业知识吸收能力的高低对于隐性知识获取与创新绩效之间的关系具有调节作用。

H6b:FDI 集群化背景下,企业知识吸收能力的高低对于隐性知识获取与创新绩效之间的关系具有调节作用。

9.3 FDI 集群化背景下网络嵌入影响创新能力的实证分析

9.3.1 样本与数据

本次采用问卷调查(见附录 6)与企业访谈的方式收集数据。本研究的主体是

FDI集群化发展背景下的本土企业。由于长三角地区是我国外向型经济发展的典型代表地区,经过三十余年改革开放的发展,长三角地区凭借区位优势和经济实力成为了中国吸引FDI的核心区域,形成了大量的具有典型意义的FDI集群,其中包括上海外高桥保税区新兴产业集群、苏州昆山的自行车集群、苏州工业园区的纳米产业园和浙江嘉善木业集群等多个FDI产业集群。因此,本研究以这些地区的本土企业为调查对象,其中主要选取IT和信息产业、新材料产业、新能源产业、化工产业以及生物医药产业等高新技术产业为研究样本,通过对这些本土企业与外商直接投资企业的各种关系网络的联系与嵌入而获取创新所需的显性与隐性知识,从而不断提高创新能力。

问卷发放主要采取现场发放和邮件发放的方式,问卷调查时间为2011年9月至2012年3月。在正式发放问卷之前,我们请访谈对象做了一个简短的初步访谈,通过对访谈的整理和问卷调查的几次修订,最终形成问卷调查的正式稿,在接下来的问卷调查中正式采用。本次调查共发放问卷380份,回收问卷298份,其中有效问卷267份,无效问卷21份,回收问卷中的有效比例为89.6%。按产权性质分,国有独资企业23份,民营企业190分,国有控股企业25份,国有参股企业7份,其他性质的企业22份,各占总数的8.61%、71.16%、9.36%、2.62%和8.24%;按产业分,IT和信息产业51份,新材料产业6份,新能源产业17份,生物医药产业28份,化工产业19份,其他产业146份,各占样本总数的19.10%、2.25%、6.37%、10.49%、7.12%和54.68%。为保证所获信息的有效性、可靠性和准确性,本研究的调查和问卷填写都需要被调查企业的中高层管理人员来填写。

9.3.2 变量与测度

1. 被解释变量:创新绩效

一般从创新效益和创新效率两个方面对创新绩效进行测量,综合国内外学者(Hagedon和Cloodt,2003;张方华,2010)对创新绩效的测度指标,本书以申请的专利数、新产品产值占销售总额的比重、新产品开发的开发速度和新产品的成功率等四个分指标来度量本土企业的创新绩效。

2. 解释变量:关系性嵌入与结构性嵌入

关系性嵌入描述了知识获取方与溢出方之间的直接关系。在借鉴已有文献(李玲,2008;张方华,2010)的基础上,本书采用联系的频率、联系的持久度以及双方的信任度等三个指标来衡量关系性嵌入;采用网络的密度、网络的规模、网络位置的中心性等三个方面测度结构性嵌入。

3. 中介变量:知识获取

本研究借鉴于伟等(2009)和张方华(2010)对显性知识和隐性知识获取设计的量表,用以下几个分指标来衡量本土企业从外资企业的显性知识获取和隐性知识获取。其中,显性知识获取主要包括:本公司从外资公司学到了规章制度方面的知识、本公司从外资公司学到了工艺流程方面的知识和本公司从外资公司学到了市场需求方面的知识等三个方面;隐性知识获取主要包括:本公司从外资公司学到了新技术突破方面的诀窍,本公司从外资公司学到了营销管理方面的诀窍和本公司从外资公司学到了创新管理方面的知识等三个方面。

4. 调节变量:吸收能力

借鉴 Cohen & Levinthal(1990)和 Lane 等(2006)对吸收能力包括识别评价、消化和应用三个维度的划分,本研究分别设置了 3 个题项来考量本土企业的吸收能力:① 对于识别评价能力,用本企业能否快速从新出现的外部知识中获取对公司有用的机会这个题项进行了测度;② 对于消化能力,用本企业是否持续不断地考虑如何更好地利用知识这个题项进行了测度;③ 对于应用能力,用本企业对于开发新产品和服务并将其商业化的能力是否很强这个题项进行了测度。

9.3.3 实证结果分析

本研究利用统计分析软件 SPSS17.0 对调查问卷收集来的数据依次进行描述统计分析、信度和效度检验,并利用结构方程软件 AMOS19.0 对上述数据根据本书的概念模型进行路径分析。量表采用李克特 7 级度量方法,针对不同的题项根据样本企业的实际情况分别从 1~7 选择打分。例如,1 分表示极差或极不满意,2 分表示不好或不满意……以此类推。

1. 变量描述性统计

本文用 GX1、GX2、GX3 分别指代关系性嵌入的三个度量指标:联系的频率、联系的持久度和双方的信任度;JG1、JG2、JG3 分别代表结构性嵌入的三个度量指标:网络的密度、网络的规模和网络的中心性;XX1、XX2、XX3 分别指代显性知识获取的三个度量指标:规章制度方面知识的获取、工艺流程方面知识的获取和市场需求方面的知识获取;YX1、YX2、YX3 分别指代隐性知识获取方面的三个度量指标:新技术突破方面的诀窍获取、营销管理方面的诀窍获取和创新管理方面的知识获取;JX1、JX2、JX3、JX4 分别指代企业创新绩效方面的四个度量指标:申请的专利数量、新产品产值占销售额的比重、新产品的开发速度以及新产品的成功率。各变量的具体描述性统计如表 9.2 所示。

2. 信度和效度检验

信度测试一般用 Cronbach's α 系数来检验项目的内部一致性,通常采用 Cronbach's α 系数最小为 0.7 的标准。从表 9.3 可以看出,各变量的 Cronbach's α 系数均满足不小于 0.7 的标准,样本的信度通过了内部一致性检验。

表 9.2 各变量的描述性统计

潜变量		变量度量	变量代号	N	均值	标准差	方差
网络嵌入性	关系嵌入性（RE）	联系的频率	GX1	267	4.83	1.137	1.294
		联系的持久度	GX2	267	4.84	1.228	1.509
		双方的信任度	GX3	267	5.03	1.212	1.469
	结构嵌入性（SE）	网络密度	JG1	267	5.04	1.365	1.863
		网络规模	JG2	267	4.81	1.452	2.108
		网络的中心性	JG3	267	4.82	1.505	2.266
知识获取能力	显性知识获取（EA）	规章制度方面的知识	XX1	267	5.12	1.206	1.199
		工艺流程方面的知识	XX2	267	5.13	1.213	1.436
		市场需求方面的知识	XX3	267	5.21	1.131	1.518
	隐性知识获取（TA）	新技术突破方面的诀窍	YX1	267	4.94	1.095	1.455
		营销管理方面的诀窍	YX2	267	5.01	1.198	1.472
		创新管理方面的知识	YX3	267	5.06	1.232	1.279
吸收能力	吸收能力（AC）	知识的识别评价	XS1	267	5.17	1.183	1.399
		知识消化	XS2	267	5.39	1.143	1.306
		知识应用	XS3	267	5.14	1.091	1.19
企业创新绩效	创新绩效（IP）	申请的专利数量	JX1	267	5.00	1.004	1.008
		新产品产值占销售总额的比重	JX2	267	4.93	1.1	1.209
		新产品的开发速度	JX3	267	5.15	1.106	1.223
		新产品的成功率	JX4	267	5.02	1.071	1.147

表 9.3 变量信度测试结果

变量类别	变量	题项数	Cronbach's α	参考值
网络嵌入性测度	关系性嵌入	3	0.795	Cronbach's α ≥0.7
	结构性嵌入	3	0.833	
知识获取能力测度	显性知识获取	3	0.753	
	隐性知识获取	3	0.712	
吸收能力测度		3	0.862	
创新绩效测度		4	0.760	

效度检验是指通过内容效度的检验。按照一般经验，当 KMO(Kaiser-Meyer-Olkin)的值≥0.5，巴特莱特(Bartlett)统计值≤α，并且各测试题项的载荷系数大于 0.5 时，可以通过因子分析将同一变量的各项测试题项合并为一个因子进行后续研究(马庆国，2007)。从表 9.4 可以看出：各变量的 KMO 值均大于 0.5，Bartlett 显著性概率均为 0.000，因子载荷系数都大于 0.5，且累计方差解释率的

比例都大于50%。这表明关系性嵌入、结构性嵌入、显性知识获取、隐性知识获取、吸收能力、企业创新绩效的测度量表的效度检验都符合统计要求(如表9.4所示)。

表9.4 各变量的效度检验测试结果

潜变量	变量度量	因子载荷系数	主成分方差贡献率	KMO值	显著性水平
关系性嵌入	联系的频率	0.934	70.96%	0.706	0.000
	联系的持久度	0.918			
	双方的信任度	0.925			
结构性嵌入	网络密度	0.928	75.05%	0.682	0.000
	网络规模	0.862			
	网络的中心性	0.919			
显性知识获取	规章制度方面的知识	0.953	67.16%	0.675	0.000
	工艺流程方面的知识	0.941			
	市场需求方面的知识	0.924			
隐性知识获取	新技术突破方面的诀窍	0.962	63.48%	0.667	0.000
	营销管理方面的诀窍	0.944			
	创新管理方面的知识	0.951			
知识吸收能力	识别评价	0.883	78.41%	0.733	0.000
	消化	0.904			
	应用	0.883			
创新绩效	申请的专利数量	0.941	58.24%	0.773	0.000
	新产品产值占销售总额的比重	0.671			
	新产品的开发速度	0.909			
	新产品的成功率	0.959			

3. 假设检验

本书首先采用AMOS19.0软件检验知识获取是否在网络嵌入与创新绩效之间起到中介作用,具体数据:拟合优度卡方检验(χ^2)=160.349,自由度(df)=94,$\chi^2/\mathrm{d}f$=1.71,适配度指数(GFI)=0.935,标准拟合指数(NFI)=0.907,非正态拟合指数(TLI,NNFI)=0.947,比较拟合指数(CFI)=0.959,渐进残差均方和平方根(RMESA)=0.052,其中各项拟合指数均在参考值以内,达到了统计显著性要求,并符合结构模型的拟合要求,因此本书的模型与数据拟合良好,模型可以接受。

关系性嵌入、结构性嵌入、显性知识获取、隐性知识获取和企业技术创新绩效之间的模型拟合结果如表9.5所示。其中,路径系数显著水平在0.05以上的为显著,假设成立;路径系数显著水平在0.05~0.1之间的为弱显著;路径系数显著水平大于0.1的为不显著,拒绝原假设。因此,在本研究假设中,隐性知识获取、关系性嵌入和结构性嵌入能直接促进企业创新绩效的三个假设没有获得通过。本书的整体模型标准化路径系数图如图 9.2 和表 9.5 所示。

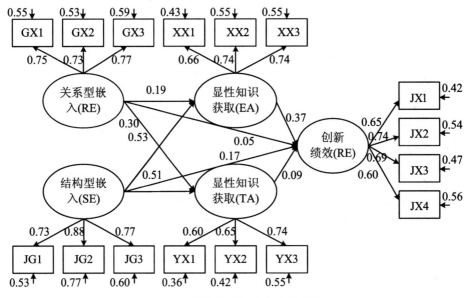

图 9.2 整体模型标准化路径系数

表 9.5 整体模型结构方程中的路径系数及假设检验

相关假设	作用路径	标准化路径系数	路径系数	S.E.	C.R.	P	假设结果
H1a	关系性嵌入→企业创新绩效	0.052	0.036	0.085	0.425	0.671	不支持
H1b	结构性嵌入→企业创新绩效	0.174	0.097	0.083	1.176	0.240	不支持
H2a	关系性嵌入→显性知识获取	0.190*	0.163	0.094	1.734	0.083	支持
H2b	关系性嵌入→隐性知识获取	0.297**	0.210	0.080	2.632	0.008	支持
H3a	结构性嵌入→显性知识获取	0.530**	0.361	0.079	4.601	0.000	支持
H3b	结构性嵌入→隐性知识获取	0.508**	0.286	0.066	4.347	0.000	支持
H4a	显性知识获取→创新绩效	0.366**	0.298	0.094	3.176	0.001	支持
H4b	隐性知识获取→创新绩效	0.091	0.090	0.130	0.692	0.489	不支持

注：* 表示 P<0.1；** 表示 P<0.01（双侧检验）。

4. 吸收能力的调节作用与假设检验

在研究吸收能力能否对网络嵌入影响知识获取进而促进创新绩效的过程起到调节作用。本书参考温忠麟、侯杰泰和张雷（2005）以及王立生（2007）的研究方法，采用以下三个步骤来进行研究：第一步，根据企业吸收能力的高低，通过聚类分析将收集到的样本分为两组；第二步，分别估算出两组中网络嵌入、知识获取、创新绩效与吸收能力之间的路径系数;第三步,比较两组不同系数之间的大小,并判断吸收能力对网络嵌入、知识获取与创新绩效之间的影响作用。

第一步,企业高低吸收能力的聚类。本书通过 spss17.0 中聚类分析的快速聚类法,依据企业吸收能力的三个指标,对 267 个样本进行分类。在操作中定义为两类,样本标识为企业名称,并不指定聚类中心,聚类分析的结果如下:第一类样本企业 72 个为低吸收能力组,占样本总数的比例为 26.97%,第二类样本企业 195 个为高吸收能力组,占样本总数的比例为 73.03%。

第二步,高低组企业吸收能力的模型验证。本书通过 AMOS19.0,将上述通过聚类分析进行分组后的两组数据分别代入本书的概念模型进行拟合运算,高吸收能力组的各项指标为:适配度指数(GFI)=0.908,标准拟合指数(NFI)=0.859,非正态拟合指数(TLI,NNFI)=0.899,比较拟合指数(CFI)=0.925,渐进残差均方和平方根 RMESA=0.069,各项拟合指数均在参考值以内,达到统计显著性要求。低吸收能力组的各项指标为:适配度指数(GFI)=0.842,标准拟合指数(NFI)=00751,非正态拟合指数(TLI,NNFI)=0.904,比较拟合指数(CFI)=0.929,渐进残差均方和平方根 RMESA=0.061,各项拟合指数基本达到统计显著性要求,但所有路径分析均没有通过显著性检验,所有假设均不成立。

第三步,高低组模型之间的路径系数的差异比较。本书借鉴王立生(2007)的观点,具有相同结构的不同样本之间路径系数的比较,如果不同样本之间的路径系数一个显著,一个不显著,则可直接比较和判断。由上节的分析可以看出,在高吸收能力组,H2b、H3a、H3b、H4a 路径系数显著且通过假设。而在低吸收能力组,H2b、H3a、H3b、H4a 路径系数不显著,表明上述假设没有通过验证。因此,可以得出吸收能力对于 H2b(关系性嵌入→隐性知识获取)、H3a(结构性嵌入→显性知识获取)、H3b(结构性嵌入→隐性知识获取)、H4a(显性知识获取→企业创新绩效)起到了调节作用。

总之,假设 H5a、H5b、H5c 和 H5d 中,H5b、H5c 和 H5d 获得验证通过(如表 9.6 所示)。这表明企业的吸收能力越高,企业通过关系性嵌入获取的隐性知识越多,通过结构性嵌入获取的显性知识和隐性知识越多。H5a 没有获得验证通过,是因为高吸收能力企业在规章制度、工艺流程、岗位设计等方面比较成熟,在与外资企业进行日常联系的关系性嵌入时,把更多的精力放在获取外资企业中的企业文化、管理经验、技术诀窍等能够提高自身竞争力的隐性知识上,因而使得企业吸收能力在关系性嵌入与显性知识获取之间不存在调节作用。

表 9.6 吸收能力的调节作用的假设及验证结果

相关假设	假设内容	假设结果
H5a	知识吸收能力的高低对于关系性嵌入与显性知识获取的关系具有调节作用	不支持
H5b	知识吸收能力的高低对于关系性嵌入与隐性知识获取的关系具有调节作用	支持
H5c	知识吸收能力的高低对于结构性嵌入与显性知识获取的关系具有调节作用	支持
H5d	知识吸收能力的高低对于结构性嵌入与隐性知识获取的关系具有调节作用	支持
H6a	知识吸收能力的高低对于显性知识获取与创新绩效的关系具有调节作用	支持
H6b	知识吸收能力的高低对于隐性知识获取与创新绩效之间的关系具有调节作用	不支持

9.3.4 结果讨论

通过以上分析可知,在本文提出的二十个假设中,H1、H1a、H1b、H4b、H5a 和 H6b 六个假设没有获得通过,其余十四个假设均得到验证,模型拟合良好。具体讨论如下:

1. 概念模型的结果讨论

上述模型的结果显示,H1a(路径系数为 0.052,$P=0.671$)和 H1b(路径系数为 0.175,$P=0.24$)没有通过验证。表明企业的关系性嵌入和结构性嵌入并不能直接地促进企业的创新绩效,而是起到间接的推动作用,也就是说,本土企业通过关系性嵌入和结构性嵌入主动嵌入到 FDI 的各种社会网络时只有获取了对企业有用的知识并加以消化利用,才能促进自身创新绩效的提高。

假设 H2a(路径系数为 0.190,$P=0.083$),H2b(路径系数为 0.297,$P=0.008$)通过了验证。表明本土企业的关系性嵌入能够促进显性知识和隐性知识的获取。因而本土企业要通过加强与外资合作伙伴(供应商、中间商、客户、同行、相关金融机构、行业协会、中介服务咨询等机构中的外资企业)的交流频率、交流时间、相互间的信任度,才能有效地促进企业从 FDI 集群中获取更多的创新所需的新知识。

假设 H3a(路径系数为 0.530,$P=0.000$),H3b(路径系数为 0.508,$P=0.000$)通过了验证。也就是说,本土企业的结构性嵌入也能够有效地促进企业获得各种显性知识和隐性知识。同时,结构性嵌入对显性知识获取的促进作用要大于对隐性知识获取的促进作用,同样表明企业通过结构性嵌入更容易获取显性知识。这是由于隐性知识是无法直接用语言表示出来的知识,它与个人的直觉、技能、观念、洞察力和经验等联系在一起。隐性知识与显性知识相比,难以表达和转移。

H4a(路径系数为 0.366,$P=0.001$)通过了模型的验证,表明企业获取的显性知识能有效地促进本土企业的创新绩效。而 H4b(路径系数为 0.091,$P=0.489$)没有通过验证,也就是说本土企业获取的隐性知识并不能够直接促进自身的创新绩效。通常,知识转移中的隐性知识对企业创新绩效的提高意义更大,但是本书的研究显示,隐性知识获取和企业创新绩效之间不存在直接促进关系。这是因为,企业获取的隐性知识只有真正被企业消化利用并转化为自身的知识时,才能促进企业竞争能力的提高。由于隐性知识的"隐性"和"黏着性"的特点,即使企业通过关系性嵌入和结构性嵌入获取了相关的隐性知识,也只有企业具备相应的吸收能力,通过干中学或用中学才能有效利用获取的隐性知识,促进企业创新绩效的提高。知识转移中的关键就是隐性知识的转移,我国大部分的本土企业在知识转移的过程中,忽略了对隐性知识的深刻认识和有效转化,造成了本土企业在知识引进过程中未能真正消化和利用,因而不能有效促进创新绩效的提高。同时,由于企业的隐性知识作为企业的长期竞争力,较难模仿和获取,而外商投资企业也会加强相关隐性知识的保护力度。我国本土企业更侧重于显性知识管理,对隐性知识的管理缺乏一套成熟的制度安排,这在很大程度上造成了本土企业知识水平和创新能力的落后。

2. 吸收能力的调节作用

假设 H6a 获得通过,表明吸收能力越高,本土企业的创新绩效越高。这是因为,吸收能力包含知识的消化和应用能力,只有当企业具备相应的消化和应用能力时,本土企业从 FDI 集群中获取的显性知识才能促进自身的创新绩效。假设 H6b 没有通过验证,表明企业的吸收能力对隐性知识获取促进创新绩效之间不起到调节作用。这是因为在技术转移的实际过程中,技术提供者出于竞争的考虑,一般转让的是二流技术或者有意保守技术秘密(通常是隐性知识),即使在向需求方转让技术时,也常常会"留一手",为隐性技术知识的转化造成了主观障碍(吴桂生,2002)。所以在这种情况下,即使企业具备较强的吸收能力,仍然不能通过获取的隐性知识促进创新绩效。针对上述问题,根据朱方伟等(2006)的研究,企业要想克服隐性知识转移的障碍,最有效的措施是"嫁接"掌握隐性知识的技术提供方的研发人员(他们作为隐性知识的载体,体会了隐性知识的产生过程并且隐性知识根植于他们个体之中),具体措施是:由技术提供方派研发人员到技术采用方处现场指导或由技术采用方外派研发人员到技术提供方处现场学习(即合作研发)。

9.4 本章小结

9.4.1 研究结论

（1）本土企业在加强提高自身研发实力和创新能力的同时，应该主动嵌入到 FDI 集群中的外资网络中获取对自身创新能力有用的外部知识，有效整合内外部的创新知识。以往的研究较多关注 FDI 集群中溢出的知识能否促进企业创新绩效的提高，对于企业创新绩效的提高是一种被动的认知。本研究发现，FDI 的集群发展为本土企业有效利用外商投资企业的知识溢出提供了良好的外部渠道与机会，本土企业可以通过关系性嵌入和结构性嵌入，加强与外商投资企业的网络互动，主动嵌入到外商投资企业的产业或价值网络中获取知识进而促进创新绩效的提高。

（2）通过构建模型与理论假设的检验，本研究发现，本土企业的知识获取能力在网络嵌入与创新绩效的关系之间起到部分中介作用。实证研究表明：本土企业网络嵌入的两个维度（关系性嵌入和结构性嵌入）对创新绩效并不存在直接的影响作用，而是需要知识获取这一中介变量的影响来推动企业创新能力的提高。关系性嵌入和结构性嵌入需要通过影响企业的显性知识获取才能促进企业创新绩效的提高。同时，关系性嵌入和结构性嵌入能够促进企业隐性知识的获取，但由于本土企业缺乏转化和应用的能力，因而获取的隐性知识难以有效地将隐性知识转化为企业自身的知识，从而促进企业创新绩效的提高。

（3）本土企业的吸收能力对网络嵌入通过知识获取进而提高创新绩效的过程起到部分调节作用。本研究表明，从外部获取的知识能否转化为自身改善创新能力的有利因素在很大程度上取决于本土企业的吸收能力。良好的吸收能力能够促进本土企业通过网络嵌入从外商投资企业的集群中获取更多的显性知识和隐性知识，并促进企业的显性知识向企业创新绩效转化。本研究的实证分析还发现，本土企业的吸收能力对隐性知识向创新绩效的影响过程缺乏促进作用。分析其中的原因后发现，一方面可能是由于隐性知识的"黏着性"特点而难以在不同的组织间自由扩散和流动，另一方面可能是由于外资企业对其隐性知识的保护和设置的壁垒，本土企业获取的隐性知识很可能是二流的技术，因而即使企业具备较强的吸收能力，也难以通过获取外商直接投资企业的隐性知识来促进创新绩效的提高。

9.4.2 对策建议

（1）要加强本土企业对 FDI 集群网络的关系性嵌入和结构性嵌入。本书的研究结论表明,本土企业能够通过关系性嵌入和结构性嵌入嵌入到外资集群网络中进而促进自身创新绩效的提高。本土企业可以通过增强与外资集群中外资合作伙伴(包括供应商、中间商、客户、同行、相关金融机构、行业协会、中介服务机构等)的联系频率、联系密度、通过交流合作等方式来建立各种关系网络,从而深化本土企业的关系嵌入性和结构嵌入性,促进企业创新绩效的提高。

(2) 不断增强本土企业的吸收能力和知识获取能力。本研究的结论表明,具备高吸收能力的本土企业更能从外部网络中获取更多有用的知识,并将有效地转化为推动自身创新绩效的有利因素。因此,本土企业要通过各种方式来提高自身的吸收能力。例如,一方面要通过增加科技投入,培育创新人才队伍,与高校、科研机构建产学研研发模式等来培育和提升自身的吸收能力;另一方面要通过各种渠道对 FDI 集群中的外商投资企业的网络嵌入来获取更多的创新知识,通过内外部知识的有效整合来促进创新绩效的改善。

(3) 建立并完善本土企业隐性知识转化为创新绩效的机制。本研究的研究结论表明,本土企业从 FDI 集群中获取的隐性知识由于缺乏消化利用机制,因而不能促进自身绩效的提高。企业中的隐性知识一般是未经编码的知识,而正是这部分知识构成了企业的核心竞争能力。本土企业仅仅从 FDI 集群中获取隐性知识,如果不对其进行有效的整合和利用,并不能促进自身能力的提高。由于隐性知识是导致企业核心竞争力提高的关键因素,因而本土企业要加强与外资企业的合作研发,增加先验知识的存量与内涵,加大研发投入,加强学习强度与提炼总结有效的学习方法,发展学习型组织等方式克服隐性知识转移的障碍,使隐性知识向创新成果转化。

9.4.3 研究局限性及展望

本书 FDI 集群化背景下本土企业网络嵌入如何影响企业创新绩效进行了研究,具有一定的理论和现实意义。但由于本书的研究样本和研究范围的局限性,本书仍存在一定的不足之处。首先,不同行业和规模的企业对 FDI 集群的嵌入机制可能存在不同,本书由于样本数目限制,未进行区分。其次,在网络嵌入、知识获取、吸收能力和创新绩效之间的相互影响作用,可能存在其他路径,本书未进行进一步分析。隐性知识向企业创新绩效的转化是一个复杂的过程,中间可能涉及其他变量,本书未加以考虑。同时,由于吸收能力是一个包含知识识别评价、知识消化、知识应用的复杂过程,本书未对其吸收能力的各个阶段对网络嵌入通过知识获取影响创新绩效的过程中的作用机制进行研究,这也有待于未来的进一步研究和探索。

参 考 文 献

[1] CHIA-YING LI. 2012. Knowledge stickiness in the buyer-supplier knowledge transfer

[1] process: The moderating effects of learning capability and social embeddedness[J]. Expert Systems with Applications,(39):5396-5408.

[2] CHRISTINA HALLIN. 2011. Embeddedness of innovation receivers in the multinational corporation: Effects on business performance[J]. International Business Review,(20): 362-373.

[3] NELL C, ANDERSSON U. 2012. The complexity of the business network context and its effect on subsidiary relational (over-) embeddedness[J]. International Business Review, (21):1087-1098.

[4] COHEN, WESLEY M, LEVINTHAL, et al. 1989. Innovation and learning: the two faces of R&D [J]. Economic Journal, 99, 569-596.

[5] COHEN, WESLEY M, LEVINTHAL, et al. 1990. Absorptive capacity: a new perspective on learning and innovation [J]. Administrative Science Quarterly,35:132-146.

[6] DYER J H, NOBEOKA K. 2000. Creating and managing a high performance knowledge-sharing network: the toyota case [J]. Strategic Management Journal,21:345-367.

[7] GRANOVETTER M. 1973. The strength of weak ties[J]. American Journal of Sociology, 78: 1360-1380.

[8] GNYAWALI D, MADHAVAN R. 2001. Cooperative networks and competitive dynamics: a structural embeddedness perspective [J]. Academy of Management Review, 26(3): 43-45.

[9] HAGEDOON J, CLOODT M. 2003. Measuring innovative performance: is there an advantage in using multiple indicators? [J] . Research Policy, 32:1365-1379.

[10] HSIN-MEI LIN,HENG-CHIANG HUANG,CHIH-PIN LIN. 2012. How to manage strategic alliances in OEM-based industrial clusters: Network embeddedness and formal governance mechanisms[J]. Industrial Marketing Management,(41): 449-459.

[11] JULIA L, LIN. 2009. Network embeddedness and technology transfer performance in R&D consortia in Taiwan[J]. Technovation,(29): 763-774.

[12] LANE KOKA,PATHAK. 2006. The reification of absorptive capacity: a critical review and rejuvenation of the construct[J]. Academy of Management Review,31(4):833-863.

[13] MEI-CHICK HU. 2008. Knowledge flows and Innovation capability[J]. Technological Forecasting & Social Change,(75).

[14] ROWELEY T, BEHRENS D, KRACHARDT D. 2000. Redundant governance structures: an analysis of structural and relational embeddedness in the Steel Semiconductor Industries [J]. Strategic Management Journal, 21(3):369-386

[15] UZZI B. 1996. The sources and consequences of embeddedness for the economic performance of organizations[J]. American Sociology Review,61: 674-698.

[16] 窦红宾,王正斌.2010.网络结构、吸收能力与企业创新绩效:基于西安通讯装备制造产业集群的实证研究[J].中国科技论坛.

[17] 黄汉涛.2010.网络嵌入性与技术创新绩效的关系研究:基于吸收能力的分析[D].杭州:浙江大学.

[18] 李纲.2010.企业网络结构与知识获取的关系模型[J].技术经济与管理研究,(1).

[19] 李莉.2008.基于网络嵌入性的核心企业知识扩散方式对知识获取绩效的影响研究[D].西

安:西安理工大学.
[20] 刘雪锋.2009.网络嵌入性影响企业绩效的机制案例研究[J].管理世界.
[21] 钱锡红,杨永福,徐万里.2010.企业网络位置、吸收能力与创新绩效:一个交互效应模型[J].管理世界.
[22] 任胜钢,吴娟,王龙伟.2011.网络嵌入结构对企业创新行为影响的实证研究[J].管理工程学报.
[23] 王炯.2006.全球制造网络中网络嵌入性对企业绩效的影响研究[D].杭州:浙江大学.
[24] 吴晓波,刘雪锋,胡松翠.2007.全球制造网络中本地企业知识获取实证研究[J].科学学研究.
[25] 许冠南.2008.关系性嵌入对技术创新绩效的影响研究:基于探索型学习的中介机制[D].杭州:浙江大学.
[26] 徐磊,向永胜.2012.多重网络嵌入对集群企业创新能力的作用[J].经济地理.
[27] 肖远飞.2012:网络嵌入,关系资源与知识获取机制[J].情报杂志,(3).
[28] 于伟,谢洪明,蓝海林.2009.东道国母公司的文化控制对IJV知识获取与绩效的影响:华南地区企业的实证研究[J].软科学.
[29] 张方华.2010.网络嵌入影响企业创新绩效的概念模型与实证分析[J].中国工业经济,(4).
[30] 张晔,梅丽霞.2008.网络嵌入、FDI主导型集群与本土企业发展:以苏州地区自行车集群为例[J].中国工业经济.

第10章 基于神经网络模型的资源获取与创新能力关系的实证研究[①]

随着经济全球化的不断深入,提高技术创新能力已成为培育企业核心竞争力和提高国际竞争力的必经之路。但是,瞬息万变的经济环境对企业的灵活性、适应性、反应能力和创新速度提出了更高的要求。面对激烈的市场竞争,创新正日益成为企业生存与发展的不竭源泉和动力,企业"要么创新,要么就是死亡"。但是,随着技术专业化程度的提高与全球化市场的快速成长,单一企业仅仅依靠自身拥有的有限资源在未来将更难以生存和发展,企业之间的相互依赖和相互合作将更显得必不可少。正如美国经济学家奎因所指出的那样,在过去,资源外取被认为是企业的一种劣势,但是现在,随着竞争环境的变化,它已经成为智慧型企业成功运作的一个关键要素。

因此,越来越多的企业已经认识到,在网络竞争环境下,任何企业都已不可能完全孤立地长期开展生产经营和技术创新等活动,企业要想保持持续竞争优势,就必须与不同的外部组织进行合作,通过建立各种社会关系来获取发展机会和交换各种信息、知识和其他资源,以实现优势互补、信息和知识等资源的共享、风险共担以及利益共享,从而获得持续发展。

10.1 创新绩效影响因素研究的文献综述

自20世纪50年代以来,伴随着人们对技术创新理论及实践研究的不断深入,有关学者就开始对企业技术创新成败的影响因素进行分析和研究,并将这些影响因素称为创新要素或动因(Janszen,1998)。例如,英国Sussex大学的科技政策研究所(SPRU)于20世纪70年代就在Freeman等人的领导下承担过著名的SAPPHO计划,该项目对29对成功和失败的创新项目进行了测度,并从中提炼出6个最重要的影响创新成败的因素:是否了解用户需要;研发部门、生产部门与市场营销部门的合作状况;与外界的科技网络的联系程度;研发质量的高低;高层创新者

[①] 本章主要内容发表于《科学学研究》2006年第6期

是否具有成功的经验与权威;企业内部是否开展相应的基础研究,等等(Rothwell 等,1974)。

1966~1972年,英国经济学家Langrish通过对84个被英国女王授予技术创新奖的创新项目进行研究后认为,有7个因素对企业技术创新的成功起着非常重要的影响作用,其中包括:一个具有权威的高层领导;具有其他品质的杰出人物;对市场需求的清楚了解;对某一项发现的潜在价值和用途的认识;良好的合作;资源的可获得性;来自政府方面的帮助(陈伟,1998)。

总之,许多学者的研究都证实,影响企业技术创新成败的因素是多方面的,而不只是用简单的因素就可以阐明的。技术创新的成功意味着多个组织之间的合作,并且相互之间保持着一种平衡与协作,而不只是一两件事做得好就能获得成功(Cooper和Kleinschmid,1987),这些研究包括:高建等(1996)通过对我国1051家企业技术创新活动的调查分析后指出,我国企业技术创新在各方面都存在一定的障碍,缺乏资金、缺乏人才、缺乏信息和体制不顺是目前企业技术创新的四大障碍。方新(1998)通过对我国大中型企业技术创新的调查问卷分析,提出了阻碍我国企业技术创新的三个主要因素:一是资金缺乏,研究表明,资金缺乏是阻碍我国企业技术创新活动开展的最重要的因素;二是缺乏市场信息,一方面是市场信息少,企业很难从外部获取到有利于技术创新活动的相关信息,另一方面则是市场信息非常混乱,而且不准确和不及时,企业很难及时地获取市场需求信息;三是缺乏从事技术创新活动的人才,既缺乏开展创新活动的工程技术人才,又缺乏具有创新意识和创新精神的企业家,致使企业很难有效地开展技术创新活动。官建成(2004)通过对中国和欧洲工业企业技术创新的比较分析后指出,对中国企业而言,缺乏资金是最重要的障碍因素;其次,缺乏创新信息也是一个主要的创新障碍,这种信息主要包括技术和市场两种信息。

总结以上分析可以看到,影响企业技术创新成败的因素是多方面的,但是,最主要的影响因素是由创新资源的稀缺所导致的,尤其是市场信息、研发资金和创新知识的短缺则更为显著。因此,本章从资源获取的角度,利用BP神经网络模型来研究企业资源获取与技术创新绩效之间的关系。

10.2 资源获取影响创新能力的BP神经网络模型与理论假设

10.2.1 资源获取影响创新能力的BP神经网络模型

传统的统计方法,例如SPSS(社会统计方法)和SEM(结构方程模型)等,它们只是研究变量之间的线性关系。但是,本研究认为,资源获取与技术创新绩效之间的关系并不是简单的线性关系,而是一种复杂的非线性关系。BP 神经网络是在现代神经科学研究成果的基础上,依据人脑基本功能特征,模仿生物神经系统的功能或结构而发展起来的一种新型信息处理系统或计算体系,是对非线性可微分函数进行权值训练的多层神经网络,它是一种大规模的自适应非线性动力系统,具有集体运算的能力,并在函数逼近、模式识别、数据压缩、系统控制、图像识别、市场预测等多个领域得到广泛应用(高隽,2003)。

BP 神经网络由输入层、隐含层和输出层三部分组成,隐含层能够处理变量之间的非线性关系,每一层都由多个神经元组成(图 10.1)。由于这些网络包含了许多相互影响的非线性的神经元,因而能准确反映变量之间的复杂关系。具体的步骤如下:

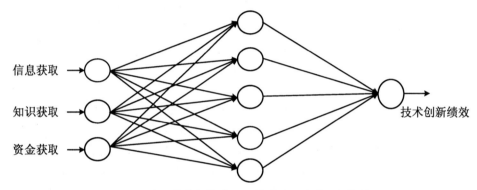

图 10.1 资源获取与技术创新绩效关系的神经网络模型

第一,指标体系的归一化处理。由于问卷的打分采用的是 7 级制,而且各分指标经过因子分析归类后,各指标的数值有正、负数,很难进行直接的曲线模拟。因此,为了提高网络的学习效率和收敛速度,在数据进入 BP 神经网络之前,首先对这些数据进行归一化处理。

第二,BP 神经网络模型的构建。设输入为 $X(x_1,x_2,x_3)$,输入神经元 $r=3$,隐含层 $S_1=5$,由于在神经网络的使用过程中,经常采用对数 S 型函数和正切 S 型等函数作为神经元的传递函数,对数 S 型函数产生 0~1 之间的输出,而正切 S 型函数则产生 -1~1 之间的输出,因此为了更形象地反映出变量之间的非线性关系,本研究的激活函数 F 取 S 型对数函数 $f_1=1/(1+e^{-s})$,输出层 $S_2=1$,模型结构如上图。

第三,权值和阈值的确定。权值的选取,任选 w_1,w_2,w_3;阈值的选取,任选 b_1,b_2,b_3;学习率 $\eta=0.05$。在训练 BP 神经网络之前,首先必须设置权值和阈值的初始值。由于本研究采用 Matlab 的函数 Newff 创建 BP 神经网络,网络会自动地初始化其权值和阈值,缺省值都是 0。

10.2.2 资源获取影响创新能力的理论假设

1. 信息获取与技术创新的关系

20世纪60年代以来,相继产生了关于技术创新的五代模式,即技术推动、需求拉动、技术与市场相互作用、一体化整合和系统整合网络。五种模式都说明了信息在技术创新过程中的重要性。Daghfous 和 White(1994)通过对技术创新过程模式的分析后指出,A—U创新过程模型只考虑产品和工艺创新随时间变化的情况,而忽略了企业本身的生产状况和市场活动对技术创新的影响。因此,他们强调了信息对企业技术创新过程的重要作用,并在此基础上提出了以产品创新为基础的技术创新三维模型。这一创新模式强调产品创新、市场和创新过程中信息搜集和分析相互作用关系在企业技术创新中的重要作用。他们认为在企业技术创新过程中,有三个主要的过程同时进行,即将新技术结合到产品中并推出市场接受的新产品、将新产品推向市场和不断获得有关技术创新的信息,同时这三个过程也决定了企业技术创新的成败(刘顺忠等,2003)。

经研究发现,缺乏市场信息是企业创新成功的最大障碍之一。无论在单个企业内部,还是在企业之间,对信息的不断搜寻是企业持续创新的必要条件(Yuan-Chieh Chang 和 Ming-Huei Chen,2004)。因此,信息获得的及时性是企业技术创新成功的关键,尤其是那些战略性的竞争信息(有时称之为情报)的重要性也越来越受到人们的关注和重视。事实上,企业技术创新的过程也是企业不断消除不确定性信息和克服忽略信息的过程(Daghfous,1994)。企业在技术创新过程中应当尽可能搜集全面的信息,并用科学的方法对信息进行处理和分析,这些都有助于企业技术创新的成功。同时,企业有关市场、技术和政策信息的搜集过程就是企业的学习过程。

很多研究证实,企业对市场信息、技术信息和政策信息的获取与技术创新的效率呈极大的正相关关系。高绩效的公司在动态和复杂的市场环境中总是能积极地从外部获取有用的创新信息并使企业内部各部门或员工能及时地共享这些信息,从而不断改善企业技术创新的绩效(Dess & Origer,1987)。因此,本研究提出以下理论假设:

H1:在其他条件不变的情况下,信息获取与技术创新绩效之间呈正相关关系。

2. 知识获取与技术创新的关系

知识作为企业获取竞争优势和提高经济效益的关键资源已越来越受到人们的普遍重视。企业的持续竞争优势则是更多地依赖于企业拥有的知识。财富的主要来源将来自于人类不断创造和拥有的新知识,而不是仅仅依靠对劳动、土地和资本的占有。世界经济的发展越来越依赖于知识的生产、扩散与使用。对以技术为基础的企业而言,知识是非常重要的:高技术企业要不断创造和开发知识,就需要不断补充新知识（Lane 和 Lubaikin，1998）。因此，现阶段企业之间的竞争实际上就是企业创新能力的竞争，而创新能力的竞争归根到底则是企业在知识的生产、占有和有效利用方面的竞争。企业的技术创新就是企业利用已有的知识去生产更新的知识，因此，更好地利用现存的知识和更有效地获取和吸收外部知识是企业提高创新能力的关键（Thurow，1996）。

企业的技术创新活动，本质上是各种要素之间的重新组合和发展，知识对技术创新活动的重要性更是不言而喻，如果不大量地从外部获取和吸收新的知识，企业的技术创新活动就成了无米之炊。知识与知识获取是企业提高竞争力的一个关键因素，不断地从外部获取知识对企业的技术创新有着显著的推动作用，也有助于技术创新绩效的提高。知识是企业最重要的资源，学习和知识获取决定了企业的创新绩效。因此，在这个动态的、不断变化的竞争环境下，知识获取以及以此为基础的创新能力的提高对企业创新和发展的推动作用越来越显著，也就是说，企业的技术创新活动越来越依赖于知识的作用（Autio，2000）。因此，本研究提出以下理论假设：

H2：在其他条件不变的情况下，知识获取与技术创新绩效之间呈正相关关系。

3. 资金获取与技术创新的关系

企业要进行技术创新，必须有足够的资金支持。充足的资金投入是技术创新一个必不可少的条件。通过对美国企业的调查分析表明，不论哪个行业，凡是技术创新的投资率（研究与发展费用占销售收入百分比）不低于4%的企业，都有明显的高增长率，而投资率在3%～4%之间的企业，其长期增长率80%的时间里不低于美国国民生产总值增长率的一半，而投资率低于2%的大企业的增长率则明显低于同期美国国民生产总值的增长率。最终的结果表明：那些在技术创新上投资率低于3%的企业只能维持现状。因而，企业要发展必须以一定的技术创新投资作保证（陈劲，2001）。

但是，资金短缺已成为创新型企业技术创新的一个主要障碍。即使在发达国家的资本市场已经非常健全的情况下，资金缺乏也是企业发展过程中一个普遍的障碍，同时也是中小企业技术创新失败的主要因素之一（Peterson 和 Shulman，1987）。根据清华大学经济管理研究所对我国945家企业创新状况的调查，资金短缺是我国企业创新障碍的首要原因（高建等，1996）。

据研究证实，产品开发与市场扩散所需的资金投入通常是初期研发投入的10～20倍，对技术创新的投资需求往往超过企业自身积累的资金。与传统的企业相比，知识型企业更希望从外部寻求资金来弥补自身投入的不足，但由于创新的高风险特性，企业很难从银行获得贷款（Jensen 和 Meckling，1976）。因此，创新资金的缺乏已成为知识型企业技术创新的一个主要障碍。

同样，国内的很多有关我国企业技术创新影响因素的实证研究也证实，缺乏创新资金已成为阻碍企业技术创新活动的最主要的因素之一。本研究通过对210家知识型企业的调查也显示,有 67.6% 的企业将是否有足够的研发投入视为影响企业技术创新成功的决定性因素之一。因此,本研究提出以下理论假设:

H3:在其他条件不变的情况下,资金获取与技术创新绩效之间呈正相关关系。

10.3 资源获取影响创新能力的实证分析

10.3.1 问卷发放与回收

数据收集主要采用问卷调查的方式(问卷调查表见附录1),并辅以部分企业的实地调研。本次总共发放问卷 400 份,回收问卷 236 份,其中有效问卷 210 份,有效回收率达 52.5%。从回收的有效问卷看,所调查企业主要分布在浙江、深圳、苏州和武汉等地区,其中浙江省 90 份,占总数的 42.9%;深圳 65 份,占总数的 31.0%;苏州 25 份,占总数的 11.9%;武汉 15 份,占总数的 7.1%;其他地区 15 份,占总数的 7.1%。从回收样本所涉及的行业来看,电子产业 45 份,占总数的 21.4%;信息产业 56 份,占总数的 26.7%;机械电子一体化 36 份,占总数的 17.1%;生物医药业 32 份,占总数的 15%;材料产业 28 份,占总数的 13.3%;还有少部分的属于化工与机械制造行业的高新技术企业 13 份,占总数的 6.5%。

10.3.2 变量测度

1. 资源获取(自变量)的测度

本研究将资源获取分成信息获取、知识获取和资金获取三个组成部分,其中,信息获取包括市场信息的获取、技术信息的获取和政府政策信息的获取三个部分;知识获取包括市场开发知识的获取、技术研发知识的获取和创新管理知识的获取三个部分;资金获取分为政府资金或税收优惠的获取、金融机构贷款的获取、风险投资的获取以及通过技术合作获取外部资金四个部分。

2. 技术创新绩效(因变量)的测度

本研究将企业的技术创新绩效分为创新效益和创新效率两个指标,其中创新效益包括创新产品的成功率、年申请的专利数和新产品占销售额的比重(新产品产值率)三个分指标;创新效率则由新产品的开发速度和年新产品数两个分指标组成。

本研究采用的是李克特(Likert-type)7 级度量方法,如 7 分表示非常好或非常满意,6 分表示好或满意,5 分表示比较好或比较满意,4 分表示一般,3 分表示较差或较不满意,2 分表示不好或不满意,1 分表示极差或极不满意。问卷要求被调查者根据国内同行业的主要竞争对手的情况来填写。

10.3.3 信度与效度检验

本研究采用 Cronbach 的一致性系数（α系数）来分析信度。只有较高的一致性数值才能保证变量的测度符合本研究的信度要求，按照经验判断，保留在变量测度项中的单项与总和项（item-to-total）的相关系数应大于 0.35，并且测度变量的 Cronbach's alpha 值应该大于 0.70 才能满足量表的效度要求（王重鸣，2003）。

本研究效度的测试主要是通过内容效度的检验，即检验所选的题项是否能代表所要测量的内容或主题。具体的做法是计算每个项目分数和综合的相关性，如果相关系数的显著性程度高，则量表的效度高。而因子分析可以帮助我们判断同一变量的不同测度题项之间是否存在较强的相关性，并合并为几个较少的因子，以简化数据的基本结构。对于本研究来说，主要就是通过因子分析，判断同一变量的不同测度项是否比较准确地反映了被测度变量的特性，以致将这些题项合并为一个因子（命名为该被测度变量）。一般而言，当 KMO（Kaiser-Meryer-Olkin）的值$\geqslant$ 0.5，巴特莱特（Bartlett test of sphericity）统计值$\leqslant \alpha$，各题项的载荷系数均大于 0.50 时，可以通过因子分析将同一变量的各测试项合并为一个因子并进行后续分析（马庆国，2002）。在此基础上，利用变量的因子得分值进行 BP 神经网络的分析，以检验理论假设是否成立。表 10.1 对被解释变量和解释变量的信度和效度进行测试，表中的数据显示，本研究具有较高的信度和效度。

表 10.1 变量的信度和效度分析

题项	描述性统计		子载荷系数	Alpha 值
	Mean	SD		
创新绩效				0.8575
新产品开发速度	5.1048	1.1975	0.856	
年新产品数	4.6190	1.2091	0.863	
创新成功率	4.7905	1.1714	0.853	
年申请的专利数	3.6238	1.5944	0.648	
新产品产值率	5.0000	1.2941	0.828	
信息获取				0.8067
市场需求信息	5.4095	1.0689	0.840	
技术信息	4.7238	1.2450	0.871	
政策信息	5.0286	1.0712	0.840	

续表

题项	描述性统计		子载荷系数	Alpha 值
	Mean	SD		
知识获取				0.8741
市场开发知识	5.0905	1.0243	0.867	
技术研发知识	4.6952	1.2575	0.795	
创新管理知识	4.7619	1.1781	0.786	
资金获取				0.7000
政府的资金或税收优惠	5.0000	1.1739	0.739	
金融机构的贷款	4.7190	1.4484	0.760	
风险投资	3.4810	1.6607	0.678	
通过技术合作获取资金	4.3429	1.3401	0.735	

10.3.4 资源获取与创新能力关系的实证分析

1. 信息获取与技术创新绩效之间的关系曲线

要模拟出信息获取与技术创新绩效之间的关系曲线,先使知识获取与资金获取两个变量保持不变,即取这两个变量的平均值。因此,经过 5000 次迭代训练以后,可得到 BP 训练拟合误差,期望输出与实际输出的误差趋向稳定,即达到最小化,因此可以拟合出在其他两个变量保持不变的情况下,企业信息获取与技术创新绩效之间的关系曲线(图 10.2)。两者的关系曲线显示,企业的信息获取促进了技术创新绩效的提高,即论文的理论假设 H1 得到证明。

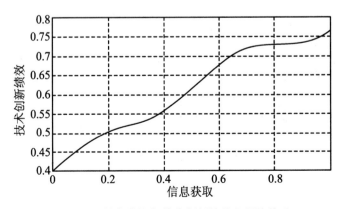

图 10.2　信息获取与技术创新绩效之间的关系

2. 知识获取与技术创新绩效之间的关系

同样可以模拟出知识获取与技术创新绩效之间的关系曲线(图10.3)。两者的关系曲线显示,企业的知识获取促进了技术创新绩效的提高,即本书的理论假设 H2 得到实证的支持。

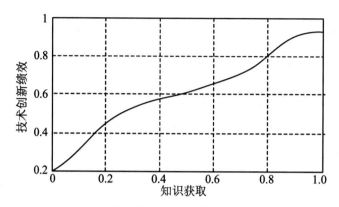

图 10.3　知识获取与技术创新绩效之间的关系

3. 资金获取与技术创新绩效

同理,可以模拟出资金获取与技术创新绩效之间的关系曲线(图10.4)。两者的曲线关系显示,企业的资金获取与技术创新绩效之间的关系并不是简单的线性关系,当企业的资金获取程度较低时,它对技术创新绩效的影响是显著的,但当企业从外部获取的资金量达到一定阶段时,两者的关系就不显著了,即本研究的理论假设 H3 没有得到实证的支持。

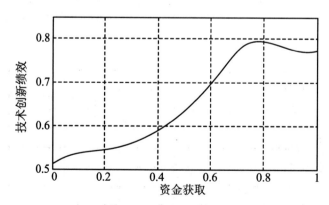

图 10.4　资金获取与技术创新绩效之间的关系

10.4 本章小结

以上通过企业资源获取与技术创新绩效之间关系的分析,提出了相应的理论假设,然后通过对我国210家企业的问卷调查和BP神经网络模型的分析,可以得出如下结论:

第一,企业的信息获取有助于技术创新绩效的提高。也就是说,企业的信息获取程度越高,技术创新的绩效也就越高。前文已经阐述,及时的信息获取是企业技术创新的"触发器",是企业降低创新风险的一个重要因素。无论是在单个企业内部,还是在企业之间,对信息的不断获取是企业持续创新的必要条件。只有及时地掌握与企业技术创新相关的市场需求信息、技术发展信息和政府政策信息,才能保证技术创新活动的顺利开展。

第二,企业的知识获取有助于技术创新绩效的提高。也就是说,企业从外部获取的知识越多,技术创新的绩效也就越高。由于企业的持续竞争优势来源于企业拥有的知识,因此,不断地从外部获取企业技术创新所需的知识是企业创新成功的"加速器",也是企业技术创新绩效提高的关键因素。

第三,企业的资金获取与技术创新绩效之间的关系并不是简单的线性关系。也就是说,当企业的创新资金比较匮乏的时候,从外部获取的资金量与其创新绩效之间存在一种显著的相关性,即获取的资金越多,企业技术创新的绩效越高;而当企业从外部获取的资金达到一定的阶段后,企业的研发投入已不再是技术创新的障碍的时候,企业的资金获取与技术创新绩效之间并不存在显著的相关性,即资金获取并不能显著提高技术创新的绩效。这同时也说明,充足的研发投入只是企业技术创新顺利开展的必要条件,但却不是充分条件。

因此,企业要摆脱自身资源有限的约束,从而提高技术创新能力,不但要重视内部资源的利用,而且还要重视如何有效地整合企业内外部资源,即重视与客户、供应商、大学与科研院所、政府部门、金融机构、中介组织,甚至与竞争对手之间的联系,采取一种新型的发展战略——竞合战略(co-opetition strategy),以合作求竞争,以合作求发展。

参 考 文 献

[1] AUTIO E, SAPIENZA H J, ALMEIDA J G. 2004. Effects of age at entry, knowledge intensity, and imitability on international growth [J]. Academy of Management Journal, 43(5): 909-924.

[2] COOPER R G, KLEINSCHMIDT E J. 1987. Success factors in product innovation [J]. In-

dustrial Marketing Management, 16(3): 215-223.

[3] DAGHFOUS A, WHITE G R. 1994. Information and innovation: a comprehensive representation [J]. Research policy, (23): 267-280.

[4] DESS G, ORIGER N K. 1987. Environment, structure and consensus in strategy formulation: a conceptual integration[J]. Academy of Management Review.

[5] FREEMAN C, SOETE L. 1997. The economics of industrial innovation [M]. 3rd ed. Pinter, London: 266-267.

[6] JAMES A F, STONER R, EDWARD FREEMAN, ed al. 1996. Management [M]. Prentice-Hall International, Inc.

[7] JANSZEN F H A. 1998. Dynamic business modeling as a management tool that supports the development and testing of innovation strategies, IEMC '98 Proceedings[C]. International Conference 11-13, 1998, Oct. 408-412.

[8] JENSEN MC, MECKLING W H. 1976. Theory of the firm: managerial behavior, agency cost, and ownership structure[J]. Journal of Financial Economics, 3 (4): 118-135.

[9] LANE, LUBAIKIN. 1998. Relative absorptive capacity and inter-organizational learning[J]. Strategic Management Journal, 19(5): 461-477.

[10] O'HAGN S B, GREEN M B. 2004. Corporate knowledge transfer via interlocking directorates: a network analysis approach [J]. Geoforum, (35): 127-139.

[11] PETERSON R, SHULMAN J. 1987. Entrepreneurs and bank lending in Canada[J]. Journal of Small Business and Entrepreneurship, 5(Fall): 41-45.

[12] ROTHWELL R. 1974. SAPPHO updated, research policy[J]. November.

[13] THUROW L C. 1996. The future of capitalism[M]. London: Nicolas Brealey publishing.

[14] YUAN-CHIEH CHANG, MING-HUEI CHEN. 2004. Comparing approaches to systems of innovation: the knowledge perspective[J]. Technology in Society, (26): 17-37.

[15] 陈伟. 1998. 创新管理[M]. 北京: 科学出版社.

[16] 陈劲. 2001. 永续发展: 企业技术创新透析[M]. 北京: 科学出版社.

[17] 方新. 1998. 过渡经济条件下的中国企业技术创新研究[J]. 中国科技论坛, (2): 37-40.

[18] 高建, 傅家骥. 1996. 中国企业技术创新的关键问题: 1051家企业技术创新调查分析[J]. 中外科技政策与管理, (1): 24-33.

[19] 高隽. 2003. 人工神经网络原理及仿真实例[M]. 北京: 机械工业出版社.

[20] 官建成. 2004. 中欧工业创新的比较分析[M]//中国创新管理前沿. 北京: 北京理工大学出版社: 215-230.

[21] 刘顺忠, 官建成. 2003. 信息和市场对企业工艺创新过程作用的研究[J]. 科研管理, (4): 26-30.

[22] 马庆国. 2002. 管理统计[M]. 北京: 科学出版社.

[23] 王重鸣. 2003. 心理学研究方法[M]. 北京: 人民教育出版社.

第 11 章 企业集成创新实践的典型案例分析[①]

集成创新作为企业技术创新的一种活动方式,尽管国内外有关集成创新的研究很多,但对企业而言,他们关心的焦点就是如何通过集成创新来形成核心竞争力并获取竞争优势。因此,本章从集成创新的过程分析入手,结合典型案例分析,深入探讨企业集成创新的过程模式,试图为企业如何通过集成创新提高自主创新能力提供相应的对策建议。

11.1 相关概念与已有的文献综述

11.1.1 集成创新的内涵

当代科学技术的迅猛发展在提高生产力的同时也加剧了企业间的竞争,随着外界环境的不断变化,单纯依靠生产效率的提高和产品质量的提升,企业很难在艰难环境中保持可持续发展的能力。此种情况下,企业必须加强自身创新能力建设。但是,中国的中小企业由于起步较晚,创新能力先天不足,不可能单纯地依靠自主创新来提高自身的竞争能力。那么,集成创新就成为中国中小企业获取竞争优势和可持续发展能力的突破口。

1998 年,哈佛大学教授 Marco Iansiti(1995)提出了"技术集成"的理念,这个理念被大多数学者认定为集成创新概念的首次提出。Iansiti 创造性地通过对大型计算机企业的实证调查,分析了他们取得不同研发绩效的原因,最后把这种研发绩效的不同归因于技术集成,认为技术集成帮助了这些企业获得了技术创新的成功。而早期集成创新的研究主要是围绕技术创新展开的,但是随着经济全球化、网络化的发展,企业面临的生存环境受到越来越多因素的影响。因此,集成创新的研究也开始向组织、战略、知识等方面转移。在这种趋势的引导下,国内外有许多学者提

[①] 本章主要内容发表于《中国软科学》2008 年第 10 期

出了集成创新的新模式,为集成创新的研究开辟了新的思路和方法。

我国著名的技术创新专家傅家骥(1998)、许庆瑞(2000)对技术创新进行了大量而深入的研究,得出了许多集成创新方面的成果。如傅家骥的创新集群、创新扩散理论等,许庆瑞的创造过程理论、基于核心能力的组合创新概念等等。创新集群理论认为:创新具有在一定的时间和空间成群出现的特性,这种创新成群出现地现象称为创新集群。而创造过程理论认为:组合是创造的本质特征,两种或两种以上的独立学科一经组合,不论是通过直觉还是分析研究,只要产生了科学与技术上的综合,便产生了一种新的创造性的东西。

张保明(2002)认为集成创新应当是一种能把两个过程有机地集合在一起的机制。他通过对美国科技中心计划的案例研究,将集成看作是研究开发、知识共享传递和人才培养等方面的一体化过程,使知识创新中的各要素组合成一个整体,而集成创新就是将这些要素、过程集合在一起的一种机制。

张华胜和薛澜(2002)阐明了集成创新在不同层次上的实现模式,提出了集成创新的三种组织模式。第一种是针对特定的需要,以战略为导向,以产业、技术或产品为平台,以计划、项目为主要组织形式,并辅之以相应技术手段和管理手段支撑的一种综合性的创新管理模式;第二种是通过建立创新环境,营造一个良好的集成氛围,引起系统整体的演化和进步;第三种是创新主体与环境互动而产生的各种网络集成模式。与上述对单个内容进行集成的研究相比,这种研究结果更侧重于整体集成创新模式方面,主要是通过不同的方式来进行集成创新。

西宝和杨廷双(2003)提出了创新流程的集成观点,建立了集成创新的流程模型,通过概念、流程、社会三个创新流程的研究,为企业提供长期的竞争优势,用集成创新的流程概念替代传统思考模式,并且提出基础性研究能够通过集成创新流程更加结构化,更易于操作,成本更低,企业更易于掌握所产生的知识。

路风和慕玲(2003)分析了中国激光视盘播放机工业成功的案例,提出了系统集成能力的培养对中国工业的作用,将新科企业的成功归功于新科利用本土市场的优势,将产品概念和上游的元件设计以及下游的市场策略进行集成。由于本身在芯片产业方面的落后,国内企业需要寻求国外元件的支持,但是如何突破这种瓶颈就是本书通过案例要研究的内容。他们认为,只有利用本土市场的概念优势,抓住本土市场的特点,利用对本土市场需求概念的理解,从而参与上游的元件设计,形成双方共同依赖的局面,完成从架构创新到系统集成的转变,掌握适应本土市场的技术能力(如视频播放机的纠错能力),以产品创新为导向整合外部资源进行系统集成,最后从政策上给政府提出了建议。

丛泽和薛澜(2003)在对清华大学与跨国公司技术合作总体特征分析的基础之上,以案例为依据,提出了集群单元是技术创新群落演化的内核,有效集群单元决定了集群的产生,同时要建立良好的内外部条件,帮助集群发展。

李文博和郑文哲(2004)提出了基于技术集成层面、战略集成层面、知识集成层

第11章 企业集成创新实践的典型案例分析

面、组织集成层面的集成创新联结层面模型,表明了企业集成创新系统各层面间的复杂性和非线性协同关联,把技术集成层面看做是集成创新的基础,战略、知识集成层面则是集成创新的保证,而组织集成层面则是落实这三方集成的关键。

卢显文和王毅达(2006)提出了产品开发的集成创新的四阶段模型,即概念开发、研究、整合、产品开发四个阶段,同时分析了产品开发集成创新过程中的沟通机制和信息演化机制。他们认为,产品开发集成创新是把顾客需求等市场信息集成化,然后转化为产品概念,再根据这些概念选择合适的技术,进行研究、开发和制造,最后获得所需要的有形商品的过程。

可见,目前集成创新研究的焦点主要集中在集成模式上。集成创新的阶段模型,将集成创新作为一个整体,可以分为几个阶段,而几个阶段在时间上又是有先后顺序的,但是,每个阶段又都是一个集成,概念开发是信息集成的主体,研究整合是技术集成的主要阶段,所以每个阶段集成创新能力的强弱直接影响到集成创新的最终成果。而另一方面,有些学者对集成创新进行了分类,将其分为了战略、技术、信息等方面的集成,这几类集成都是贯穿于集成创新的始终,是集成能力形成的基础。本书研究的集成能力就是鉴于对集成创新内容的分类而开始的。

11.1.2 有关集成创新理论的文献综述

集成创新是指创新行为主体(如企业),根据企业的发展目标,在特定的系统内整合各种创新资源(包括企业内外部的信息、知识、资金等要素),并经过优化配置,形成一个由各种要素组成的优势互补、相互匹配、具有独特功能优势的新的系统以实现创新的行为过程。Fujimoto 等(1996)在对日本汽车行业产品开发研究中曾提出了用户集成、内部集成和外部集成等概念,用户集成强调企业和市场之间的互相适应和互相学习,旨在促进用户信息和企业产品开发环境之间的互相匹配;内部集成强调企业内部知识基础间的匹配、信息单元间的集成;外部集成则强调企业对其外部知识网络、价值网络的适应。

集成创新的概念首先来自于 Macro Iansiti 的技术集成。Macro Iansiti(1997)以美国计算机工业的发展为背景,通过大量的实证研究以及对成功者和失败者的系统对比分析后将其在 20 世纪 90 年代成功的产品开发方式定义为"技术集成"模式,并把技术集成定义为"以创造技术可供资源和技术应用关联环境之间的匹配为目标的调查、评估和提炼的活动集合";Michael Best(2001)则从企业网络层次出发,分析了"系统集成"产品开发模式对领先企业能力和技能的产生、发展和扩散的影响,将系统集成界定为"一种在技术和组织层次上发挥作用的生产和组织的基本原则(意味着对生产进行再设计以便通过互动方式利用亚系统设计变化的组织能力)",并以英特尔公司为代表来说明系统集成的原理和方法。

Macro Iansiti(1997)和 Michael Best(2001)均将集成创新视为美国高技术企

业在20世纪90年代创造出来的一种新的技术管理和生产组织方式,这种新技术管理方式所要解决的中心问题不是技术供给本身,而是日益丰富、复杂的技术资源与实际应用之间的脱节,其实质内容是在创造符合需求的产品与丰富的技术资源供给之间创造出匹配。此外,很多学者也对动态环境下的产品开发策略和方法等问题进行了探讨,他们的研究成果进一步验证和扩充了集成创新理论体系。例如,Durand(2001)通过对新产品开发的实证研究指出,产品开发的概念过程伴随着企业对外部知识信息的集成,产品开发的实施过程伴随着企业内部信息、人员、团队、部门的集成,对内外部知识交流与融合的管理影响着企业的创新绩效;Parthasarthy(2002)的研究证实,部门集成、工具集成和外部集成是影响产品创新投入产出比率的关键因素。

江辉和陈劲(2000)从企业内部运转提出集成创新是技术集成+知识集成+组织集成的结合,并建立了相关的评价指标体系;张华胜和薛澜(2002)将集成创新作为技术创新管理的一种新范式,详细阐述了集成对象、集成主体、集成平台、集成的系统结构和组织能力以及集成创新模式;李文博和郑文哲(2004)提出了基于技术、战略、知识、组织的集成创新联结层面模型;卢显文等(2006)提出了产品开发集成创新的过程模型,并将企业的产品开发集成创新的核心过程分为概念开发、研究、整合和开发等四个阶段;吕强(2006)则从核心能力的角度,将企业集成创新的模式分为基于组织核心能力构建和强化的集成创新模式、基于技术核心能力构建和强化的集成创新模式、基于战略核心能力构建和强化的集成创新模式;郁培丽等(2006)从三星电子公司技术集成案例分析的基础上,将企业技术集成创新模式分为拷版、渐进和突破三种类型;谢科范等(2007)在三种创新模式的基础上,从企业内部资源集成和外部资源集成的角度,提出了一种新的创新模式,即基于资源集成的企业自主创新模式,并对资源的集成过程进行了深入的分析。

Alvaro Cuervo-Cazurra 和 C. Annique Un(2007)从产品市场和要素市场两方面研究产业集聚对企业研发投入的影响,产业集聚也是技术集成的应有之义,而市场是创新的源泉,所以产品市场和要素市场两方面因素对于集成创新具有很大的影响。产业集聚给企业带来更大的市场和更激烈的竞争,使企业不得不在内部研发方面投入更多的力量来提高企业间的技术集成以提高自身的竞争力。另一方面,产业集聚给企业带来更多更方便的途径获取生产要素,这种相对容易的获取生产要素导致企业倾向于获取外部资源,而自身内部进行集成创新的动力就下降。作者对这两方面市场因素的影响进行了实证分析。

Gregory N. stock 和 Mohan V. Tatikonda(2008)研究了技术的不确定性和跨组织的交互作用对外部技术集成的综合影响,他们从实证的角度探索了从公司资源和一些新的研究过程中获取技术的可行性,文章提出了基于组织信息过程理论和技术管理的外部技术集成的概念框架,并给出了外部技术集成所要面对的三个条件(相关企业技术特点、成功技术集成的组织技能、集成的内容)。另外,作者又研究了外部技术集成的经验、使用者的参与和工程标准对外部技术集成的影响。

Jochen Markard 和 Bernhard Truffer(2008)研究了多个层次的集成框架和技术创新系统,分析一些实际现象,提出了典型的创新过程和社会技术变革的内容,同时把供应商、生产者、顾客、政策制定者和社会集成在一个系统进行研究,分析其对创新过程的影响。提出建立一个与多角度概念兼容的技术创新体系,从而构建了一个包含四个因素的集成框架。

何志勇等(2010)从复杂产品集成创新系统的开放性、自稳定性、突现性和选择评价原理的适用性出发,探讨了我国企业复杂产品创新的基本方式。

综合以上分析,虽然这些研究进一步证实和丰富了由 Macro Iansiti(1997)和 Michael Best(2001)所提出的集成创新概念,推动了集成创新理论的发展。但是,这些研究关注的焦点主要集中在对集成创新的理论和概念的描述等方面,缺乏对我国企业集成创新的过程模式以及典型案例分析。因此,本书在理论分析的基础上,将创新过程与集成思想融合在一起,构建企业集成创新的过程模式,并通过案例分析,为企业提高集成创新能力提供理论依据和对策建议。

11.2 企业集成创新的过程模式:创新过程与集成思想的融合

自熊彼特首次提出创新理论以来,相关领域的专家和学者相继对技术创新的理论、过程模式、绩效和创新管理等方面进行了深入的分析和研究,并提出了许多富有理论意义和实践指导意义的思想和对策建议。但是,企业技术创新能力的提高是一个渐进的系统过程,不可能一蹴而就。同时,自主创新能力的提高也是一个由引进消化吸收再创新,到集成创新和原始创新的一个逐渐发展而提升的过程。因此,集成创新是一个承上启下的过程,是一个关键的中间环节。

随着科学、技术和市场的不断融合,企业的技术创新模式相继从技术推动模式、市场拉动模式、技术与市场交互作用模式、一体化模式向系统网络模式发展,创新所需的资源,如信息、知识、资金等,也不仅仅依赖于单一的企业,企业如何通过有效整合系统内外部的资源(包括供应商、客户、大学与科研机构、中介组织、竞争对手等)来提高自身的创新能力则成为集成创新的一个动因。

因此,本研究在技术创新过程理论基础上,借鉴江辉等的企业集成创新模式和卢显文等的新产品集成创新的过程模式,融合系统集成思想和我国企业创新的实际案例,构建出企业集成创新的过程模式,即企业的集成创新是一个新产品概念—科学研究—技术开发—商业化的不断反馈和互动的过程,伴随这一过程的则是企业内外部各种资源的集成,其中:新产品概念来源于各种信息的集成,科学研究所需的知识来源于内外部已有知识的集成,技术开发是各种新技术或成熟技术集成的结果,新产品商业化过程则通过生产、营销和服务等其他要素的集成,同时贯穿这一过程始终的则是组织集成(如图11.1所示),具体内容分述如下。

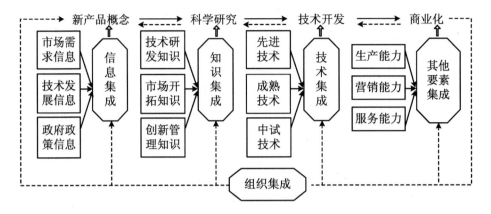

图 11.1　企业集成创新的过程模式

注:实线表示创新的若干阶段,虚线表示反馈过程。

11.2.1　新产品概念与信息集成

企业的技术创新来自于新思想或新概念,因此,创新构思是技术创新的第一阶段。企业的技术创新过程是一项高度依赖创新信息的活动,对创新信息的准确了解与把握不仅可以使企业及时掌握市场需求变化和客户的多样性需求,而且还可以及时获取政府有关如何激励企业技术创新的政策信息,同时通过信息的交流还可以及时掌握技术的发展动态和趋势,从而不断地充实、丰富和完善企业技术创新的思路和方法。因此,及时而准确的市场信息、技术信息和政策信息是企业创新构思的关键来源。

企业技术创新所需的市场信息主要包括:与当地经济发展阶段相适应的经济环境和市场需求环境等方面的信息,伴随国内外产业结构调整和升级所带来的市场机会信息,消费者偏好发生变化方面的信息,竞争对手的产品信息、市场份额信息、市场成长信息和财务信息等,是供应商的生产要素供给信息等等;技术信息主要包括:最新的技术成果信息,科技和专利文献信息,技术标准信息,现有技术的成熟程度,技术创新的可能性,新技术、新工艺和新产品的现状及发展趋势,技术的竞争力等各种形式的有关技术发展现状和前景的信息;政策信息主要包括国家的产业政策信息、创新政策信息、税收政策、金融政策、外贸政策、价格政策、环境保护政策和知识产权政策等等方面的信息。而这些信息既来源于企业的内部组织(包括各部门及其成员),也来源于企业的外部组织(包括大学、科研机构、政府部门、客户甚至竞争对手等)。因此,企业要对来自不同部门、不同类型的信息进行全面而系统的收集、整理和集成,并在此基础上提出符合市场需求和国家产业政策的创新构思。

11.2.2 科学研究与知识集成

研究是一个人们不断探索、发现和应用新知识的连续过程,是技术创新过程中的关键环节。企业的技术创新活动,本质上就是利用已有的知识去生产更新的知识。因此,知识是技术创新的重要源泉。本书所指的知识主要包括新产品的市场开发知识、技术研发知识和创新管理知识三个方面,其中市场开发知识指的是企业如何通过有效的市场细分和市场开拓以满足客户多样化的需求,也就是如何使企业的新产品成功商业化的方法,同时它也是衡量技术创新能否获得成功的关键因素;技术研发知识指的是企业如何通过具体的研究和开发技术而进行技术或产品创新方面的知识;创新管理知识指的是企业如何通过有效的系统管理,尤其是企业内部生产部门、营销部门和研发部门之间的界面管理,从而提高企业技术创新效率方面的管理知识。但是,企业的知识创造与积累并不只是由企业内部因素决定的,它也会受到企业外部其他企业和知识创造部门的影响。

当公司面对出现的新问题时,它必须通过对内、外部知识的系统集成才能有效地解决这些新问题。例如,大学和科研院所在企业技术创新中的作用越来越大,它不仅为技术创新源源不断地培养具有创新意识和创新能力的高素质人才,而且为技术创新提供知识源,有的还直接参与到技术创新活动中去。因此,创新能力的竞争归根到底则是企业在知识的生产、占有和有效利用方面的竞争。

11.2.3 技术开发与技术集成

技术开发就是对前一阶段研发成果和技术原理进行物化的过程,即利用研究所创造出的新知识,为引入、开发新材料、新产品、新方法、新设备,或对现有材料和中间生产做重大改进而进行的系统的创造性活动。它要对研发提供的图纸和技术文件进行产品研制、小批量试验、大规模生产前的中试、技术鉴定以及技术方案的具体实施,如果在实施过程中出现问题,需要立即反馈到研发阶段,进行方案的调整和改进。同时,实物开发时需要的技术并不都是最新的或最先进的技术,可以通过对已有的各种单项、分散的成熟技术进行系统集成来实现技术创新,这也是集成创新的一个重要特点之一。例如,施乐公司发明的复印机,就是通过对已知的成熟技术进行系统集成来实现的。

11.2.4 新产品的商业化与其他要素的集成

创新是否成功,其标志就是能否首次成功地商业化。创新就是一个从新概念产生到研究开发、生产和销售的整个过程,而不仅仅只是新产品的研发这一个环节。事实上,营销能力不足或营销创新不强已成为我国企业提高自主创新能力的一个薄弱环节。例如,朗讯公司在新产品的开发过程中,就非常重视"战略—市场—产品—技术"的有效整合,他们首先在清楚地了解到公司创新战略和竞争态势的基础上,根据市场需求和技术发展现状确定新产品的构思,然后结合各种技术的实现和企业的营销能力确定新产品的研发、生产、销售和服务。因此,创新能否成功的一个非常重要的环节就是通过战略、生产、营销和服务的集成来实现新产品或新技术的商业化。

11.2.5 创新过程与组织集成

根据美国技术管理专家桑德进行的实证调查,当研发部门与市场营销部门界面上存在严重的管理问题时,68%的研发项目在商业上会完全失败,21%部分失败。1994年的一份相关研究也表明,当研发部门与生产制造部门上存在严重的管理问题时,约有40%的研发项目在技术上不能成功,在技术上获得成功的项目中,又约有60%在经济上不能获利。我国一些企业也常常由于不同职能部门缺乏交流沟通而产生冲突,在研发部门、生产制造部门和营销部门之间形成信息和知识的隔离,导致创新活动中信息、知识和技术流动不畅,最终造成创新周期过长、创新成果的返工率过高,同时也增加了企业在创新方面的财务和市场风险。

企业的集成创新涉及企业内部的研发、生产和销售等各部门以及各种生产要素的投入。对企业集成创新的组织、协调、控制是一个系统过程,是研发、生产、销售、分配、服务等活动相互交织的过程。由此可见,企业的集成创新是创新组织内各部门、各环节和外部环境约束相适应和相协调的动态过程。

总之,从新产品概念、科学研究、技术开发和产品商业化的整个集成创新过程中,无论是信息的收集和获取,还是知识与技术的获取,都需要企业内外部的组织集成。这种组织集成既包括创新各个阶段的相互衔接和互动,也包括企业内外部的组织集成。实际上,企业的集成创新过程是一个不断反馈和调整的过程,每一个特定的阶段都要根据前后阶段的变化做相应性的调整来适应各种变化;企业内外部的组织集成指的则是企业与外部组织(其中包括大学、科研机构、客户和供应商、政府部门等)的交流与合作,企业外部的用户、供应商、研究机构和大学、合作伙伴等也对新产品开发有着重要的影响。

11.3 集成创新过程模式应用的案例分析

成立于2001年6月6日的苏州六六视觉科技股份有限公司(前身是1956年

创建的苏州医疗器械厂),是当今我国规模最大、设备最先进、技术力量最雄厚的眼科产品生产基地,也是世界上眼科器械品种、规格最齐全的专业公司之一。公司生产裂隙灯显微镜系列、手术显微镜系列、显微手术器械系列、人工晶体系列、电子诊疗仪器系列、激光治疗仪器系列、其他诊疗仪器系列等七大类160个品种600多个规格的产品,远销世界60多个国家和地区。连续多年被评为江苏省成长型企业、全国医药工业五十强企业、江苏省高新技术企业、江苏省"十一五"优秀企业技术中心、国家先进高新技术企业等,并先后获得全国医药系统先进集体和江苏省先进集体称号。公司之所以能够如此迅猛地发展与其坚持走自主创新之路是分不开的。近年来,企业不断加大技术创新的投资力度,以自主创新为动力,强化自主创新的主体地位,加强企业省级级技术中心建设,通过开发原创性自主知识产权,在引进、消化、吸收的基础上进行再创新,开展系统集成创新,提高企业技术水平与产品竞争力。该公司已累计取得专利近100项,其中包括发明专利10余项。荣获2006年度国家科技进步二等奖的"准分子激光人眼像差矫正系统"就是该公司集成创新的一个成功典范。该项目涉及了眼科、人眼视光学、生物医学工程、计算机技术等多个学科门类,结合了光、机、电、数学、物理、生物组织等各方面理论,系统突破了主观式波前测量技术、人眼波前像差矫正技术、准分子激光高斯光斑匀光技术、准分子激光恒能控制技术、角膜手术区域粗糙度控制技术、手术过渡区二次曲面圆滑修边技术等多项重大关键技术,构建了完整的像差测量与矫正理论体系,是当前世界上最先进的人眼屈光诊疗系统,代表了当今人眼屈光矫正手术中的最高水平,被誉为"眼科的一项革命性突破"。该系统的集成创新过程主要分为以下四个阶段:

11.3.1 信息集成与创新构思

在改制前的1999年,公司主要人员利用首次参加国际眼科专业级别最高的美国眼科年会(AAO)的机会,了解产品的发展信息,掌握国际激光治疗技术的发展趋势。并通过市场调研发现,在国外生产的准分子激光设备中,宣称由波前像差引导的有产品VISX(威视)STAR S4、EIDEK(尼德克)EC-500、ALLEGRETTO(鹰视)、TECHNOLAS(博士伦)217z,只有前3个产品获得国家药监局认证。由于是客观式像差引导,这些产品在屈光手术后会出现暗视力下降、眩光、重影等等视觉质量问题;1994年中国科学院安徽光学精密机械研究所曾得到原国家科委的"九五"科技攻关项目资助,承担了《准分子激光角膜屈光度矫正仪》项目,2001年通过了验收,项目组推导了对屈光不正(近视、远视)的矫正模型,同时生产出了原型机,但没有进入真正的临床使用;东北大学信息学院与沈阳某医院合作从事过"新型准分子激光屈光矫正治疗机"的研制,但只推导了近视矫正模型,后来则停止了这个领域的研究;国外研究机构(如美国南加州大学、麻省理工,德国、瑞士的一些高等院所)和各大公司(LaserSight、Summit、Nidek、VISX等)正积极地探索这方面的技术,但还未研制出成型的设备。因此,市场上迫切需要一种能有效克服屈光不正等问题的激光治疗器械。

公司同时也了解到,我国政府已制定出各种政策措施鼓励民族企业的技术创新活动。而该项目正式开始后,先后得到了国家计委产业化项目、国家中小型企业技术创新基金、省经贸委技术创新项目、省高技术研究、省六大人才高峰项目等 6 类 7 个项目的大力支持,国家和部门下拨的研究经费达 895 万,大大缓解了本项目的资金投入缺口。

因此,1999 年 11 月公司根据各方面市场、技术和政府政策信息的集成,"准分子激光人眼像差矫正系统"这一视力矫正产品的创新构思逐渐形成。该项目的最终目标是能有效解除数以千万计人戴眼镜的烦恼,提高人们生活品质,使现代人"看得清楚、舒服、持久"。

11.3.2 知识集成与科学研究

创新构思一经形成,经过专家组的讨论和认证后,即进入了产品的研究阶段。通过多年来的技术积累,公司的研发中心已具备较强的创新能力。但是,"准分子激光人眼像差矫正系统"是一个涉及光、机、电、数学、物理、生物等多方面理论知识的系统工程,其中包括:主观式像差测量原理方面的知识、像差测量时主动式人眼跟踪原理方面的知识、像差仪的光学原理方面的知识、准分子激光系统中的激光与生物组织相互作用的原理方面的知识、像差转换为角膜切削量的数学模型方面的知识、激光脉冲能量控制机理及方式、人眼角膜激光脉冲消融后的粗糙度控制等等。

研发小组通过与国内高校,特别是南京航空航天大学的合作,在系统综合已有知识的基础上,根据基于波动光学原理的人眼波前像差全新理论,突破了基于几何光学原理的传统屈光矫正方法,利用主观式波前像差仪采集的人眼波前像差数据,用 Zernike 函数表示,以此引导准分子激光进行个性化切削,精确地消除了像差。因此,研发阶段各种知识的集成为产品的实际开发提供了良好的知识基础。

11.3.3 技术集成与技术开发

2003 年 11 月,研发小组通过对已有的成熟技术进行系统集成提出了像差矫正系统的技术方案,这些成熟技术包括:像差矫正数学模型技术、像差测量技术、飞点扫描技术、二次曲线修边技术、激光能量闭环控制技术、主动眼球跟踪技术、准分子激光人眼像差矫正系统的软、硬件设计技术等等。

在技术集成的基础上,研发小组构建了完整的像差测量与矫正理论体系,并实现了很多新的关键技术的突破,其中包括:主观式波前测量技术、人眼波前像差矫正技术、准分子激光高斯光斑匀光技术、准分子激光恒能控制技术、角膜手术区域粗糙度控制技术和手术过渡区二次曲面圆滑修边技术等等,从而大大加快了这一产品投入市场的速度。它首次实现了像差仪与准分子激光眼科治疗机的无缝对接,通过对人眼像差的精确测量计算,引导控制准分子激光对人眼像差进行真正意义上的"个性化矫正"。

同时,贯穿于"准分子激光人眼像差矫正系统"这一创新过程的是公司内外部组织的系统集成,通过与清华大学、南京航空航天大学、北京理工大学、复旦大学、浙江大学等国内高校和中科院等科研机构的合作,获取最新的前沿知识;通过与美国新英格兰视光学院、复旦大学眼耳鼻喉科医院的交流和合作,跟踪和了解国际上最新的技术信息;通过企业内部各职能部门之间的协作,加快了创新的速度。

11.3.4 其他要素集成与成功的商业化

该公司在始终坚持"服务眼科,真情爱眼"的宗旨和"走向世界,创国际知名品牌"的发展战略基础上,提出消化吸收再创新、集成创新和原始创新三结合的技术创新战略,并不断致力于市场营销方式的创新。例如,2002年4月,该项技术在中央电视台科技博览作主题报道,在全国引起了反响;2003年该项目由中国仪器仪表学会推荐被国家科技部列入重大科技进展项目;2003年12月,该系统通过了由王大珩院士、金国藩院士等11位光学及眼科专家组成的鉴定专家组的鉴定,并于同年12月28日,该项目在人民大会堂海南厅举行了新闻发布会,向全世界发布这项新技术的研制成功。

目前该系统已取得国家药监局的注册证和试产证,并在上海、合肥、杭州、廊坊等全国大小城市10多家医院临床手术,其中第一台机器的临床已超过3000多例。生产规模已从年生产准分子激光眼科治疗机15台扩大生产新一代的准分子激光眼科治疗机(准分子激光人眼像差矫正系统)100套,公司主营收入增长28253万元,其中准分子激光人眼像差矫正系统实现收入20000万元,利税增加3960元。该项目解决了目前传统屈光不正引导的屈光手术后会出现的暗视力下降、眩光、重影等等种种视觉质量问题。从2003年开始,该系统已经向美国、日本等国出口,取得了良好的经济效益和社会效益,并且"六六牌"眼科显微镜获中国名牌产品称号。

由于该项技术在国际上处于领先地位,项目产品处于经济寿命的引入期。国外市场有待于进一步开发,预期该产品将在国内外市场有着较广阔的发展前景。

11.4 本章小结

本研究通过对国内外集成创新理论的回顾,在整合技术创新过程模式与集成思想的基础上,提出了集成创新的过程模式,并通过"准分子激光人眼像差矫正系统"这一成功的集成创新的案例分析,为我国企业提高集成创新能力提供以下几个方面的借鉴:

第一,企业的集成创新起源于市场需求信息、技术发展信息和政府政策信息的有效整合。因此,企业在集成创新过程中,要充分认识到企业内外部创新源(其中包括领先用户)的重要作用,不仅要重视相关的技术发展信息,更要注重产品市场需求的变化信息,以及当地政府相关的产业政策和技术支持信息,以使企业能更快、更好地开发出适应客户需求的新产品。

第二,企业的集成创新不仅是一个科学研究和技术开发过程,更是一个科学技术与市场需求有效结合的过程,新产品的成功商业化是衡量企业集成创新能否成功的关键。因此,企业在集成创新的过程中,还要注重新产品营销能力的提高,通过致力于不断的营销创新来提高新产品成功商业化的能力。

第三,具有一个明确的技术创新战略是企业提高集成创新能力的一个重要前提。由于创新固有的不确定性和高风险性,由于创新失败而导致企业停滞不前甚至破产的案例也比比皆是。因此,企业要根据外部的市场和技术环境,结合自身内部拥有的资源和条件,根据企业的总体发展目标和竞争战略,权衡创新的长期和短期目标,制定出切合实际的、与企业竞争战略相匹配的技术创新战略,为企业的创新活动指明方向。

最后,在集成创新的实施过程中,企业的信息集成、知识集成、技术集成、其他要素集成和组织集成并不是一个简单的线性过程,而是一个不断反馈和互动的过程。因此,企业在集成创新的过程中要注重各个阶段的相互协调,这样既可实现各个阶段的有效衔接,又可降低创新风险、加快创新速度,并充分发挥集成的系统效应,确保企业的创新产品更好、更快地推向市场。

参 考 文 献

[1] ALVARO CUERVO-CAZURRA, ANNIQUE C UN. 2007. Regional economic integration and R&D investment[J]. Research Policy,(3):227-246.

[2] DURAND R. 2001. Firm selection: an integration perspective[J]. Organization Studies,(22):393-417.

[3] FUJIMOTO T, IANSITI M, CLARK K B. 1996. External integration in product development, in Nishiguchi T, Managing Product Development[M]. New York:Oxford University Press.

[4] GREGORY N STOCK,MOHAN V,TATIKONDA. 2008. The joint influence of technology uncertainty and interorganizational interaction on external technology integration success[J]. Journal of Operations Management,26,65-80.

[5] IANSITI MACRO, JONATHAN WEST. 1997. Technology integration: turning great re-

search into great products[J]. Harvard Business Review. May-June:69-79.
[6] JOCHEN MARKARD, BERNHARD TRUFFER. 2008. Technological innovation systems and the muti-level perspective: towards an integrated framework[J]. Research Policy, 37: 596-615.
[7] MICHAEL H BEST. 2001. The new competitive advantage: the renewal of American industry[M]. Oxford University Press.
[8] PARTHASARTHY R, HAMMOND J. 2002. Product innovation input and outcome moderating effects of the innovation process[J]. Journal of Engineering and Technology Management,(19):75-91.
[9] 丛泽,薛澜. 2003. 基于技术与市场的跨国集成创新模式[J]. 中国软科学,(2):108-113.
[10] 傅家骥. 1998. 技术创新学[M]. 北京:清华大学出版社.
[11] 何志勇. 2010. 基于超循环理论的复杂产品系统集成创新机制研究[J]. 科学管理研究,(2).
[12] 江辉,陈劲. 2000. 集成创新:一类新的创新模式[J]. 科研管理,(5):31-39.
[13] 卢显文,王毅达. 2006. 产品开发集成创新的过程与机制研究[J]. 科研管理,(9):10-16.
[14] 李文博,郑文哲. 2004. 企业集成创新的动因、内涵及层面研究[J]. 科学学与科学技术管理,(9):41-46.
[15] 吕强. 2006. 基于核心能力的企业集成创新模式探讨[J]. 经济纵横,(9):69-71.
[16] 郁培丽. 2006. 企业技术集成创新模式研究[J]. 东北大学学报:社科版,(7):253-256.
[17] 谢科范. 2007. 基于资源集成的自主创新模式辨析[J]. 科学学研究,(6):110-113.
[18] 徐冠华. 2002. 加强集成创新能力建设[J]. 中国软科学.
[19] 西宝,杨廷双. 2003. 企业集成创新:概念、方法与流程[J]. 中国软科学,(6):72-76.
[20] 张华胜,薛澜. 2002. 技术创新管理新范式:集成创新[J]. 中国软科学,(12).
[21] 许庆瑞. 研究、发展与技术创新管理[M]. 北京:高等教育出版社.
[22] 张保明. 2002. 从美国科技中心计划看集成创新[J]. 中国软科学,(12):100-104.

第 12 章　研究结论与展望

随着经济全球化的不断深入,企业的技术创新也不断向全球化方向发展。本书在系统回顾国内外技术创新理论的基础上,通过构建各种变量之间相互影响的概念模型和采用不同的定量分析方法,分别从企业社会资本、网络嵌入、FDI 技术溢出效应、集成能力、市场导向等不同视角,探讨了这些变量对企业技术创新能力的影响机理,为我国企业不断提高技术创新能力提供理论依据与经验借鉴。全书的主要结论总结如下:

12.1　研究结论

1. 与企业的金融资本和人力资本一样,企业的社会资本已成为企业提高技术创新能力的一个非常重要的关键因素

由于企业的经济行为具有一定的社会嵌入性,其技术创新活动也是一个动态的社会过程,随着创新主体由一元主体向多元主体不断演进,企业可以通过过去与外部组织建立的各种关系网络来不断获取技术创新所需的信息、知识和资金等各种资源,并以此为基础来进一步提高企业的技术创新能力和国际竞争力。

2. 随着我国大量引入 FDI,FDI 对我国企业智力资本的培育与技术创新能力的提高存在积极的推动作用

在 FDI 技术溢出影响我国企业技术创新能力的过程中,外资企业对同行业企业在管理、技术等方面存在示范效应与人力资本的流动效应,但外资企业进入国内相关行业后,加剧了国内市场的竞争程度,抢占了本土企业的市场份额,迫使本土企业为外资企业进行代工或将经营方向转向其他竞争程度较低的行业等,从而对我国企业的智力资本的培育并不存在显著的积极影响。因此,我国企业可以对其进行直接的模仿、学习和人员间的流动,通过"看中学"和"干中学"的方式改善自身产品结构、生产制造及管理方面的能力,从而促进了我国相关企业智力资本的提升,企业智力资本的培育与提高能有效地促进创新能力的改善。

3. 我国企业可以通过积极的网络嵌入有效提高知识获取的效果,进一步推动企业技术创新绩效的改善与提高

企业的经济行为具有社会嵌入性,即嵌入在它与外部组织建立的各种关系网络之中,通过这些网络渠道,企业可以获得所需要的信息、知识和资金等资源,并以此为基础来进一步提高创新能力和国际竞争能力。企业的社会网络和交流越多,信息和知识交流的频率和广度就越大,这种知识共享机制不断得到强化,并进而推动企业不仅可以获取和内部化那些显性知识,同时也可以吸收那些对创新非常重要的隐性知识,从而不断提高企业的知识创造能力和创新能力。

4. 不同类型的市场导向选择可以通过对组织学习方式的影响促进企业技术创新能力的提高

在市场环境日渐动荡、技术变革不断加速这种动态环境下,坚持市场导向,提高企业的适应能力和反应能力,对企业而言至关重要。但企业必须应该根据企业外部环境因素和内部组织条件,选择市场导向的类型和水平,才能提高市场导向的实施效果,而不同的市场导向类型可以影响组织学习的效果,并进而影响到企业的技术创新能力。

5. 企业可以通过培育各方面的集成能力加强从外部获取各种资源,从而提高自身的技术创新能力

随着科学技术的不断交叉和融合,传统的依靠自身资源的封闭型创新模式开始向有效整合企业内外部资源的开放型创新模式发展,集成创新已成为中小企业提高创新能力和国际竞争力的一个关键路径。集成创新以丰富的知识环境为背景,它强调对外部资源的选择和利用,侧重于对资源和能力的评估、选择和整合,强调技术供需之间的匹配和优势互补,以突破单一组织资源和技术的瓶颈。这种创新模式可以通过有效整合企业内外部资源,促进各种相关知识和技术等要素的有机融合,从而开发出具有市场竞争力的新技术或新产品。由于中小企业规模较小,技术瓶颈较多,拥有的资源有限,集成创新因此成为中小企业突破技术和资源瓶颈的有效途径。

6. 在 FDI 集群化背景下,本土企业可以通过对外资产业链的网络嵌入获取创新所需的各种新知识,并进而改善自身的技术创新能力

在网络竞争时代,本土企业需要借助更多的外部力量,获取企业所需的知识以保持其竞争力。在 FDI 集群化背景中的本土企业需要借助外部网络,不断更新自身的知识来提高创新能力。在这一过程中,企业的自身能力如吸收能力也起到非常重要的作用。企业具备较强的吸收能力能加强企业从外部获取的知识,并加强知识获取向创新绩效的转化。

7. 充分的外部资源获取可以有效地提高企业的技术创新能力,但资源获取与创新能力之间并不是简单的线性关系

充分的市场需求信息、技术发展信息与政府政策信息是企业技术创新能否成功的前提条件,企业可以通过有效的信息获取提高企业技术创新的绩效;能否有效地整合企业内外部的知识资源是企业提高技术创新能力的必要条件;企业的资金获取则是技术创新能否提高的必要条件,即资金获取只是在某一阶段对技术创新的绩效具有积极的推动作用,随着企业的资金获取达到一定程度以后,资金获取与技术创新绩效之间的关系并不显著。这说明,企业的资金投入只是技术创新活动顺利开展的必要条件,但并不是技术创新绩效提高的充分条件。

8. 集成创新是企业克服自身有限资源约束、提高创新能力的一种有效方式,但要提高集成创新的绩效,关键是选择合适的集成创新过程模式

竞争优势的获取不仅是一个从研发、生产到销售的创新过程,更是一个各种要素的整合过程。根据技术创新过程理论,企业的技术创新是一个从新思想或新发现的产生,到概念形成、研究与开发、试制、评价、生产制造、首次商业化和技术扩散的过程。这就要求企业不仅要加快内部各职能部门之间的信息交流和知识转移,更要注重企业与客户、供应商、销售商、大学和科研机构,乃至国外的创新机构等外部组织建立更为密切的战略性联系,同时还要加强与政府部门的合作,这就是技术创新的集成思想。使各种单项和分散的相关技术成果得到集成,其创新性以及由此确立企业竞争优势和国家科技创新能力的意义远远超过单项技术的突破。因此,企业更应当注重技术的集成创新,注重以产品和产业为中心实现各种技术集成。

12.2 研究展望

全书在综合国内外有关技术创新理论与实践的基础上,构建了企业社会资本、网络嵌入、FDI技术溢出效应、集成能力、市场导向等影响企业技术创新能力的概念模型和理论假设,并通过对我国本土企业的问卷调查和实证分析,全面而系统地研究了这些变量之间的关系以及影响机理。尽管本书的研究视角、研究内容与方法具有一定意义上的创新性,也得到了一些较有理论和实践意义的结论,但仍存在一些不足之处,需要在未来的研究中进一步深化和完善,具体表现在以下三个方面:

1. 研究领域可以进一步深化

随着国内外企业技术创新理论的不断发展,模块化创新、开放式创新、协同创新等新的创新理论不断涌现,作者的研究应该与时俱进,希望未来在这些领域进一步深入研究。

2. 研究视角可以进一步拓展

有关技术创新理论与实证研究的视角还可以继续拓展,如股权结构对公司技术创新能力的影响、战略导向对企业技术创新能力的影响等,希望以后能进一步延伸这些视角的研究。

3. 研究方法可以进一步改善

作者的研究大多利用 SPSS 和 SEM 的方法,这些方法主要是探索变量之间的线性关系,实际上在复杂的社会环境与技术环境条件下,变量之间的关系并不是简单的线性关系,有时可能是非线性关系,希望以后能利用 BP 神经网络等各种非线性工具进一步研究各种变量的复杂关系,以进一步揭示它们之间的影响机理,从而对技术创新理论的发展起到一定的推动作用,为我国企业提高技术创新能力提供更好的理论依据与实践参考。

附录1 企业社会资本、资源获取与创新能力的关系研究问卷调查表

一、公司基本情况

1. 公司名称_____ 2. 所在地_____省_____市
3. 企业所有制形式(国有、合资、民营、独资、其他)_____
4. 所属行业_____ 5. 公司生产的主要产品_____
6. 企业规模(固定资产总值)_____ 7. 研发投入占销售额的比重_____
8. 研发人员占总职工人数的比例_____

二、企业内外部社会资本的测度(请根据重要性在相应处打上"√",每个指标为7分制,由7至1则表示满意程度或肯定程度逐步下降,例如,7分为非常好或非常满意,6分为好或满意,5分为比较好或比较满意,4分表示一般,3表示较差或较不满意,2表示不好或不满意,1表示极差或极不满意)

与客户的关系	1	2	3	4	5	6	7
与供应商的关系	1	2	3	4	5	6	7
与竞争对手的关系	1	2	3	4	5	6	7
与其他企业的关系	1	2	3	4	5	6	7
与大学与科研院所的关系	1	2	3	4	5	6	7
与技术中介组织的关系	1	2	3	4	5	6	7
与政府部门的关系	1	2	3	4	5	6	7
与行业协会的关系	1	2	3	4	5	6	7
与金融机构的关系	1	2	3	4	5	6	7
与风险投资机构的关系	1	2	3	4	5	6	7

三、您认为影响贵企业技术创新绩效的主要因素有(可多选,在选项后打"√")

1. 是否有及时的市场需求信息、技术信息和政策信息　　□
2. 能否从外部获取最新的技术知识　　□
3. 是否有先进的生产设备　　□
4. 是否有合适的人力资本　　□
5. 是否有充足的研发投入　　□

6. 其他_____　　　　　　　　　　　　　　　□

四、下列因素在企业获取市场信息中的重要性(企业市场信息的获取渠道)

客户	1	2	3	4	5	6	7
供应商	1	2	3	4	5	6	7
竞争对手	1	2	3	4	5	6	7
其他企业	1	2	3	4	5	6	7
大学与科研院所	1	2	3	4	5	6	7
技术中介组织	1	2	3	4	5	6	7
政府部门	1	2	3	4	5	6	7
行业协会	1	2	3	4	5	6	7
金融机构	1	2	3	4	5	6	7
风险投资机构	1	2	3	4	5	6	7

五、下列因素在企业获取知识中的重要性(企业知识的获取渠道)

客户	1	2	3	4	5	6	7
供应商	1	2	3	4	5	6	7
竞争对手	1	2	3	4	5	6	7
其他企业	1	2	3	4	5	6	7
大学与科研院所	1	2	3	4	5	6	7
技术中介组织	1	2	3	4	5	6	7
政府部门	1	2	3	4	5	6	7
行业协会	1	2	3	4	5	6	7
金融机构	1	2	3	4	5	6	7
风险投资机构	1	2	3	4	5	6	7

六、下列因素在企业获取研发资金中的重要性(企业资金的获取渠道)

客户	1	2	3	4	5	6	7
供应商	1	2	3	4	5	6	7
竞争对手	1	2	3	4	5	6	7
其他企业	1	2	3	4	5	6	7
大学与科研院所	1	2	3	4	5	6	7
技术中介组织	1	2	3	4	5	6	7

续表

政府部门	1	2	3	4	5	6	7
行业协会	1	2	3	4	5	6	7
金融机构	1	2	3	4	5	6	7
风险投资机构	1	2	3	4	5	6	7

七、企业信息获取的状况

能及时从外部获取市场需求信息	1	2	3	4	5	6	7
能及时从外部获取技术信息	1	2	3	4	5	6	7
能及时获取政府的政策信息	1	2	3	4	5	6	7

八、企业知识获取的状况

能及时获取市场开发方面的知识	1	2	3	4	5	6	7
能及时从外部获取研发方面的技术知识	1	2	3	4	5	6	7
能及时获取外部的创新管理知识	1	2	3	4	5	6	7

九、企业资金获取的状况

能得到政府的资金资助或税收优惠	1	2	3	4	5	6	7
能得到金融机构的支持	1	2	3	4	5	6	7
能得到风险投资的支持	1	2	3	4	5	6	7
通过与其他企业的合作研发降低企业的财务负担	1	2	3	4	5	6	7

十、企业的技术创新绩效（与国内同行业的主要竞争对手相比，2003年的情况）

新产品的开发速度	1	2	3	4	5	6	7
年新产品数	1	2	3	4	5	6	7
创新产品的成功率	1	2	3	4	5	6	7
年申请的专利数	1	2	3	4	5	6	7
新产品占销售总额的比重	1	2	3	4	5	6	7

附录2 FDI技术溢出、智力资本与创新能力关系的问卷调查表

第一部分:个人信息(请您在相应内容前面的"□"中打"√")

1. 您的性别: □ 男; □ 女
2. 您的年龄:□≤20;20<□≤30;30<□≤40;40<□≤50;50<□≤60;□>60
3. 您的文化程度:□ 初中及以下;□ 高中或中专;□ 大专;□ 本科;□ 硕士及以上
4. 您的工作年限(年):□≤5 年;5<□≤10;10<□≤15;15<□≤20;□>20
5. 您的职位: □ 高层主管;□ 中层主管;□ 基层主管;□ 技术人员;□ 其他

第二部分:企业信息

1. 您所在企业的名称:_____
2. 您所在企业的员工人数(人):□≤100;100<□≤500;500<□≤1000;1000<□≤2000;□>2000
3. 您所在企业的行业属性:□ 制造业;□ IT和信息产业;□ 房地产业;□ 咨询服务业;□ 其他行业;

第三部分:研究内容(请在您认为的选项分值上打"√",打分规则如下:1——非常低;2——较低;3——一般;4——较高;5——非常高)

请对每个选项给出您的评价程度	非常低	较低	一般	较高	非常高
以下选项用于调查您所在企业通过各种途径获取外商直接投资技术溢出的程度					
1. 您所在企业获取外商直接投资示范效应的程度					
与其他地区相比,本地区外资企业数量	1	2	3	4	5
外资企业对自身技术的公开程度	1	2	3	4	5
外资企业产品或技术的可模仿程度	1	2	3	4	5

续表

请对每个选项给出您的评价程度	非常低	较低	一般	较高	非常高
2. 外商直接投资引起的竞争程度					
与相关行业相比,本行业外资企业数量	1	2	3	4	5
与相关行业相比,本行业外资企业产品市场占有率	1	2	3	4	5
与相关行业相比,本行业产品更新速度	1	2	3	4	5
3. 您所在企业获得外商直接投资人力资本流动效应的程度					
与本土企业相比,本企业有外企工作经历的生产人员比例	1	2	3	4	5
与本土企业相比,本企业有外企工作经历的技术人员比例	1	2	3	4	5
与本土企业相比,本企业有外企工作经历的管理人员比例	1	2	3	4	5
4. 您所在企业获取外商直接投资关联效应的程度					
与本土企业相比,本企业从外资供应商购入中间品的比例	1	2	3	4	5
与本土企业相比,外资供应商对本企业信息、技术等支持程度	1	2	3	4	5
与本土企业相比,本企业售给外资客户的产品比例	1	2	3	4	5
与本土企业相比,外资客户对本企业信息、技术等的支持程度	1	2	3	4	5
以下选项用于调查您所在企业智力资本的状况					
5. 您所在企业人力资本状况					
本企业内具有大专以上学历员工的比例	1	2	3	4	5
本企业员工的学习能力	1	2	3	4	5
本企业员工知识丰富程度	1	2	3	4	5
本企业用于员工培训的投入水平	1	2	3	4	5
6. 您所在企业结构资本状况					
本企业知识管理的水平	1	2	3	4	5
本企业组织结构的合理性	1	2	3	4	5
本企业制度规范的合理性	1	2	3	4	5
本企业整体组织协调水平	1	2	3	4	5
员工对企业文化的认同度	1	2	3	4	5
7. 您所在企业关系资本状况					
本企业供应商的稳定性	1	2	3	4	5
本企业客户的稳定性	1	2	3	4	5

附录2　FDI技术溢出、智力资本与创新能力关系的问卷调查表

续表

请对每个选项给出您的评价程度	非常低	较低	一般	较高	非常高
本企业与政府关系的融洽程度	1	2	3	4	5
本企业与其他利益相关者关系的融洽程度	1	2	3	4	5
8. 以下选项用于调查您所在企业技术创新能力的水平					
与同行业企业相比,本企业新产品研发的速度	1	2	3	4	5
与同行业企业相比,本企业新产品研发的成功率	1	2	3	4	5
与同行业企业相比,本企业工程制造水平	1	2	3	4	5
与同行业企业相比,本企业新产品销售额占总销售额的比例	1	2	3	4	5
与同行业企业相比,本企业新产品对企业盈利率的贡献程度	1	2	3	4	5

附录3 网络嵌入、知识获取与创新能力关系的问卷调查表

一、公司基本情况

1. 公司名称_____ 2. 所在地_____省_____市
3. 企业所有制形式(国有、合资、民营、独资、其他)_____
4. 所属行业_____ 5. 公司生产的主要产品_____
6. 企业规模(固定资产总值)_____ 7. 研发投入占销售额的比重_____
8. 研发人员占总职工人数的比例_____

二、相关信息

1. 网络嵌入方面的信息

		较低←——→较高						
结构嵌入性	① 企业与外部各种组织关系网络的密度	1	2	3	4	5	6	7
	② 企业与外部各种组织关系网络的规模	1	2	3	4	5	6	7
	③ 本企业在各种关系网络中的重要程度	1	2	3	4	5	6	7
关系嵌入性	① 企业与外部组织联系的频率	1	2	3	4	5	6	7
	② 企业与外部组织联系的持久程度	1	2	3	4	5	6	7
	③ 企业与外部组织间的信任程度	1	2	3	4	5	6	7

2. 知识获取方面的信息

		较低←——→较高						
显性知识获取	① 企业获取市场需求信息的能力	1	2	3	4	5	6	7
	② 企业获取技术发展信息的能力	1	2	3	4	5	6	7
	③ 企业获取政府政策信息的能力	1	2	3	4	5	6	7
隐性知识获取	① 企业获取技术研发知识的能力	1	2	3	4	5	6	7
	② 企业获取创新管理知识的能力	1	2	3	4	5	6	7
	③ 企业获取市场开拓知识的能力	1	2	3	4	5	6	7

3. 技术创新绩效方面的信息

与同类企业相比,本企业的创新情况	较低←——→较高						
① 企业创新产品的成功率	1	2	3	4	5	6	7
② 企业获得授权的专利数量	1	2	3	4	5	6	7
③ 企业新产品产值占销售总额的比重	1	2	3	4	5	6	7

附录 4　市场导向、组织学习与创新能力关系的问卷调查表

一、背景资料

1. 您的性别（　）：A. 男性　　B. 女性
2. 您的年龄（　）：A. 25 岁以下；B. 26～30 岁；C. 31～35 岁；D. 36～40 岁；E. 41～50 岁；F. 51 岁以上
3. 您的教育程度（　）：A. 初中及以下；B. 高中/中专；C. 大专；D. 本科；E. 硕士；F. 博士及以上
4. 您的职称（　）：A. 总经理；B. 部门主管；C. 基层管理人员；D. 各部门员工
5. 您所在的部门（　）：A. 行政部门；B. 研发部门；C. 销售部门；D. 财务部门；E. 生产部门；F. 其他
6. 您在本公司的工作年限（　）：A. 1 年以下；B. 1～3 年；C. 3～6 年；D. 6～10 年；E. 10 年以上
7. 贵公司所在的行业（　）：A. 半导体产业；B. 计算机产业；C. 精密机械；D. 生物技术；E. 软件产业；F. 通讯产业；G. 汽车产业；H. 能源产业；I. 一般制造业；J. 服务业
8. 贵公司的成立年限（　）：A. 3 年以下；B. 3～5 年；C. 6～9 年；D. 10～15 年；E. 16～25 年；F. 25 年以上
9. 贵公司的年均产值（　）：A. 100 万以下；B. 101 万～500 万；C. 501 万～1000 万；D. 1001 万～2000 万；E. 2001 万～5000 万；F. 5001 万～1 亿；G. 1 亿～3 亿；H. 3 亿～10 亿；I. 10 亿以上
10. 贵公司的员工数量（　）：A. 100 人以下；B. 101～200；C. 201～300；D. 301～500；E. 501～1000；F. 1001～2000；G. 2000 人以上
11. 贵公司的性质（　）：A. 国有及国有控股企业；B. 民营企业；C. 中外合资企业；D. 外商独资企业；E. 其他

二、正式问题

对于下列问题，请您根据您的认同程度在相应的分数上打"√"。

附录4 市场导向、组织学习与创新能力关系的问卷调查表

序号	问题	不同意 1	不太同意 2	一般 3	比较同意 4	很同意 5
1-1	本公司致力于不断发现客户自己未意识到的其他需求					
1-2	本公司注重将隐性客户需求的解决方案整合进新产品和服务项目中					
1-3	本公司甚至冒着以淘汰现有自有产品的风险进行创新					
1-4	本公司和领先用户紧密合作,以期比大多数人在数月甚至数年前就意识到客户需求					
1-5	本公司会推断主流趋势,以帮助客户预测未来市场发展					
2-1	本公司持续监测对满足客户需求的投入水平					
2-2	本公司比竞争对手更加关注顾客					
2-3	本公司将基于客户需求制定竞争优势战略					
2-4	本公司各部门间会自由交流成功或失败的客户服务经验					
2-5	本公司系统并经常性地测量客户满意度					
3-1	本公司的主管鼓励员工超越成规创意思考					
3-2	我们不怕去质疑公司对于企业营运的各种假定					
3-3	本公司非常重视对未来信息和趋势的学习					
3-4	本公司非常重视原创性					
3-5	管理者乐于为保持其领先地位而进行革新					
4-1	本公司的主管不喜欢公司经营策略受到质疑					
4-2	本公司的组织文化非常强调适应环境					
4-3	本公司主管总是循序渐进地改进工作程序和方法					
4-4	本公司总是在自己熟悉的产业寻求机会					
4-5	本公司更注重保持发展战略的稳定性					
5-1	与竞争对手相比,本公司总是能够更快地推出新产品					
5-2	新产品在销售收入中占有较大的比重					

续表

序号	问　题	不同意 1	不太同意 2	一般 3	比较同意 4	很同意 5
5-3	与竞争对手相比,本公司的创新项目拥有较高成功率					
5-4	与竞争对手相比,本公司拥有更多的专利					
5-5	与竞争对手相比,本公司拥有更多的机会主持或参与制定行业标准					

附录5 集成能力、资源获取与创新能力关系的问卷调查表

第一部分：基本资料

请您根据实际情况选择相应选项。

1. 您的学历：□高中及以下 □专科 □本科 □硕士及以上
2. 您的工作性质：□行政管理人员 □市场营销人员 □财务人员 □技术人员 □其他
3. 贵公司注册时间：_____ 贵公司注册资本：_____
4. 贵公司规模：□50人以下 □50～200人 □200～500人 □500～1000人 □1000人以上
5. 贵公司所处行业：□IT通讯 □生物制药 □机械设备 □电子电器 □新能源 □其他
6. 贵公司研发费用占总销售额的比重：□3%及以下 □3%～5% □5%及以上

第二部分：中小企业集成能力问卷

下面的问题旨在测量中小企业集成能力，请根据自己的感受做出恰当的选择。（其中7分表示非常同意，6分表示同意，5分表示比较同意，4分表示一般，3分表示比较不同意，2分表示不同意，1分表示非常不同意。）

1. 信息集成能力（与国内同行业主要竞争对手相比，2009年水平）

Q1	贵公司经常研究市场发展机会	1	2	3	4	5	6	7
Q2	贵公司经常研究产品的最新发展成果	1	2	3	4	5	6	7
Q3	贵公司经常研究政府的政策信息	1	2	3	4	5	6	7

2. 知识集成能力（与国内同行业主要竞争对手相比，2009年水平）

Q1	贵公司人才的知识面很宽	1	2	3	4	5	6	7
Q2	贵公司项目开发人员中有项目开发经验的人员较多	1	2	3	4	5	6	7
Q3	贵公司技术带头人或项目负责人项目开发经验多	1	2	3	4	5	6	7
Q4	贵公司拥有充足的技术文档资料	1	2	3	4	5	6	7

续表

Q5	贵公司项目开发人员经常使用技术文档资料	1	2	3	4	5	6	7
Q6	贵公司每月针对项目经常正式研讨	1	2	3	4	5	6	7
Q7	贵公司非正式研讨的方法较多	1	2	3	4	5	6	7
3. 技术集成能力（与国内同行业主要竞争对手相比，2009年水平）								
Q1	贵公司技术系统中各个分支技术很匹配	1	2	3	4	5	6	7
Q2	贵公司技术系统中分支技术重复数量较少	1	2	3	4	5	6	7
Q3	贵公司技术系统中拥有自己的核心技术	1	2	3	4	5	6	7
Q4	贵公司对世界领先产品的技术选择能力较强	1	2	3	4	5	6	7
Q5	贵公司产品与同行业相比成本较低	1	2	3	4	5	6	7
4. 组织集成能力（与国内同行业主要竞争对手相比，2009年水平）								
Q1	贵公司员工平常经常在一起交流	1	2	3	4	5	6	7
Q2	贵公司各部门之间经常交流沟通	1	2	3	4	5	6	7
Q3	贵公司经常与其他同行企业交流学习	1	2	3	4	5	6	7
5. 战略集成能力（与国内同行业主要竞争对手相比，2009年水平）								
Q1	贵公司选择的项目与公司发展方向非常一致	1	2	3	4	5	6	7
Q2	贵公司选择发展的技术与市场发展的方向一致	1	2	3	4	5	6	7
Q3	贵公司的研发费用主要用在公司主营产品的研发上	1	2	3	4	5	6	7

第三部分：企业的技术创新绩效问卷（与国内同行业的主要竞争对手相比，2009年的情况）

Q1	贵公司新产品的开发速度较快	1	2	3	4	5	6	7
Q2	贵公司年新产品数较多	1	2	3	4	5	6	7
Q3	贵公司年申请的专利数较多	1	2	3	4	5	6	7
Q4	贵公司创新产品的成功率较高	1	2	3	4	5	6	7
Q5	贵公司新产品销售额占销售总额的比重较高	1	2	3	4	5	6	7
Q6	贵公司新产品利润额占利润总额的比重较高	1	2	3	4	5	6	7

附录6 FDI集群化背景下本土企业的网络嵌入影响创新能力的问卷调查

第一部分:个人信息

请您在相应横线上填写或相应内容前面的"□"中打"√"

1. 您的姓名:_____ 2.您的联系电话(或 e-mail):_____

3. 您的文化程度:□ 初中及以下;□ 高中或中专;□ 大专;□ 本科;□ 硕士及以上

4. 您的工作年限(年):□0~4;□5~9;□10~14;□15~19;□≥20

5. 您的职位:□ 高层主管;□ 中层主管;□ 基层主管;□ 技术人员;□ 其他

第二部分:企业信息

1. 您所在企业的名称:_____

2. 企业产权性质:□ 国有独资;□ 民营;□ 国有控股;□ 国有参股;□ 其他

3. 您所在企业的员工人数(人):□0~99;□100~499;□500~999;□1000~1999;□≥2000

4. 您所在企业的年销售额平均为:□0~499万;□500万~2999万;□3000万~3亿;□>3亿

5. 您所在企业的行业属性:□ IT和信息产业;□ 新材料产业;□ 新能源产业;□ 化工产业;□ 生物医药产业;其他_____

6. 您所在的企业与外资合作伙伴进行合作时,本企业是外资企业的:

□ 供应商;□ 客户;□ 中间商;□ 同行;□ 研发联盟;其他_____

第三部分:研究内容

请在您认为的选项分值上打"√"。(打分规则:1—完全反对;2—非常不同意;3—比较不同意;4——般;5—比较同意;6—非常同意;7—完全同意。)

1. 网络嵌入性

与同类企业相比,本企业与外资合作伙伴的合作状况		不同意◄──────►同意						
关系嵌入性	①合作交流的频率较高	1	2	3	4	5	6	7
	② 合作交流的时间跨度较长	1	2	3	4	5	6	7
	③ 相互间的信任程度较高	1	2	3	4	5	6	7

续表

	与同类企业相比,本企业与外资合作伙伴的合作状况	不同意←——→同意						
结构嵌入性	① 共同拥有第三方合作伙伴的数目较多	1	2	3	4	5	6	7
	② 本企业主要外资合作伙伴的数量较多	1	2	3	4	5	6	7
	③ 本企业对于网络中的外资合作伙伴来说重要性较高	1	2	3	4	5	6	7

2. 知识获取能力测度

	与同类企业相比,本企业从外资合作伙伴中获取知识的能力	少←——→多						
显性知识	① 规章制度方面的知识	1	2	3	4	5	6	7
	② 工艺流程方面的知识	1	2	3	4	5	6	7
	③ 市场需求方面的知识	1	2	3	4	5	6	7
隐性知识	① 新技术突破方面的诀窍	1	2	3	4	5	6	7
	② 营销管理方面的诀窍	1	2	3	4	5	6	7
	③ 创新管理方面的知识	1	2	3	4	5	6	7

3. 知识吸收能力测度

	与同类企业相比,本企业从外资合作伙伴中吸收知识的能力	不同意←——→同意						
吸收能力	① 本企业能快速从新出现的外部知识中获取对公司有用的机会	1	2	3	4	5	6	7
	② 本企业持续不断地考虑如何更好地利用知识	1	2	3	4	5	6	7
	③ 本企业对于开发新产品和服务并将其商业化的能力很强	1	2	3	4	5	6	7

4. 企业创新绩效测度

与同类企业相比,本企业的创新情况	低←——→高						
① 申请的专利数量	1	2	3	4	5	6	7
② 新产品产值占销售总额的比重	1	2	3	4	5	6	7
③ 新产品的开发速度	1	2	3	4	5	6	7
④ 新产品的成功率	1	2	3	4	5	6	7

后　　记

　　随着经济和知识全球化的不断深入,企业不能再只是依赖于对稀缺资源的占有,而要通过不断地学习、知识创造以及技术创新能力提高来获取竞争优势。但是,任何企业仅仅依赖自身拥有的、有限的内部资源已无法满足技术创新对各种资源的需求。因此,为了有效利用企业内、外部资源,原有的生产组织形式和资源配置方式已发生了根本变化,企业的技术创新模式已由单一主体的封闭式模式向多元主体的开放式模式转变,企业正朝着开放、合作、网络和动态整合的方向迈进。

　　20世纪90年代中后期,国内外掀起了一股对国家/区域创新系统的研究热潮,在此期间,笔者正在浙江大学攻读硕士学位,开始涉猎企业技术创新与国家/区域创新系统方面的理论与实践;2000年3月硕士毕业后留校任教;2001年9月,在浙江大学管理学院继续攻读管理科学与工程专业的博士学位,进一步系统学习国内外有关技术创新与战略管理方面的最新理论和研究成果,并以《知识型企业的社会资本与技术创新绩效研究》为题撰写博士论文,2005年3月顺利毕业并获得管理学博士学位;2005年7月举家搬迁到苏州大学商学院从事企业管理方面的教学与科研工作,在学校科技处的国家自然科学基金预研项目与人文社科处的青年学者后期项目的资助下,从不同的视角开始尝试对我国企业的技术创新实践进行系统的阐述与研究,同时以主要成员的身份参与了多项国家自然科学基金项目和省、市软科学项目的研究。2010年,作者主持国家教育部人文社会科学基金项目"FDI集群化背景下本土企业的网络嵌入与知识获取研究",在其资助下以长三角地区开放型经济发展为背景,进一步对FDI的技术溢出效应以及FDI集群化发展背景下我国本土企业通过网络嵌入提高知识获取能力以及技术创新能力进行系统的研究。

　　随着我国由制造业大国向制造业强国和创新型国家发展,企业的技术创新能力在我国国家创新系统中越来越重要。本书是作者十余年来对企业技术创新的一个多维度的理论与实证研究的总结,其中一系列研究成果已在《中国工业经济》《科学学研究》《科研管理》《中国软科学》《研究与发展管理》和《预测》等核心期刊公开发表过，经过此次系统整合具有更强的逻辑性与科学性。

在本书的理论分析与实证研究过程中得到了社会各方面的帮助与支持，首先要感谢浙江大学管理学院各位老师的辛勤培育与指导，还要感谢教育部人文社会科学基金项目和苏州大学各类科研项目的资助，感谢苏州大学商学院企业管理专业的吴剑、王文霞、李守芹、左田园等硕士研究生在问卷调查、文献查阅与资料整理方面的贡献，感谢在问卷调查过程中提供支持的各届苏州大学 MBA 班的学员以及在企业界和政府职能部门工作的朋友们。没有他们的无私帮助，此书很难顺利出版！

由于作者学术水平与能力有限，书中难免存在一些不足之处，敬请各位不吝赐教！

张方华

2012 年 11 月于苏州大学